T0370108

CÓMO INTERPRETAR A LOS ADOLESCENTES

Retos y placeres de la educación
en la adolescencia

Terri Apter

CÓMO INTERPRETAR A LOS ADOLESCENTES

Retos y placeres de la educación en la adolescencia

Terri Apter

Primera edición original publicada en inglés por W. W. Norton & Company, Inc.
con el título *The Teen Interpreter*, ISBN 978-1-324-00651-0 © Terri Apter, 2022.

This translation is published and sold by permission of W. W. Norton &
Company, Inc., which owns or controls all rights to publish and sell the same.

Título de la edición en español: *Cómo interpretar a los adolescentes*

Primera edición en español, 2023

Directora de colección: Mercedes Bermejo
Directora de producción: M.ª Rosa Castillo
Traductor: Jesús Miguel Silvestre García
Corrección: Anna Alberola
Maquetación: D. Márquez
Diseño de la cubierta: ENEDENÚ DISEÑO GRÁFICO
© Fotografía de Terri Apter en cubierta: Nick Saffell

© 2023 Editorial Sentir es un sello editorial de Marcombo, S. L.
Avenida Juan XXIII, n.º 15-B
28224 Pozuelo de Alarcón. Madrid
www.editorialsentir.com

ISBN: 978-84-267-3542-3
D.L.: B 19694-2022

Impresión: Servicepoint
Printed in Spain

Índice de contenidos

INTRODUCCIÓN

Judy está sentada en su cocina saboreando los escasos momentos de tranquilidad que ofrece la mañana. Hoy no tiene que trabajar hasta el mediodía, así que no tiene que mirar frenéticamente el reloj. Los ruidos procedentes del baño le confirman que su hija Kirsty, de catorce años, está despierta. Hoy, al menos, no tendrá que gritar: «¡Hora de levantarse». Hoy no será «esa madre que siempre está encima de ella», como dice Kirsty, ni soportará el sonido de su propia voz estresada mientras le dice a su hija que «se ponga en marcha».

Al oír cómo Kirsty arrastra sus enormes pantuflas, Judy levanta la vista del teléfono. El pelo despeinado y el rostro somnoliento de su hija la llenan de ternura y alegría. Tiene un aire típicamente adolescente, sobre todo por la mirada huidiza y en el gruñido al saludar, pero la niña adorable y entrañable perdura en los rasgos familiares y la piel luminosa, deliciosa y achuchable. Una risa suave emerge de la garganta de Judy. Kirsty pestañea dos veces, como si le doliese el disfrute de su madre.

Judy vuelve a mirar su teléfono. Aprieta los labios y hace unas cuantas respiraciones, profunda y lentamente, restableciendo así su estado de ánimo positivo.

—¿Desayuno? —sugiere con alegría—. ¿Qué tal unas galletas de avena hoy? ¿O mejor unas tostadas?

Kirsty suspira y, por un instante, con la frente fruncida y los labios apretados, parece que va a llorar.

—¿Tostadas? —repite—. Qué estúpida... qué sugerencia tan estúpida...

Judy palidece y vuelve a mirar su teléfono. Se concentra en sus mensajes. Kirsty se da la vuelta y murmura, en voz baja pero aún audible:

—Eres realmente estúpida.

Se produce un silencio y, por un momento, ambas se quedan quietas. Entonces, Judy se levanta enérgicamente y dice:

—Prepárate tú misma el desayuno.

—Siempre me lo preparo yo —replica Kirsty. Ahora se le caen las lágrimas, pero se las limpia con la palma de la mano y luego busca una servilleta de papel—. Quiero tener mi propio desayuno —dice mientras se suena la nariz. Esto es casi una explicación, que se acerca a la disculpa—. Y nunca como tostadas. —Después de un rato, repite—: Sabes que nunca como tostadas.

—Vale —replica Judy.

Su buen humor se ha extinguido. Está dolida, enfadada y harta de esta adolescente imposible.

—Sabes que no me gusta hablar cuando acabo de levantarme. No estoy aún despierta. —Kirsty suplica a su madre que la entienda. Pero Judy no escucha esta súplica. Ella ve el insulto y el rechazo solamente.

—Vale —repite, implacable.

—Vale —imita Kirsty. La voz conciliadora ha desaparecido. Ella también se siente rechazada e insultada.

—¡Eres imposible! No tiene sentido hablar contigo, ¿verdad? — exclama Judy.

—¡Tú sí que eres imposible! ¡Y no tiene sentido hablar contigo! —Kirsty se apoya en la encimera, con los brazos cruzados sobre su pecho. Las lágrimas siguen brotando, pero nada de sollozos—. Lo que tú quieres... —empieza, pero hace una pausa para controlar su respiración—. Lo que tú quieres es una especie de niñita adorable.

Mientras Judy se aleja, con expresión confundida, Kirsty sigue gritando:

—¡Me vuelves loca!

Su madre sale de la habitación, y Kirsty le pega una patada a una silla.

Es fácil responder a esta escena (una de las muchas que he presenciado en el transcurso de tres décadas de observación de adolescentes y padres en sus hogares) con la sorna habitual: «¡Adolescentes!». Sabemos que son imposibles, ¿verdad? Sabemos que no son razonables. Incluso la neurociencia ha demostrado que los cerebros de los adolescentes son inmaduros, con el autocontrol y la previsión muy por debajo de su madurez física. Los adolescentes son impulsivos y temerarios y, sin embargo, anhelan liberarse del control paterno que (en cierto nivel) saben que necesitan. Entonces, ¿qué pueden esperar los padres más allá de los arrebatos sin sentido, la grosería y la rebeldía?

El objetivo de este libro es cambiar las expectativas de los padres sobre los adolescentes presentando una nueva perspectiva: la de los propios adolescentes. Con demasiada frecuencia se considera que la adolescencia es una fase en la que los padres deben capear el temporal manteniéndose firmes en sus posiciones superiores, resistiéndose en lugar de compartir la perspectiva del adolescente. Los libros sobre esta temática suelen ofrecer a los padres consejos acerca de los límites y el control, junto con análisis que reducen a los adolescentes a unos neuróticos impulsados por sus hormonas. Sin embargo, las observaciones francas de los adolescentes, sus exquisitas sensibilidades, sus alegrías y terrores en el autodescubrimiento se minimizan, se marginan, se ignoran. La consiguiente pérdida de atención y respeto por el mundo interior de los adolescentes se cobra un alto precio tanto para ellos como para sus padres.

EL CONFLICTO ENTRE PADRES Y ADOLESCENTES

Trabajar con adolescentes y padres como lo he hecho durante las últimas tres décadas es como observar una complicada interacción de pasión, conexión y rechazo. Aunque está llena de amor, esta dinámica a veces resulta muy incómoda.

Muchos padres y adolescentes experimentan una alteración en los ritmos del compromiso entre padres e hijos. Estos ritmos comienzan en la infancia con interacciones que se suceden momento a momento: miradas, expresiones, sonidos y gestos que duran solo unos segundos pero que están repletos de significado. Estas interacciones pueden parecer intrascendentes, pero son intrincadas, matizadas y mutuamente coordinadas. Cada uno de los miembros de esta dinámica —padre/madre y niño— cambia el mundo interior del otro, aumentándolo, apoyándolo, desafiándolo, revisándolo, controlándolo y validándolo. Para el bebé —y luego para el niño—, la visión del mundo de los padres es la más fiable. El progenitor es la máxima autoridad sobre lo que significan las cosas, las acciones correctas y lo que se espera que sientan los demás. El progenitor controla y gestiona las propias emociones complejas del bebé. El miedo y la frustración en un niño pequeño alcanzan rápidamente niveles de agitación. Se producen gritos y rabietas, y el progenitor, a menudo, los calma con palabras y gestos tranquilizadores, versiones de «Ya, ya, está bien». Los padres demuestran al niño que puede sobrevivir a los trastornos emocionales. Habrá veces, muchas veces, en las que las propias frustraciones y la ira de los padres se verán desencadenadas por las del niño, y todos exploten. No obstante, si el padre/madre muestra su poder para contener las emociones difíciles del niño (en un 30 % de las veces, aproximadamente), ofrecerá un modelo de regulación emocional, es decir, la capacidad de gestionar las emociones intensas aprendiendo que estas van y vienen, y que el niño puede pedir ayuda a los demás para capear las turbulencias de la vida.

En la adolescencia, esa sutil capacidad de respuesta entre padres e hijos se altera. Se produce un cambio en la disposición del niño a la hora de confiar en el padre/madre como fuente de sabiduría o como ayuda en la regulación emocional. Muchos padres experimentan este cambio como un rechazo. Me dicen: «Mi hijo adolescente ahora piensa que soy inútil», «A mi hija adolescente no le importa lo que pienso» e, incluso, «Mi hijo adolescente me odia. Ya no hay amor». En efecto, estos padres están traumatizados por la pérdida de un vínculo que valoran. Esa sintonía parental (la alerta especial que tienen los padres ante los signos y señales de sus hijos) se desvía. Al sentirse amenazados por la pérdida de amor y por el miedo a no poder controlar a su hijo adolescente —control que el adolescente tanto necesita—, los padres pueden volverse rígidos y defensivos. Están atentos a las señales de rechazo y peligro, pero ignoran las señales de amor y necesidad.

Podemos ver esto en la respuesta de Judy a Kirsty[1]. No estoy diciendo que el comportamiento de la niña de catorce años aquí sea

---

1 Este intercambio también se analiza en el capítulo 6, «Portraits of mother/daughter meltdown», de *You don't really know me*, Terri Apter (2004), Nueva York: W. W. Norton, pp. 128-129.

aceptable. No lo es. Cualquier padre de un niño de cualquier edad se sentiría frustrado, posiblemente enfurecido, por la grosería de Kirsty. Sin embargo, mi atención no se centra en si el progenitor o el adolescente están haciendo algo «correcto» o «incorrecto». Se trata de cómo padre/madre y adolescente forman una díada, una estrecha asociación en la que juntos construyen o destruyen su relación.

En lugar de centrarse en lo que es inaceptable en ese instante concreto, Judy se queja del carácter general de Kirsty, no solo de su comportamiento en ese momento. «Eres imposible» y «No tiene sentido hablar contigo» señalan una ruptura en su relación. Judy salta a estas afirmaciones extremas porque ella misma se siente herida.

Sin embargo, si Judy mirara más de cerca, si pudiera ser la madre tranquila que sostiene las emociones de su hija (como lo sería si el arrebato de Kirsty proviniera de una niña de cuatro años, en lugar de una de catorce), vería algo más. Vería la explicación de Kirsty de que, en su opinión, su madre la está «mimando». Tal vez, si Judy escuchara más, podría entender por qué su cariñosa oferta de prepararle el desayuno le parece paternalista a su hija de catorce años. Incluso podría llegar a entender el hecho de que Kirsty pida el reconocimiento de su nueva individualidad. A Kirsty le frustra, por ejemplo, que su madre no se haya dado cuenta de su reciente aversión a las tostadas.

En un estado de ánimo más tranquilo, Judy captaría la disculpa que Kirsty le ofrece cuando dice: «Sabes que no me gusta hablar cuando acabo de levantarme. No estoy realmente despierta». Si conociera el peculiar reloj corporal de la adolescente, Judy entendería que el mal humor de su hija podría ser consecuencia del malestar fisiológico que esta experimenta a primera hora de la mañana. Mientras que los padres describen a los adolescentes como perezosos y achacan su letargo matutino a la negativa a «irse a la cama a la hora», los cuerpos de los adolescentes están programados con un temporizador biológico diferente, y están llenos de hormonas del sueño por la mañana y avivados por su ausencia por la noche[2].

Si pudiera interpretar el comportamiento de su adolescente, o ver a través de sus ojos, el miedo a que su hija la rechace desaparecería. En su lugar, Judy se daría cuenta del profundo disgusto de Kirsty ante el rostro desencajado y la voz tensa de su madre. Podría sentir empatía por la irritabilidad y la impaciencia de su hija, que combina dos protestas: «¿Por qué mi madre discute conmigo?», y «¿Por qué estoy comportándome tan mal?». Comprender la perspectiva de su hija adolescente transformaría sus propias respuestas. En lugar de discutir, madre y adolescente conectarían.

¿POR QUÉ ESTE LIBRO?

En gran parte, mi propia profesión tiene la culpa de mi falta de visión sobre los significados del comportamiento de los adolescentes y de los errores relacionales que surgen posteriormente. Durante gran parte del siglo pasado se les decía a los padres que los adolescentes intentaban «divorciarse» de ellos[3], que la adolescencia era una época de separación y rebelión durante la cual los adolescentes luchaban contra el amor de su infancia e intentaban deponer a los padres como fuente de conocimiento fiable. Aunque las investigaciones más actuales demuestran que los adolescentes siguen estrechamente vinculados a los padres, con la intención de obtener reconocimiento y aprobación, el

2 S. J. Crowley et al. (2015), «Increase sensitivity of the circadian system to light in early/mid-puberty», *Journal of Clinical Endocrinology & Metabolism*, 100(11), pp. 4067-4073; M. H. Hagenauer et al. (2009), «Adolescent changes in the homeostatic and circadian regulation of sleep», *Developmental Neuroscience*, 31(4), pp. 276-284.

3 Anna Freud (1958), «Adolescence», en *The psychoanalytic study of the child*, 13(1), pp. 255-278.

modelo de la adolescencia como rebelión y rechazo sigue fijado en la cultura popular y en la mente de muchos padres.

Mi objetivo en este libro es abordar el tema de los adolescentes desde una nueva perspectiva, presentando —tan claramente como puede hacerlo un adulto— el mundo tal como lo ven los adolescentes. Quiero proporcionar a los adolescentes un aliado en la autoexpresión y la autocomprensión. Quiero guiar a los padres hacia un nuevo compromiso con las dificultades de los adolescentes mientras aprenden a nombrar las poderosas emociones que sienten y a hacer uso de sus incipientes habilidades de autorreflexión. Quiero volver a presentar a los padres a sus hijos adolescentes, y a los hijos adolescentes a sus padres, destacando los aspectos positivos de esta relación a menudo turbulenta. Pero nadie puede entender los elementos vitales y positivos de esta relación sin reconocer sus dificultades.

No saber cómo ven el mundo las personas a las que amamos es profundamente inquietante. La vida de los adolescentes ha cambiado enormemente en las últimas décadas, y los padres no pueden seguir el ritmo. El cambio más citado por los padres son las redes sociales, que absorben la atención de los jóvenes y moldean su identidad y sus relaciones. Pero la configuración de la sociedad de los adolescentes también ha cambiado en muchos otros aspectos. Están a la sombra de un futuro incierto. Se preocupan por sus oportunidades, por el medio ambiente, por su sustento. Los padres, que comparten estas presiones e incertidumbres, quieren proteger a sus hijos, pero se sienten mal preparados para hacerlo.

La comprensión científica de los adolescentes también ha experimentado un enorme cambio en las dos últimas décadas. Con la excepcional tecnología de imágenes por resonancia magnética, los científicos utilizan ahora potentes pero inofensivos campos magnéticos y ondas de radio para producir imágenes detalladas del cerebro en seres humanos vivos. Una observación tan cercana de los cerebros en acción no fue posible hasta finales del siglo pasado. Ahora se están desvelando poco a poco los misterios del peculiar cerebro adolescente, que cuenta con estructuras y comportamientos diferentes a los de un niño o un adulto.

Con las imágenes de resonancia magnética funcional, o fMRI, los científicos perciben el cerebro en acción rastreando el flujo sanguíneo y los niveles de oxígeno. Estos indican qué áreas cerebrales están en funcionamiento cuando se toman decisiones, cuando hablamos con alguien o cuando tenemos miedo, estamos enamorados o aburridos. A través de las fMRI los científicos pueden ver cómo ciertos sistemas cerebrales —en particular, los que se ocupan de las emociones y la actividad social— siguen unas rutas concretas en el cerebro adolescente.

Los nuevos y fascinantes descubrimientos sobre el desarrollo del cerebro de los adolescentes deberían acercarnos a ellos, pero ¿lo hacen? A veces, estos descubrimientos amplían el abismo entre el adolescente y los padres, ya que los adolescentes son vistos como algo extraño, ajeno e inalcanzable. Predispuestos por los adultos y para los adultos, los nuevos descubrimientos de la neurociencia se ven a menudo como déficits e inmadureces. Pero el cerebro de los adolescentes es altamente adaptativo, rápido para aprender, curioso y audaz. La voluntad de asumir riesgos, la inclinación por la emoción y el anhelo de aventura preparan al adolescente para la exploración y la innovación. Dado que el entorno humano está en constante cambio, cada generación necesita nuevos conocimientos y nuevas habilidades para gestionar sus retos particulares. El alto nivel de plasticidad del cerebro adolescente —esto es, su capacidad de cambio— permite a los adolescentes construir un cerebro equipado para lidiar por los retos característicos de su mundo.

Al mismo tiempo, los adolescentes, al igual que sus padres, quieren mantener sus relaciones primarias y fundamentales. Nada daña tanto una relación como la falta de comprensión. Los adolescentes, al igual que los adultos, anhelan el respeto. Calificar sus sentimientos de «locos» y su cerebro de «inmaduro» constituye un insulto para ellos. Es hora de que la nueva ciencia de la adolescencia se una a las experiencias de los adolescentes de forma que haga justicia a sus objetivos, su inteligencia y su dignidad.

Los casos que se presentan en este libro se basan en una serie de estudios sobre adolescentes y familias que he realizado durante los últimos treinta y cinco años, incluyendo transcripciones de entrevistas y vídeos, así como los diarios que los adolescentes y sus padres compartieron conmigo. Más de sesenta familias de dos países —Reino Unido y EE. UU.— y de diversos orígenes, etnias y culturas participaron en este trabajo. Sus experiencias revelan que la crianza de los hijos es una dinámica compleja y sensible a la vida cambiante de los adolescentes. Muchos temas de la dinámica progenitor/adolescente —conexión, confianza, seguridad, crecimiento— perduran a través de las generaciones, pero a medida que cambian la educación, la comunicación y el ocio de los adolescentes, así como sus entornos sociales, políticos y económicos, mantenerse al día es una tarea tremenda. Sin embargo, también es una tarea importante y gratificante, ya que a medida que los padres aprenden a interpretar a su hijo adolescente, se convierten en colaboradores positivos en el crecimiento de su mente.

La crianza de los hijos no es un sistema cerrado en el que se pueda trazar una línea desde el comportamiento de los padres hasta la respuesta del adolescente. Por lo tanto, no trazo un plano de «lo que debe hacer un padre/madre» porque cada progenitor y cada adolescente construyen su propia relación, con sus ritmos y significados, arraigados en una familia y una cultura particulares. En su lugar, presento una serie de patrones que muestran cómo los diferentes actores del drama progenitor/adolescente influyen constantemente en el comportamiento del otro en función de cómo cada uno interpreta lo que el otro dice y hace.

Cualquier consejo sobre la crianza de los hijos debe cuestionarse mediante la pregunta: «¿Pasa la prueba de la revolución copernicana?». Este fue, inicialmente, el cambio de paradigma de un modelo de un mundo estacionario rodeado por el Sol a, finalmente, un modelo mucho más complejo y contraintuitivo en el que la Tierra no solo era rodeada por el Sol, sino que seguía una órbita también influenciada por la masa y el movimiento de otros planetas[4]. En el ámbito del adolescente y el progenitor, el cambio de paradigma comparable se aleja de un modelo que sitúa al progenitor o al hijo en el centro estacionario alrededor del cual uno orbita únicamente en respuesta al otro.

Según el paradigma antiguo, cuando un niño se desviaba de su rumbo, era consecuencia de las acciones del progenitor. Con el niño en el centro estacionario, los genes o el carácter eran fijos, y el progenitor tenía que aceptar que «así era el niño». Con el nuevo paradigma, sin embargo, las influencias son multidireccionales, y son muchas las fuerzas diferentes que conforman tanto el camino del niño como el de los padres. Progenitor y adolescente forman un equipo dinámico; y las respuestas, suposiciones y asociaciones de cada uno influyen en el otro. Las acciones de un adolescente evocan respuestas en un padre/madre (a través de la esperanza, el recuerdo y el miedo); y estas respuestas de los progenitores, a su vez, moldean el comportamiento de los adolescentes. Sin embargo, la influencia de los padres está condicionada por el entorno de los adolescentes; tanto por el entorno social (en el que los amigos y las normas son cada vez más importantes), como por el entorno neurobiológico de los adolescentes (con su rápido desarrollo cerebral y corporal). Interpretar el com-

---

4 Utilizo el término «revolución copernicana» en el sentido amplio de la revolución que comenzó, en gran medida, con Nicolás Copérnico. Aunque el revolucionario modelo copernicano comenzó con el cambio a un modelo centrado en el Sol, el descubrimiento de que las órbitas eran elipses —en lugar de círculos— tuvo lugar cien años más tarde, y fue Newton quien más tarde explicó cómo las elipses son efectos producidos por la gravedad.

portamiento de los adolescentes —a menudo, aparentemente irracional o caótico— como dirigido a un objetivo, con un fin y con inteligencia, ayuda a los padres a comprender y a aprovechar al máximo su poderoso vínculo.

1

«Tú no sabes quién soy yo (pero yo tampoco)»

EL YO EXTRAÑO DE LOS ADOLESCENTES

Me enseñaron a temer la adolescencia mucho antes de que yo misma me convirtiera en una adolescente. Recostada sobre mi madre mientras me leía, me sentía envuelta en su respiración profunda y su cuerpo suave. Leía con una voz de actriz que me distraía de la historia. Observaba su boca pronunciando los sonidos escenificados, y me quedaba absorta en los pelos que tenía sobre el labio superior. Recubiertos de maquillaje, brillaban a la luz de la gruesa lámpara que había sobre la mesa que tenía al lado. Estaba tejiendo mientras leía, y el movimiento de sus brazos subía y bajaba mi cuerpo de siete años en un suave movimiento de balanceo.

—¿Me leerás siempre? —pregunté de repente, sin esperar una pausa en la historia—. ¿Incluso cuando sea mayor?

Ante esta interrupción, ella desvió su atención del libro y miró hacia el tejido. Era miope. Se inclinó hacia delante, de modo que sus ojos estuvieron a solo unos centímetros de las agujas. Contó las puntadas de dos en dos, pronunciando los números en un susurro jadeante. Satisfecha con su recuento de puntos, se acomodó en el respaldo del sofá y dijo:

—Para cuando seas adolescente, no querrás que te lea. No escucharás nada de lo que te diga.

Miré alrededor de la habitación y traté de fijarla en mi mente. Quería conservar ese recuerdo, anclarme en él y encontrar protección frente a la extraña que esperaba ocupar mi lugar. La seguridad que había buscado —de la continuidad y la permanencia— se hizo añicos. La adolescencia estaba por llegar y, me gustara o no, me transformaría en una extraña. Durante muchos años asumí que esta era la peculiar opinión de mi madre sobre quién sería yo en la adolescencia. Dos décadas y media después, cuando empecé a investigar sobre la adolescencia, supe que la opinión de mi madre era común. «Era una niña tan feliz... ¿Qué la ha vuelto tan malhumorada?», se preguntan los padres. «Era un niño tan abierto y confiado... ¿Por qué no me habla ahora?». A menudo, también escucho: «No sé quién es. Es como si mi dulce hijo hubiera sido abducido por un extraño».

1.1 EL EXTRAÑO QUE HABITA EN EL INTERIOR

La idea de que en la adolescencia un extraño invade al hijo encantador que uno tiene marca la imagen cultural del adolescente: un ser querido convertido en un extraño, empeñado en destruir al niño bueno que lleva dentro. La creencia arraigada de que la adolescencia trastorna su identidad central no pasa desapercibida para los adolescentes. La conciencia de sí mismo de un adolescente está en un estado de cambio; esto puede ser emocionante, pero la mala interpretación de estos cambios por parte de los progenitores puede generar en los adolescentes confusión y miedo sobre quiénes son.

Mi aproximación a la adolescencia incluye diferentes perspectivas, que corresponden a las distintas visiones de ella a lo largo de las generaciones. Incluye los presentimientos de mi madre sobre mi adolescencia, mis propios recuerdos viscerales de lo que se sentía al ser una adolescente (estaba irritable, enfadada y llena de anhelos), y las peleas con mis propias hijas adolescentes (cuando me aturdía su enfado y me atenazaba el temor a perder el estrecho vínculo que nos unía). Incluye la ansiedad de mi hija sobre cómo serán sus hijos cuando sean adolescentes; la rebeldía de su hijo de cuatro años la llena tanto de orgullo como de exasperación, y le presenta una oscura imagen de futuro: «Odio pensar en la pesadilla que será de adolescente». Y yo también reflexiono sobre la franqueza, la confianza y el deleite del niño pequeño, y me preocupa que todo se pierda en la adolescencia.

Sin embargo, como psicóloga, cada vez que oigo a un padre decir: «Mi hijo adolescente es un extraño», o «Parece que un extraño se haya adueñado de mi dulce hijo», quiero llegar tanto al padre como al adolescente para mostrarles que el aparente extraño sigue siendo el hijo amado y que el adolescente sigue anhelando ser el hijo amado del padre, incluso cuando quiere establecer su identidad individual e independiente.

Esta tensión entre la necesidad continua y el anhelo de independencia genera una ambivalencia que es tan confusa para el adolescente como para el progenitor. Los adolescentes dicen «Quiero que estés aquí a mi lado», pero también dicen «Quiero que me dejes en paz». Se quejan diciendo «No me entiendes», y a la vez insisten en decir «¿Por qué no te mantienes al margen de mi vida?». Hay una parte del adolescente que se resiente de la presencia de los padres, y otra parte del adolescente que está profundamente agradecida de que los padres estén siempre ahí. Quiere que lo dejen en paz, pero, a la vez, quiere que el progenitor adopte un nuevo modo de escucha atenta. Una parte muestra indiferencia o desprecio por las opiniones del progenitor, y otra busca y anhela constantemente su aprobación.

Cuando los padres se quejan de su adolescente «imposible» o «extraño», ignoran por completo esa otra parte del adolescente que quiere darse a conocer. El hecho de verlo como un extraño magnifica el propio malestar del adolescente ante ese extraño que lo acecha.

1.2 EL EXTRAÑO DEL ESPEJO

«¡Cómo has crecido!» son palabras que un niño está encantado de escuchar. Crecer y hacerse mayor es un motivo de orgullo. Imbuye al niño la promesa de hacer más y de ser más. Pero, para muchos adolescentes, el hecho de crecer y de hacerse mayores también va acompañado de una sensación de pérdida del cuerpo infantil conocido y asumido.

El crecimiento físico del adolescente es rápido. Cuando conocí a Keira, era una niña ágil de once años, llena de entusiasmo por la gimnasia y los animales. Me mostró su doble salto mortal, recientemente perfeccionado.

—¿Quieres verlo? —me preguntó seriamente—. Te lo enseñaré si quieres.

Después de su actuación, brilló triunfante. Cuando la vuelvo a ver, dos años y medio después, su rostro y su acogedora sonrisa son totalmente reconocibles. Lo que me llama la atención no es lo mucho que ha cambiado físicamente (el aumento de la estatura y el aumento de los pechos y los muslos son lo que yo esperaba), sino cómo ha cambiado su relación con su cuerpo. Se sienta en el sofá con las piernas cruzadas y los hombros hacia delante. Lleva un jersey demasiado grande y, al inclinarse hacia delante, esconde las rodillas bajo el jersey. Mientras hablamos, su mirada se posa momentáneamente en mí, antes de desviarse. Cuando le pregunto por la gimnasia, se muerde el labio inferior y se frota los dedos con las mangas de su jersey.

—No lo sé. Es que no... —dice. Espero y, finalmente, ella continúa—: Todavía la hago. Cada día. Sigue siendo bueno. Bueno, los entrenamientos siguen siendo buenos. Las competiciones... me gustaban, supongo.

Asiento con la cabeza, y recuerdo que lo sé, recuerdo lo emocionada que estaba, la orgullosa deportista que era por naturaleza.

—Ahora realmente no me gustan. Todos esos ojos puestos en mí. El entrenador dice: «Son tus amigos. Te están animando». Pero te están mirando, no son amigos. Son la peor clase de jueces. Incluso mis padres. Puedo sentir su vergüenza a punto de saltar si meto la pata. Y están al límite, porque esperan que meta la pata. Eso es lo mismo con todo el mundo. Todos esos ojos. Es mortificante.

«Mortificante» es una palabra que da escalofríos. Viene de *mortis*, que en latín significa «muerto». La mortificación sugiere un deseo de desaparecer, de hacerse el muerto para evitar la humillación.

«Qué extremo», pienso, aunque no tardo más de dos segundos en sofocar mi respuesta inicial. La vergüenza es uno de los sentimientos más fuertes en los repertorios emocionales de los adolescentes. Las imágenes cerebrales muestran que el peligro físico, para los adolescentes, despierta menos miedo que la autoconciencia[1]. Ser conscientes de que los demás los están mirando, posiblemente de forma crítica, puede ser insoportable. Sin embargo, estoy a un paso de minimizar la experiencia de Keira («A todo el mundo le cuesta ponerse delante de una multitud. Es algo a lo que tenemos que acostumbrarnos»). Pero sus palabras me resuenan, y se relacionan directamente con lo que me han contado otros adolescentes.

---

1 Leah Somerville (2013), «Sensitivity to social evaluation», en *Current Directions in Psychological Science*, 22(2), pp. 121-127.

—Entro en una habitación y es como si los ojos de la gente se clavaran en mí —dijo Liba, con trece años. Y añadió—: Mis pechos crecieron de la noche a la mañana. Un día mi ropa era sencilla, algo así como familiar... Al día siguiente, tuve que revisar cada uno de mis tops. La mayoría de ellos no me servían. Eran demasiado ajustados. Poco discretos. Ya no sabía cómo tendría que verme.

Mientras se mira en el espejo, su reflejo se convierte en un rompecabezas. ¿Cómo la ven los demás?, ¿cómo debe vestirse?, ¿cómo debe caminar?, ¿cómo debe sentarse para aplacar las miradas indiscretas?

—No es que todo el mundo sea grosero ni nada parecido. Y, en cierto modo, veo que no quieren mirar. Como que intentan mirar hacia otro lado. Y me siento mal por ellos. Pero me siento muy mal por mí.

Los adolescentes son buenos observadores de las respuestas de los demás, y Liba es consciente de que otras personas (padres, profesores, amigos) están sorprendidas por su rápido desarrollo. Ella interioriza la perspectiva de un observador, un observador que la ve como alguien extraño. También reconoce su malestar y se pregunta: «¿Quién soy ahora?».

Para Jonas, de quince años, es su voz (lo que oye cuando habla y lo que cree que oyen los demás) lo que desencadena la conciencia de sí mismo. Me dice:

—Hablar con la gente solía ser fácil. Ahora, siempre que hay más de dos personas, incluso si son amigos, o gente que conozco muy bien, oigo mi propia voz como si fuera graciosa, es decir, inapropiada. Tengo esta idea en mi mente, y siento que cada vez que empiezo a hablar mi voz suena como algo inútil. Me doy cuenta en cuanto comienzo, pero ya es demasiado tarde. Tengo que terminar, ya sabes. Termino una frase y oigo este horrible chillido, como si mi voz se burlara de repente de mí.

Su piel oscura se sonroja y su mano tiembla al gesticular, como si diera forma a sus palabras. Me mira y el rubor de sus mejillas se acentúa aún más. Su malestar es palpable. Pero continúa con valentía, y sé que está luchando contra su propia y cruel mirada interior. Explica lo mucho que echa de menos el ensimismamiento de la infancia. Ahora, dice, se siente expuesto porque «todo el mundo me mira».

Los adolescentes desarrollan un «yo en el espejo»[2], que surge de la nueva y urgente pregunta: «¿Cómo me ven los demás?», y de la creencia de que «la gente siempre está mirando y juzgando». Este público imaginario[3] pasa de los aplausos a los abucheos con una facilidad apabullante. Sus plataformas en las redes sociales (Snapchat, Instagram, TikTok y, aunque cada vez menos para los adolescentes, también Facebook) presentan un terreno abonado para la preocupación por cómo los ven los demás. Los adolescentes están siempre «ahí afuera», mostrando primero una y luego otra versión de sí mismos, brillando cuando reciben halagos y ardiendo de vergüenza cuando se burlan de ellos o los ignoran.

Lo más cerca que los adultos pueden estar de la autoconciencia cotidiana del adolescente son los sueños sobre la desnudez. Estamos en el trabajo, o cumpliendo con un deber público, o enfrente de cualquier funcionario y, de repente, nos damos cuenta (en nuestro sueño) de que estamos desnudos. Intentamos escapar o ponernos ropa, pero nuestros brazos o nuestras piernas no se mueven,

---

2 El concepto del «yo en el espejo» fue desarrollado en 1902 por Charles Horton Cooley, quien argumentó que el sentido del yo crece a partir de la percepción que los demás tienen de nosotros. También lo utiliza Sarah-Jayne Blakemore en *Inventing ourselves* para elaborar experiencias particulares de los adolescentes sobre sus mundos sociales. Véase Blakemore (2018), «The social brain in adolescence», *Nature Reviews*, 9, pp. 267-77.

3 David Elkind acuñó este término en sus escritos sobre los adolescentes. Véase D. Elkind y R. Bowen (1979), «Imaginary audience behavior in children and adolescents», *Developmental Psychology*, 15(1), pp. 38-44.

y todo lo que hacemos para escondernos solo empeora las cosas, hasta que nos despertamos de un sobresalto y nos sentimos aliviados al darnos cuenta de que solo era un sueño. Esto es lo que siente el adolescente a diario: se siente completamente expuesto, pero sin estar preparado para ser visto. Con la diferencia de que, para los adolescentes, esto es la vida real, no un sueño.

Estos cambios tan rápidos (en la voz, en el físico, en los sentimientos y en el pensamiento) son emocionantes, pero también son desconcertantes y desestabilizadores. Los novelistas son más hábiles que los psicólogos a la hora de definirlos, y Carson McCullers ofrece un maravilloso relato del malestar adolescente a través de los ojos de Frankie en *The Member of the Wedding*. Frankie, como muchos adolescentes, se pone delante de un espejo y estudia su nuevo cuerpo: «En el último año había crecido diez centímetros... y, a menos que pudiera detenerse de algún modo, llegaría a medir más de dos metros. Ella sería un bicho raro»[4]. Después de todo, ¿cómo sabe Frankie que este estirón no es una tendencia? Sabe que no puede controlarlo y sabe que su futuro yo es desconocido. Esta constatación conforma lo que ella llama «el verano del miedo», el verano en el que se enfrenta al inicio de la adolescencia.

Los adolescentes sienten tanto orgullo como vergüenza por sus cuerpos cambiantes, y tanta excitación como confusión por sus nuevas facultades de comprensión. Arrancados de la familiaridad de su cuerpo infantil, su tarea consiste en inventar una nueva persona, que será moldeada por la familia y los amigos, por lo que leen y lo que ven, por cómo se les enseña en la escuela, por sus iconos y modelos mediáticos y por sus propios deseos e intereses emergentes. Pero, a lo largo del camino, comprueban y vuelven a comprobar el progreso de su yo interior en relación a cómo los ven los demás.

---

4 Carson McCullers (1962), *The Member of the Wedding*. Londres: Penguin, p. 16.

1.3 LA AUTOCONCIENCIA: LA DE ÉL, LA DE ELLA Y LA DE ELLOS

En la vorágine del cambio físico vemos una importante divergencia entre los caminos que emprenden las chicas y los caminos que emprenden los chicos a lo largo de la adolescencia. El crecimiento físico de un chico adolescente tiene un impacto social mucho más positivo que el desarrollo físico de una chica adolescente. Las normas de género se han ampliado y se han flexibilizado en las últimas décadas, y muchos padres dicen que tratan a las hijas y a los hijos de igual modo. Pero, aun así, es más que probable que la madurez física de un chico transmita: «Estoy bien / No tienes que limitarme», mientras que el desarrollo de su hermana conlleve nuevas limitaciones. El desarrollo de un chico sugiere una mayor competencia y suele dar lugar a una mayor libertad.

Este es el contexto de la cruda autoconciencia de Liba. ¿Por qué se le dice de repente que tiene que ponerse un albornoz antes de bajar a desayunar? ¿Qué debe hacer con la advertencia de su madre de que ya no debe sentarse en el regazo de su abuelo y abrazarlo? ¿Qué debe hacer con la reciente desaprobación de su padre hacia las peleas físicas —a veces amistosas, a veces hostiles, pero siempre divertidas— de las que ella y su hermano disfrutaron habitualmente durante su infancia? ¿Cómo puede explicar la mirada cuidadosamente evasiva de su padre cuando ella sale del baño? ¿Y por qué su madre le lanza nuevas advertencias sobre el comportamiento y la vestimenta adecuados fuera de casa?

Las diferencias de género que surgen en la adolescencia no son innatas ni están programadas. Surgen dentro de una cultura permeabilizada con ideas sobre lo que debe ser y lo que no debe ser una mujer, y sobre lo que debe ser y lo que no debe ser un hombre. En la infancia, el género suele tener cierta flexibilidad. Las niñas pueden ser rudas y los niños pueden ser mimosos. Las niñas pueden construir maquetas de coches y los niños pueden jugar con muñecas y disfrazarse. Son los niños los que, en la infancia, pierden más rápidamente esta libertad. «Sé un hombre» o «No seas tan nenaza» son frases que ciertos padres siguen diciendo, padres que se escandalizarían si a su hija le dijeran: «Tu trabajo es ser guapa» o «No necesitas ser inteligente». Aunque muchos progenitores se sienten cómodos cuando sus hijas juegan con juguetes que en el pasado se consideraban juguetes para niños, o se visten de formas que antes se consideraban «de marimacho», siguen sintiéndose incómodos cuando un niño se pone ropa «de niña» o se sujeta el pelo con cintas. Los padres me dicen, a menudo, que ellos mismos no lo desaprueban, pero que quieren proteger a su hijo de las burlas que otros podrían dirigirle.

Al principio de la adolescencia, la flexibilidad de género desaparece (tanto para las chicas como para los chicos). Los amigos, los profesores, las telenovelas y las tendencias de las redes sociales, entre muchos otros factores, pregonan lo que significa ser mujer. Los ideales de belleza y de cuerpo sesgan la autoestima de las adolescentes, no solo porque creen que no están a la altura de estos ideales, sino también porque su aspecto y el hecho de agradar a los demás adquiere una nueva importancia. El cuerpo cambiante de Liba modifica su relación con su abuelo, con su hermano y con su padre; y su madre da nuevas directrices sobre lo que su ropa, su pelo y su maquillaje indican a los demás. En nombre del amor, las personas que la rodean la introducen en lo que ellas consideran que son las realidades de ser una mujer físicamente madura. Al hacerlo, la convierten en una extraña tanto para ella como para los demás.

El momento del desarrollo físico —en relación con los amigos o con los hermanos— también afecta al nivel de autoconciencia de la adolescente. El desarrollo físico de Liba es temprano y rápido. Sus padres no lo esperaban todavía. Su hermana mayor, Jessica, de quince años, es más alta que Liba, pero conserva los muslos delgados y el pecho estrecho de la infancia. Como hija mayor,

Jessica ha calibrado las expectativas de sus padres, y la madurez física y sexual de su hija menor los alarma.

La incomodidad de Jonas, por otra parte, surge de su voz todavía aguda, de niño, mientras que los chicos que le rodean, sobre todo en el nuevo instituto al que acaba de incorporarse, hablan con tonos más graves. Se mueven con más soltura, seguros de que cumplen los requisitos «masculinos». Las normas masculinas que aparecían de vez en cuando en la infancia ahora se ciñen a él como una mordaza. El «código de los chicos» se activa con una sola palabra crítica o una mirada de desprecio —no necesariamente hacia el propio Jonas, sino hacia alguien como él—, lo cual le señala el peligro social de no cumplir las normas masculinas.

La adolescencia también cambia las relaciones de los chicos. Un hijo podría encontrar beneficios especiales por estar cerca de su madre, pero ser llamado «niño de mamá» supondría una vergüenza. Entre ellos ocurre algo parecido. Precisamente cuando podrían beneficiarse enormemente de tener una amistad franca, abierta e íntima, la cercanía entre ellos queda bajo el escrutinio de la policía de género. Cuando los chicos adolescentes intentan transmitir su dependencia de un amigo íntimo, se les reprende con la burla: «Hablas como un marica»[5]. Necesitar a otras personas es, según el código de los chicos, un signo de debilidad, o de afectos «poco masculinos».

Para los adolescentes que sienten que no están en el cuerpo adecuado, y que ven sus características sexuales emergentes —ya sean masculinas o femeninas— como incoherentes con lo que realmente son, el desarrollo físico se siente como una traición, que los obliga a entrar en una categoría de género que les resulta extraña. Matt, de catorce años, explica:

---

5 Niobe Way (2011). *Deep secrets: boys' friendships and the crisis of connection*, Cambridge, MA: Harvard.

—Estaba bien ser un niño. La sensación de que realmente era una niña no importaba. Era como mi secreto especial. Ahora todo el mundo habla de que soy muy guapo, y me sueltan todo tipo de palabrejas de chico. Me hablan, y yo quiero decir: «Este cuerpo es incorrecto. Este no soy yo. Lo que ves es un extraño». Me tratan como a un extraño. Todos, incluso mi madre. Ella se ríe de mí. Le parece gracioso porque estoy abochornada. Pero estoy atrapada en este cuerpo extraño.

Los progenitores a menudo se sienten impotentes ante la autoconciencia del adolescente, pero subestiman su poder para aliviar o agravar el yo perturbado del adolescente (en parte porque no comprenden sus causas).

1.4 EL YO PERTURBADO DEL ADOLESCENTE

En todas las culturas conocidas, en todos los tiempos documentados, los seres humanos establecen, desde sus primeros días de vida, relaciones de cuidado y amor. Desde que nacemos, nos relacionamos íntimamente con quienes nos cuidan, y estas personas suelen ser nuestros progenitores. Los progenitores y el bebé se encierran en una mirada mutua, y cada uno le devuelve la mirada al otro. Este contacto visual temprano y prolongado es tan importante —tanto para los padres como para el niño— que no se abandona al azar; un reflejo del bulbo raquídeo se encarga de que el bebé se vuelva hacia la cara de la persona que le sostiene, y pronto sigue también la voz de esa misma persona.

Mi fascinación por los vínculos emergentes entre el bebé y los padres se despertó cuando, como asistente auxiliar, se me encargó grabar las interacciones entre una madre y un bebé en una unidad neonatal. Me pasé horas observando los movimientos espasmódicos de las extremidades de un recién nacido, el juego de las manos y los movimientos de búsqueda de la cabeza y de la boca, que captaban la mirada de la madre y desencadenaban una tensión receptiva en su brazo. Incluso cuando una madre charlaba con una amiga o veía la televisión, su voz y su mirada reaccionaban a los pequeños movimientos del bebé. Una conversación privada, apenas audible, estaba constantemente en curso.

Tres meses después, en la segunda fase del estudio, visité a la madre y al bebé en su casa. Esa conversación tenía ahora un objetivo claro: el bebé sentía tanta curiosidad por el progenitor como el progenitor por el bebé. El progenitor y el bebé, ambos absortos en este proceso de conocimiento, se turnaban en un intercambio exquisitamente coreografiado. El bebé solicitaba la atención de su progenitor si su mirada se desviaba, con sonidos de arrullo o con una mirada intensificada, a menudo acompañada de una pequeña patada o de un estiramiento del cuerpo. El progenitor respondía entonces a esta invitación, a menudo imitando, con una ligera sobreactuación, el sonido que hacía el bebé o la expresión de su cara.

La desesperación del bebé si no conseguía esa atención receptiva de su progenitor era abrumadora. Un padre que no responde, con una cara inmóvil o «congelada», hace que el bebé caiga en la desesperación. En un breve período de dos minutos[6], podemos oír los lamentos primitivos que señalan el terror, como si se tratara de un abandono y un peligro, incluso cuando el bebé permanece seguro en presencia de sus progenitores.

A través de las interacciones receptivas con un adulto, el bebé aprende que alguien siente curiosidad por él, le comprende, es capaz de satisfacer sus necesidades y se preocupa por lo que

---

6 UMass (2009, 30 de noviembre). Still face experiment: Dr. Edward Tronick [vídeo]. Véase también E. Tronick, «Why is connection with others so critical? The formation of dyadic states of consciousness and the expansion of individuals' states of conscious- ness: Coherence governed selection and the cocreation of meaning out of messy meaning making», en J. Nadel y D. Muir (Eds.), *Emotional development: Recent research advances*, Oxford: Oxford University Press, pp. 293-315.

siente. Cuando el progenitor muestra indiferencia, pierde la curiosidad y no se compromete, el bebé siente una pérdida de conexión, muy parecida a la pérdida de sí mismo. Cuando su progenitor muestra interés y compromiso, el bebé disfruta de lo que el psicólogo y psicoanalista Peter Fonagy denomina «coincidencia epistémica», ese «clic» satisfactorio de sentirse comprendido, conectado y aceptado[7].

La «coincidencia» interpersonal —la sensación de que alguien se esfuerza por conocerte y de que quiere conocerte tal como eres— nunca es perfecta. Tanto en la infancia como en la niñez se producen muchos errores en el camino, ya que progenitor e hijo negocian las necesidades y las demandas del otro. En la adolescencia, sin embargo, el número de pasos en falso aumenta. Los adolescentes se sienten incómodos con las interacciones que disfrutaban en la infancia. Los gestos familiares de los progenitores y las palabras de ánimo y consuelo se juzgan como «inútiles» o «estúpidas». La «confianza epistémica» que antes se daba por supuesta —la creencia de que el otro es básicamente bueno, y de que cada uno tiene un profundo interés y un deseo de comprender las necesidades del otro— fracasa y, a menudo, es sustituida por el miedo y por la ansiedad.

¿Qué es lo que socava los cimientos tan laboriosamente construidos en la infancia y la niñez? Sobre todo, es la incapacidad de los progenitores para comprender el nuevo mundo interior del adolescente, con su agitación emocional, su autoconciencia y sus dudas. El adolescente está construyendo e imaginando una nueva identidad personal y, en el proceso, sus pensamientos y sentimientos parecen más opacos que nunca. Sin embargo, en lugar de la curiosidad que los progenitores solían mostrar hacia

---

7 Peter Fonagy (2019, 8 de febrero), «New understanding of the development of mental health disorders», presentado en la Developing Minds Conference, Londres.

el niño, ahora aparece el juicio fácil: «Eres un adolescente, así que estás confundido, eres inmaduro, son las hormonas, eres rebelde». Pero ninguno de estos términos es del todo correcto. Ninguno se ajusta a la experiencia de la vida interior del adolescente. Los adolescentes, que todavía están muy apegados a sus padres, que todavía dependen de ellos para «leer» su mundo interior, se sienten defraudados por ellos, que de repente los ven como seres extraños. Cuando un padre dice: «Un extraño se ha apoderado de mi hijo», los adolescentes, si no cuentan con la comprensión de un progenitor, se sienten ajenos a sí mismos[8].

No solo los adolescentes experimentan un yo ajeno. Cuando cometemos un error, una voz interior punitiva se burla: «¿Cómo has podido ser tan estúpido?», «Siempre metes la pata». Un yo ajeno, que merece ser atacado y castigado, pasa a un primer término, a un primer plano. Pero, como adultos, es más probable que cambiemos a nuestro yo familiar, a ese que a veces se equivoca pero que generalmente lo hace lo mejor que puede. Los adolescentes, sin embargo, siguen atrapados en los reflejos negativos. Cada paso en falso a nivel social, cada signo de torpeza, se magnifica. Autocríticos y acomplejados, a menudo se ven a sí mismos a través de los defectos que temen que vean los demás[9]. Cuando los progenitores expresan su exasperación y se quejan: «¡No te entiendo!», refuerzan involuntariamente el yo ajeno del adolescente. «¿Cómo puedo ser bueno o valioso si mi padre/madre ya no me entiende?», piensa el adolescente.

8 Véase Trudi Rossouw (2019, 8 de noviembre), «Self harm in young people and evidence for effective treatment», presentado en la Conferencia ACAMH, Londres.

9 Peter Fonagy (2012), «What is mentalization? The concept and its foundations in development», Nick Midgley & Ioanna Vrouva (Eds.), en *Minding the child: Mentalization-based interventions with children, young people and their families*, Nueva York: Routledge; Peter Fonagy (2006, 6 de octubre), «The growth of development of personality from childhood to adult years: Psychology and psychopathology», presentado en el Seminario de Copenhague.

1.5 DIFERENCIAS GENERACIONALES

Muchos progenitores insisten en que los adolescentes de hoy son más raros que los de las generaciones anteriores porque están creciendo en un mundo diferente, moldeado por las nuevas tecnologías y por las influencias globales. Sin embargo, la creencia en una división generacional se extiende a lo largo de la historia. En el siglo IV a. C., el filósofo Aristóteles se quejaba de que los jóvenes «creen saberlo todo», mientras que carecen de la verdadera sabiduría de sus progenitores. Los adolescentes de hoy, igual que los del siglo IV, también piensan que lo saben todo, y culpan a la generación de sus padres de poner en peligro, por su codicia y su despreocupación, su bienestar futuro. Los padres de los adolescentes de hoy, igual que los padres de los adolescentes del siglo IV, piensan que la sabiduría de los jóvenes está comprometida por su inexperiencia. La diferencia es que los adolescentes de hoy se relacionan de un modo particular con las nuevas tecnologías, lo cual magnifica aún más la histórica división generacional.

Una red privada acecha, y es una red desconocida para los padres y madres de los adolescentes actuales. Sus hijos «siguen» y se relacionan con celebridades e *influencers* de los que sus progenitores nada saben. Los padres/madres insisten en que se trata de algo más que de una queja sobre «los niños de hoy en día»[10]. Cuando sugiero que sus temores no son más que una versión actualizada de la alarma que en los años 50 causó la televisión (que entonces se consideraba un peligro para los jóvenes, porque dañaba sus ojos, su capacidad de atención y su cerebro), me dicen: «No. Esto es diferente».

El tiempo de pantalla de hoy es, en efecto, diferente al tiempo de pantalla que suponía la televisión en los años 50. Es interactivo,

---

10 John Protzko y Jonathan Schooler (2019, 16 de octubre), «Kids these days: Why the youth of today seem lacking», *Sciences Advances*, 5 (10).

más convincente y altamente envolvente. El teléfono del adolescente suele estar tan hecho jirones, desgastado y sucio como el peluche de un niño pequeño. Como el juguete favorito del niño, permanece cerca del adolescente en todo momento, de día y de noche. «¿Qué significaría para ti perder tu teléfono o que te lo quitaran?», les pregunto a los adolescentes. «Mi vida depende de él. Sería perderlo todo», dice Arjun, de quince años. «Perder los dispositivos digitales sería como perder un bebé»[11], le dijo Kayla, de dieciocho años, a otro investigador. El compromiso de los adolescentes con las redes sociales adopta muchas formas, y se tratará en muchos contextos diferentes en este libro, como las amistades, el aislamiento, la ansiedad, las autolesiones y la imagen personal. Sin embargo, empiezo aquí mostrando cómo la tensión entre progenitores y adolescentes sobre las redes sociales y los dispositivos digitales ofrece un claro ejemplo de cómo la ansiedad de los padres/madres sobre la división generacional (lo diferentes que son los niños hoy en día) puede conducir a una ruptura relacional.

Los adolescentes creen que los padres/madres son «unos histéricos» o «unos estúpidos» o «unos desinformados» sobre los *smartphones* y sus peligros.

—Mi madre oye algo en las noticias, como «Oh, vaya, hay porno en Internet». Inmediatamente, es como «Oh, tienes que tener cuidado», o «Déjame ver lo que estás mirando. Enséñamelo». Me da mucha rabia. Estoy mirando algún comentario o una publicación de alguien, algo que no puede entender.

La madre de Arjun, Saema, mira fijamente la pantalla del teléfono de su hijo y, aunque se siente aliviada de que no sea porno, no puede comprender qué es lo que absorbe tanto la atención

---

11 Lynn Schofield Clark (2014), *The parent app: Understanding families in the new age*, Oxford: Oxford University Press.

de su hijo. «¿Cómo puede ser tan entretenido algo tan pequeño?», se pregunta. Y hay otras preocupaciones que comparte con muchos otros padres: «¿Cómo puedo saber si mi hijo está expuesto a depredadores sexuales, o sufre acoso cibernético, o se siente atraído por la pornografía o el juego, mientras está sentado aparentemente "seguro" en casa?». Junto a estas preocupaciones acuciantes, hay otras más generales: «¿Cuánto tiempo está perdiendo?», o «¿No debería hacer más ejercicio?».

Los progenitores afirman que, aunque son estrictos con sus hijos y se aseguran de que haya controles parentales en su acceso a Internet, les permiten bastante libertad. Pero no es así como lo ven los adolescentes. Estos se quejan de la ignorancia de sus padres, de su enfoque autoritario y prepotente («Todo es cuestión de "Lo haces a mi manera o te quito el teléfono", o "¡Apaga esa cosa! ¿Está apagado? Déjame ver si está apagado", y su constante preocupación por nada»).

Cada día los padres se enfrentan a pequeñas decisiones relacionadas con el uso del teléfono por parte de los adolescentes. Quieren controlar el tiempo y el contenido, pero también quieren «demostrar que básicamente confío en ella». Algunos adolescentes, en un esfuerzo por eludir la ansiedad de sus progenitores, deciden:

—Es más fácil mentir. Digo que estoy hablando con un amigo que mi madre conoce, en lugar de explicar lo que realmente estoy haciendo. O digo que estoy buscando algo para el colegio, cuando solo estoy navegando por páginas de ropa.

Otros esperan hasta que la atención de sus progenitores se centra en otra cosa.

—Simplemente asiento con la cabeza: «Sí, tengo cuidado. Sí, está bien». Y al final se distraen con otra cosa.

Otra estrategia adolescente que tiene mucho más éxito es asumir el papel de profesor. Luis, de dieciséis años, mostró a sus padres lo que hacía: cómo encontraba noticias interesantes, cómo podía conectar con gente famosa enviándoles comentarios. Se ofreció a ayudar a sus progenitores con cualquier pregunta técnica que tuvieran sobre el uso de sus teléfonos. Este enfoque disipó la ansiedad de sus padres, le dio más libertad y le proporcionó la oportunidad de un nuevo acercamiento. Como veremos una y otra vez, cuando se convence a los progenitores de que aprendan de su hijo adolescente, es más probable que se evite el conflicto y se fomente la cercanía.

1.6 UNA CRISIS NORMAL PARA LOS ADOLESCENTES Y LOS PROGENITORES

He aquí, pues, algunos de los marcadores del mundo de los adolescentes: cuerpos cambiantes que generan un comportamiento desconcertante en los demás, mentes que se vuelven sensibles a la perspectiva de los demás, sensaciones nuevas y emocionantes que implican una agitación y una inversión imprevisibles. Estos marcadores familiares de la adolescencia se ven hoy agravados por la ansiedad de los padres ante las nuevas influencias digitales que no comprenden.

No es de extrañar que la adolescencia haya sido calificada como un periodo de crisis normal, es decir, un periodo de tensión aguda, con una sensación de cambio, incertidumbre e incluso peligro, pero normal, al fin y al cabo, ya que es una fase necesaria del desarrollo[12]. A veces se percibe como algo extremo, incluso anormal; pero no debemos olvidar que es una etapa necesaria y saludable.

En una crisis sentimos que algo básico de nuestra vida ya no puede gestionarse de la forma habitual. En el caso de los adolescentes, pueden ser sus propios sentimientos o sus relaciones

---

12 Erik Erikson (1950), *Childhood and society*, Nueva York: Norton.

con los amigos o con los padres lo que les parezca ingobernable. O puede que su identidad (su sentido de quiénes son) pierda fuerza y coherencia. Cuando alguien a quien queremos sufre una crisis, nosotros también la sufrimos, porque ya no sabemos cómo responder, cómo comunicarnos o cómo apoyar a esa persona. Las formas en que los padres han tratado los problemas de sus hijos en el pasado (el elogio para ofrecer ánimos, la presión en un brazo para tranquilizar, la palabra cortante para acabar con un mal comportamiento...) ya no funcionan. Cuando los padres descubren que sus métodos habituales para un hijo o una hija van mal, se preguntan: «¿Dónde están las señales?», y «¿Quién soy yo como padre?». Ellos también se sienten amenazados por la pérdida de un elemento básico en sus vidas. Tanto el progenitor como el adolescente pierden el ritmo de su amor cotidiano. La propia relación parece ajena.

Una respuesta habitual a nuestra propia incapacidad para afrontar un problema es culpar a otra persona. «¡Eres imposible!», decimos (o pensamos), y con esta exasperación señalamos que el adolescente está «más allá de la comprensión», o que la situación «no tiene sentido». El padre/madre y el adolescente se sitúan en campos opuestos: uno inteligible, el otro más allá de la razón. Esta división amenaza el vínculo entre ellos.

Para preservar esta relación profundamente importante y estar ahí para nuestro adolescente, tenemos que encontrar la manera de transformar lo que parece imposible en algo posible. El primer paso es el más difícil: consiste en ver nuestro propio papel en la crisis particular de nuestro adolescente. ¿Demostramos curiosidad por los pensamientos y sentimientos del adolescente? ¿Mostramos esto de forma positiva, de modo que escuchamos, aprendemos y trabajamos para comprender?

Mientras identificamos las partes de la relación que necesitan ser reparadas, es igualmente importante ver qué partes siguen funcionando bien. Influidos por las teorías de la adolescencia, los padres suelen creer que algunas partes que siguen funcionando bien son las que están rotas, e intentan hacer que esas partes rotas —o cambiadas— sigan funcionando de la misma manera que antes, de la forma conocida.

Por ejemplo, algunos padres piensan que el amor y la cercanía que tenían con su hijo se pierden inevitablemente durante la adolescencia. Creen que deben «dejarlo ir» cuando el adolescente intenta «separarse» de ellos. Este concepto erróneo sobre lo que los adolescentes necesitan de sus padres fue establecido por Anna Freud que, a pesar de su impresionante trabajo sobre el desarrollo infantil, veía la adolescencia como la versión psicológica del divorcio entre el adolescente y sus padres[13]. El largo alcance de esta teoría distorsionada y errónea ha dejado su marca, a pesar de que investigaciones recientes demuestran que los adolescentes siguen queriendo y siguen necesitando a sus padres, y se benefician de su cercanía durante toda la adolescencia.

Por desgracia, muchos padres piensan que un adolescente difícil requiere menos comprensión y mayor control. Lynn dice: «Tengo que gritar; si no, no me oirá». Pero en realidad, la voz de un padre, al oído del adolescente, se amplifica. Cada comentario tiene un eco fuerte y duradero. Mientras que el padre piensa que el adolescente «cree que lo sabe todo», los adolescentes se sienten desconcertados por sus propios sentimientos y por sus pensamientos cambiantes. Mientras que los padres se desesperan cuando piensan que su hijo es desorganizado, «desordenado» o «un completo desastre y completamente inconsciente», los adolescentes saben que sus mentes son lugares agitados y desordenados, cautivadores, pero también desalentadores. Y rara vez

---

13 Anna Freud (1958), «Adolescence», en *The psychoanalytic study of the child* 13(1), pp. 255-278.

los adolescentes saben cómo transmitir —especialmente a sus padres— sus sentimientos ambivalentes y su amor permanente.

Por tanto, en los padres de los adolescentes tiene que volver a despertar esa curiosidad cálida y respetuosa que tenían cuando eran padres de un niño pequeño, y deben preguntar: «¿Quién eres?» y «¿Qué necesitas?». Esta curiosidad, como demostraré, debe responder a las señales del adolescente: «Esto es lo que siento» y «Esto es lo que quiero de ti». Los capítulos siguientes proporcionan una guía para desarrollar y utilizar esta curiosidad esencial.

1.7 SÍNTESIS Y ACTIVIDADES

Los adolescentes quieren comprenderse a sí mismos y quieren dar forma a lo que serán. Pero, en el camino, quieren que sus padres estén a su lado, animándolos y echándoles una mano cuando sufran un tropiezo. No quieren, cuando se relacionan con un padre/madre, ver un reflejo del atormentado extraño que llevan dentro.

No existe una hoja de ruta oficial ni un libro de instrucciones para criar a tu hijo adolescente. Lo mejor que se puede ofrecer es una serie de ejercicios, en los que se exponen cosas que hay que intentar, con recordatorios de lo que se pretende. Como sugiere el revolucionario modelo de adolescente y padre, no es tanto el adolescente el que necesita cambiar como la relación adolescente/padre. Esta relación solo puede prosperar cuando los progenitores muestran una auténtica sensibilidad por la identidad en evolución del adolescente[14]. Los padres/madres tienen que estar en sintonía con el mundo interior del adolescente, igual que lo

---

14 Sarah Jayne Blakemore (2018), *Inventing ourselves: The secret life of the teenage brain*. Nueva York: Doubleday.

estaban cuando reflejaban los gestos, sonidos y expresiones faciales del bebé.

Dado que los adolescentes cambian rápidamente, las respuestas y el reflejo de los padres deben cambiar también. Los progenitores tienen que adaptarse a la nueva información; no solo a la que el adolescente comunica, sino también a la que expresa. Sin esto, los padres pierden la oportunidad de colaborar con sus hijos adolescentes en su autocomprensión y su crecimiento. A lo largo del libro se ofrecen directrices prácticas para ayudar a los padres a acompañar el desarrollo de sus hijos adolescentes. A continuación, se exponen algunos puntos de partida:

> Busca oportunidades para que el adolescente tome la iniciativa y se convierta en el maestro. Dedica tiempo a hacer cosas juntos, cosas que le gusten a tu adolescente. No se trata de que tú le digas qué es lo que hay que hacer o de que tú se lo enseñes. Deja que el adolescente te proponga cosas. Pídele que te recomiende libros o programas de televisión, o gente a la que seguir en las redes sociales.

> Haz preguntas para tener una visión más clara. Incluso cuando creas que entiendes a tu hijo adolescente, es útil comprobar que entiendes lo que quiere decir. Esto a veces es un reto, sobre todo cuando el adolescente parece no querer comprometerse contigo. Si al preguntar «¿Cómo te ha ido el día?» no obtienes una respuesta satisfactoria, no te rindas. Haz preguntas más específicas: «¿Has visto a tu amigo?», «¿Cómo estaba?», «¿Eran cómodas tus botas nuevas?», «¿Cómo ha sido el trayecto desde el colegio?». Los temas pequeños y específicos pueden ser un punto de partida para cuestiones más amplias. Entabla una conversación de ida y vuelta. Al mostrar interés y curiosidad, te conviertes en

colaborador, mientras tu hijo adolescente se dedica a la autorreflexión.

Asegúrate de que las conversaciones centradas en la agenda de los padres (sobre lo que el adolescente debe hacer y cómo debe comportarse) no superen las conversaciones en las que buscas la comprensión del adolescente.

Tu hijo adolescente sigue siendo muy sensible a tus respuestas y canaliza rápidamente tus emociones. Cuando un adolescente dice algo extremo («Todo el mundo piensa que soy feo/desagradable/perdedor»), puede que te sientas molesto, pero intenta no aumentar los miedos del adolescente mostrando tu ansiedad. En su lugar, mantén la mayor calma posible y muestra interés por los sentimientos del adolescente. Haz preguntas sobre la situación o pídele más detalles. Piensa que tu tarea es estar atento a cualquier ventana que el adolescente esté dispuesto a abrir. Es probable que tu adolescente interprete tu paciencia interesada como una muestra de respeto, y el respeto es lo que anhela.

Cuando interactúes con tu hijo adolescente, ten en cuenta que él se ve a sí mismo a través de un espejo, y que magnifica y distorsiona la perspectiva de los demás. Algunas conversaciones ayudarán al adolescente a moderar su propia ansiedad social. «¿Estás seguro de que la gente ha pensado eso?», «¿Por qué?», «¿Qué más podrían estar pensando?», «¿Cuán malo sería que alguien pensase eso?», «¿Es posible que todo el mundo piense lo mismo?».

Los padres no pueden acertar siempre. Están ocupados. Tienen sus propias distracciones y, a veces, pueden verse desbordados por sus propios problemas. Pero tu hijo adolescente no necesita que hagas las cosas siempre bien. Tu hijo necesita simplemente que tengas una idea de lo que significa hacerlo bien, y que estés dispuesto a trabajar en ello.

Como psicóloga, madre, abuela y antigua adolescente, espero tender un puente entre el adolescente y los progenitores. Este puente cerrará el desconcierto mutuo entre un padre aterrorizado por el desarrollo caótico del adolescente y un adolescente confundido por un padre que parece incapaz de conocerlo (e incluso poco dispuesto).

2

«Siento que mi mente va a estallar»

EL ASOMBROSO CEREBRO ADOLESCENTE

Los cambios y desafíos en el comportamiento de los adolescentes se suelen achacar a las «hormonas descontroladas». Los adolescentes están inundados de nuevas hormonas, que desencadenan la pubertad y se caracterizan por los signos externos de la madurez sexual: vello corporal, aumento de la estatura y de la grasa corporal, y cambios de voz en los chicos y desarrollo de los pechos en las chicas. Pero la adolescencia es mucho más que un periodo de desarrollo biológico. También es un periodo único de crecimiento psicológico y social durante el cual el propio cerebro experimenta una intensa remodelación. Esta ventana de desarrollo presenta una oportunidad para que los adolescentes adquieran habilidades y absorban conocimientos que les servirán cuando sean adultos; pero este vertiginoso proceso también plantea riesgos. Al indagar en los secretos del cerebro adolescente, los padres podrán guiar y cuidar su crecimiento.

2.1 EL CRECIMIENTO EXUBERANTE DEL CEREBRO

El periodo que va desde el nacimiento hasta los tres años se denomina «periodo de crecimiento mental exuberante». El nuevo mundo del bebé es una aventura constante. Cada experiencia estimula el cerebro y presenta oportunidades para formar o probar una nueva creencia sobre el funcionamiento de este mundo; cada segundo se forman miles de nuevas conexiones en el cerebro. Pero hay una segunda fase, menos reconocida, de crecimiento exuberante del cerebro: la adolescencia.

Hasta hace poco, se pensaba que la adolescencia —a diferencia de la infancia, la niñez y la pubertad— no era una verdadera fase de desarrollo. Se decía que la adolescencia era una fase artificial impuesta por las sociedades modernas. Al fin y al cabo, la mayoría de los adolescentes alcanzan la estatura adulta a mediados de la adolescencia y son sexualmente maduros (capaces de reproducirse) mucho antes de que esta termine. Además, el cerebro alcanza el tamaño adulto a los diez años (más o menos), y muchos adolescentes tienen la agudeza intelectual de un adulto, en lo que a pensamientos y razonamientos abstractos se refiere.

Por tanto, parecía razonable concluir que los adolescentes eran, en términos objetivos y biológicos, adultos, y que era la sociedad la que retrasaba su entrada en la edad adulta. Pero en los últimos veinte años, los científicos han tenido un acceso antes inimaginable a los cerebros de los seres humanos vivos[1]. Sus descubrimientos han tenido un gran impacto en la comprensión de la adolescencia.

Antes del desarrollo de la tecnología avanzada de imágenes cerebrales, los científicos pasaban por alto el segundo periodo de crecimiento exuberante del cerebro, porque en la adolescencia el cerebro disminuye su tamaño en un 1.5 % cada año. Pero la masa

---

[1] En los años sesenta y setenta, Peter Huttenlocher estudió cerebros de cadáveres y observó que el número de sinapsis (las uniones de comunicación y conexión entre las células cerebrales) variaba en las distintas partes del cerebro, y entre cerebros de adultos y de adolescentes. Christopher A. Walsh (2013), Peter Huttenlocher (1931-2013), *Nature,* 502(7470), p. 172.

cerebral es un indicador burdo del crecimiento del cerebro; de hecho, esta disminución de la masa es, en realidad, un proceso de perfeccionamiento del cerebro, que va acompañado de un tipo diferente de crecimiento: el crecimiento de las redes cerebrales.

El cerebro está formado por dos materias: la materia gris y la materia blanca. Las células, con sus ramas y antenas, forman la materia gris. Estas células crecen rápidamente al final de la infancia, y en la adolescencia forman una masa densa y enmarañada. Los mensajes que llegan desde el centro de control ejecutivo (que es la parte del cerebro que se encarga de pensar con antelación) al centro de recompensa (que busca el placer y la excitación) a veces viajan por rutas ineficientes. Por ello, mensajes como «Esto es demasiado arriesgado», «Estás demasiado excitado, cálmate», o «Ten un poco de paciencia» navegan por rutas en zigzag a través de fibras neuronales débiles que no alcanzarán la robustez adulta hasta los veinticuatro años.

Ahora podemos entender el lamento del pastor de *El Cuento de Invierno* de Shakespeare, que decía: «Desearía que no hubiera edad intermedia entre los 16 y los 23 años, o que la juventud humana durmiera hasta hartarse, porque no hay nada entre esas edades como no sea dejar embarazadas a las chicas, agraviar a los ancianos, robar y pelear»[2]. Aquí Shakespeare se adelantó a su tiempo al fijar la adolescencia en un tramo largo (desde el final de la infancia hasta la joven edad adulta), más largo que el tramo con el que la adolescencia se suele asociar.

Pero lo que el pastor de Shakespeare no sabía al desear que no hubiera edad entre los dieciséis y los veintitrés años es que, en esta etapa, el cerebro adolescente presenta enormes oportunidades y experimenta un trabajo esencial. A través de la densa materia gris se pueden trazar, potencialmente, un sinfín de caminos.

---

2 William Shakespeare, *El cuento de Invierno*. Acto 3, escena 3.

Este trazado es lo que el adolescente está haciendo en la vida cotidiana, en las interacciones cotidianas, descubriendo y marcando las vías que, con el tiempo, se harán fuertes y se racionalizarán[3].

Este proceso de racionalización se denomina «poda sináptica». Los circuitos cerebrales que no son útiles —o que no se utilizan— se eliminan, mientras que los que se utilizan se fortalecen. La disminución de la materia gris del cerebro adolescente conduce a un cerebro más eficiente. Mientras la materia gris disminuye, la materia blanca del cerebro (o mielina) aumenta. La mielina es la sustancia grasa blanca que recubre las protuberancias en forma de tallo (axones) de las células cerebrales y, al igual que la capa de plástico que recubre los cables, las protege. Con este revestimiento blanco graso, la célula cerebral es más eficiente. Los impulsos que viajan a través de un circuito revestido son cien veces más rápidos que los que viajan a través de uno no revestido.

Cada vez que activamos un circuito cerebral concreto, le proporcionamos más mielina, y la conexión se refuerza. Cuanto más estudiamos algo, más probabilidades tenemos de recordarlo. Cuanto más practiquemos esa pieza de piano, con más facilidad la recordaremos. Esta es la ciencia que hay detrás del dicho «La práctica hace al maestro». En nuestra vida diaria sentimos los efectos de la mielinización, aunque no conozcamos la ciencia que hay detrás.

La poda, la conformación y el fortalecimiento de los circuitos cerebrales son realizados por los propios adolescentes, por lo que hacen, sienten y piensan, una y otra vez. Sus propias necesidades, intereses, experiencias y pasiones supervisan el proceso de formación de nuevas conexiones. Y así es como se remodela

---

3 N. Gogtay, J. N. Giedd, et al. (2004), «Dynamic mapping of human cortical development during childhood through early adulthood», en *Proceedings of the National Academy of Sciences, 101*(21), pp. 8174-8179.

el cerebro del adolescente, diseñado a medida para y por cada adolescente.

Por eso los adolescentes pueden aprender tan rápido. Por eso los recuerdos que se forman en la adolescencia son tan vívidos y tienen tanto poder de permanencia a lo largo de nuestra vida. Por eso la música que nos gusta en la adolescencia, los libros que leemos, las películas que vemos y las amistades que formamos tienen una resonancia duradera a lo largo de nuestra vida adulta. Constituyen experiencias que han moldeado nuestro cerebro. Cuando los padres comprenden este proceso, están mejor equipados para gestionar su frustración con el adolescente y, al mismo tiempo, para apreciar cómo la adolescencia, que plantea muchos retos a los padres, es también una sorprendente edad de oportunidades[4].

2.2 EL ATRACTIVO DE ASUMIR RIESGOS

Sin embargo, hay que equilibrar la emoción y el potencial de la adolescencia con la atracción que sienten los adolescentes por los riesgos (riesgos que serían inaceptables para un niño o un adulto). Muchos padres me cuentan historias sobre imprudencias de adolescentes que los dejan angustiados, confusos y muy enfadados. A continuación, se presenta el relato de un adolescente y un padre en un escenario que resulta muy familiar.

Luanne, de quince años, llevaba sesenta horas encerrada en casa. Una tormenta de invierno en Chicago arremetió contra las escaleras, las aceras y las calles. Los coches se quedaban tirados en la nieve espesa, y las salas de urgencias se llenaban de personas que se habían caído sobre el hielo. «No vas a salir de casa», gritó Pete,

---

4 Laurence Steinberg (2015), *Age of opportunity: Lessons from the new science of adolescence*, Boston: Houghton Mifflin.

el padre de Luanne, «Es muy peligroso salir». Como respuesta, ella hizo una mueca y cerró la puerta de su habitación.

Dos días después, la tormenta amainó. Los quitanieves de la ciudad estaba limpiando las calles. Uno a uno, los vehículos abandonados en los ventisqueros eran conducidos o remolcados. Luanne, con el teléfono pegado a la oreja, miraba por la ventana del dormitorio mientras se compadecía con su amiga Marsha: «Esto es una mierda. El fin de semana de los Presidentes, y el más aburrido de todos. Y mi padre dice que no puedo salir». Pero, tras diez minutos de conversación, ella y su amiga idearon un plan.

Luanne sabía que no podía salir a escondidas. Su padre, que seguía trabajando en casa, estaba sentado en la mesa de la cocina, con los papeles esparcidos a su alrededor. «Ya ha dejado de nevar. Tendré cuidado. No me quedaré fuera mucho tiempo. Necesito salir. Necesito pasear. Explotaré si me quedo aquí un minuto más».

Pete soltó una risita. Así era su hija, rápida para argumentar y para encantarle al mismo tiempo. «Una hora...», pidió Luanne. El padre, al ver la cara de la hija, cedió: «Vale, una hora y media. Y llévate tu teléfono. Tu teléfono cargado. Y ten cuidado».

Luanne comprobó la batería de su teléfono. «¡Lo tengo, papá!», le aseguró, y se dirigió hacia la fría temperatura del aire exterior.

Seis horas y media después, Luanne sollozaba en el sofá. Su padre estaba ante ella gritando: «¿¡Cómo has podido ser tan estúpida!? Sabes que nunca debes pisar el hielo del lago. ¿Qué parte de "ten cuidado" no has entendido? ¿Qué te pasa?».

Pete estaba furioso, y también aterrorizado. Luanne, con dos amigos, había subido a las montañas de hielo que se forman a lo largo de la costa del lago Michigan, donde, cada invierno, se advierte a la gente que se mantenga alejada, y donde la mayoría de los inviernos alguien tiene que ser rescatado por los bomberos de Chicago, como lo fueron esa vez Luanne y sus amigos. A pesar de la temperatura gélida, las rocas de nieve eran inestables. Marsha, la amiga de Luanne, había corrido delante de las demás, chillando de alegría. De repente, el hielo se resquebrajó y se rompió. Marsha se balanceó sobre un témpano que se tambaleaba mientras se alejaba de los demás. Los amigos gritaron, al principio de pura alegría por la aventura. Pero, cuando se dieron cuenta del peligro, se quedaron helados.

Desde la ventana de un decimoquinto piso cercano, alguien vio el brillante abrigo de Marsha sobre el témpano y su torpe salto hacia Luanne. Esa persona llamó a los bomberos y, cuando estos llegaron, encontraron a Marsha en las aguas adormecedoras del lago. Llevaron a las niñas a urgencias, y Marsha fue ingresada en el hospital. A Luanne la recogió su padre, que la llevó a casa y la asedió a preguntas: «¿Cómo has podido ser tan estúpida?», «¿Qué parte de "ten cuidado" no has entendido?», «¿Qué te ha pasado?».

Mientras Pete lanzaba estas preguntas, estaba tratando de comprender. ¿Confiaba en su hija? ¿Era una niña responsable? Acompañaba a su hermano pequeño al colegio. Hacía los deberes a tiempo. Era una buena estudiante; las pocas veces que tenía problemas con una asignatura, le avisaba. ¿Cómo podía ser que, de repente, se hubiera vuelto tan imprudente? Se sintió defraudado, sintió que su hija había traicionado su confianza. «¿Quién es esta adolescente?», se preguntaba Pete. «¿En qué clase de persona se ha convertido?».

Cuando habló con Luanne, a la mañana siguiente, el vecindario estaba algo más tranquilo; tras la tormenta, aún no estaba listo para volver a la normalidad, pero las aceras estaban despejadas y las escaleras de la puerta principal estaban limpias de hielo. Luanne, sin embargo, estaba castigada. La chica se preocupa por la reprimenda de su padre.

—Quiere que «hable». No abandona su idea fija de que si yo comprendiera cuáles son los motivos que me mueven, me avergonzaría de mí misma. Quiere que «piense en mis actos». He dicho «lo siento» cientos de veces, pero dice que no le importa que lo sienta. Quiere que le cuente lo que me pasó por la cabeza. Le digo que simplemente ocurrió. Que fue divertido, ¿vale? Estábamos aburridísimos. Y cuando Marsha empezó a flotar nos preocupamos, más o menos, pero también sabíamos que estaría bien. Ahora —continuó— no deja de acosarme para que «me explique». Me gustaría que me castigara, que me quitara el teléfono o la paga hasta que pagara la estúpida factura médica que me está pasando por la cara. Y luego se queja de que «me niego a hablar con él». Pero sigue reprochándome cada vez más cosas.

Antes de irme, Pete me suplica:

—Como profesional, ¿sabes lo que pasaba por su mente? Marsha podría haber muerto. Las dos podrían haber muerto. Mi encantadora e inteligente hija podría haber muerto.

Veo que está al borde del llanto, y veo, también, que su hija es un rompecabezas para él. Pero la explicación de Luanne es clara como el agua: «Fue divertido», y «no pensamos que fuera a pasar nada realmente malo».

En otras palabras, Luanne pensaba y actuaba como una adolescente. Para entenderla, Pete no necesita indagar en sus pensamientos; necesita entender su cerebro adolescente.

2.3 PLACER Y MIEDO EN EL CEREBRO ADOLESCENTE

Una diferencia importante entre los cerebros de los adolescentes y los cerebros de los adultos radica en las experiencias de placer localizadas en las áreas denominadas «centro de recompensa». En un escáner de imágenes cerebrales, estas áreas brillan cuando una persona siente o anticipa el placer.

Nuestro cerebro funciona enviando y recibiendo mensajes de otras células a través de neurotransmisores, es decir, sustancias químicas que se liberan constantemente en sincronía con lo que hacemos, pensamos y sentimos. La experiencia o anticipación del placer libera un neurotransmisor llamado dopamina. Es la sustancia química asociada a ese subidón gratificante de la comida exquisita, del sexo, de la risa o del ejercicio. La dopamina es la sustancia química del placer tanto en el cerebro de los adolescentes como en el de los adultos, pero los centros de recompensa de cada uno están configurados de forma muy diferente.

El cerebro de Pete, de treinta y nueve años, disfruta de pequeñas comodidades durante el bloqueo de la ventisca. Ponerse al día con el sueño, ver varios episodios de su serie de televisión favorita y evitar su trayecto diario al trabajo ofrecen suficiente placer para mantener un estado de ánimo agradable. El cerebro adolescente de Luanne, en cambio, apenas percibe los pequeños placeres familiares. Necesita la novedad y la excitación[5].

Sin estímulos novedosos, los adolescentes pueden verse abrumados por el aburrimiento. Así que, mientras Pete disfruta de un tiempo de tranquilidad durante el cual puede descansar, pensar y ponerse al día con las tareas no urgentes, el centro de recompensa de su hija adolescente se desploma, y siente que «se está volviendo loca».

Otra diferencia en el cerebro adolescente es que su nivel diario de dopamina (o línea de base) es más bajo que el de un adulto. Esto significa que hay menos sentimientos moderados de «Oh, esto es bonito» a lo largo del día del adolescente. En cambio, cuando la novedad y la excitación liberan dopamina (la hormona del placer), el estímulo es mayor. A la inversa, cuando la descarga de dopamina desaparece, la decepción es más intensa. Mientras

5 Daniel J. Siegel (2014), *Brainstorm: The power and purpose of the teenage brain*, Nueva York: Tarcher/Perigee, p. 67.

Luanne caminaba con sus amigos por las montañas de hielo del lago, la emoción del movimiento y el peligro elevaron sus niveles de dopamina. «¿Por qué centrarse en las posibilidades negativas cuando te sientes tan vivo?», razonó su cerebro.

El atractivo del riesgo y de la emoción es especialmente fuerte cuando un adolescente está con sus amigos. A menudo los padres creen que tal o cual amigo es una «mala influencia» para su hijo, que normalmente es sensato y responsable. Con toda probabilidad, el problema no es el amigo, sino cómo se comporta el cerebro del adolescente en compañía de sus amigos, ya que es entonces cuando la sensibilidad al riesgo parece desconectarse. La influencia de los amigos en el cerebro de los adolescentes se trata con más detalle en los capítulos cuarto y quinto.

Una forma de entender esto es recordar el impacto que tiene en Liba, Jonas y Keira el hecho de «ser vistos» por los demás. Liba siente una especie de dolor cuando —cree que— los demás la miran de forma crítica. Jonas sufre un malestar insoportable porque considera que su tono de voz «no es correcto». Keira se siente «mortificada» (como si perdiera la vida) cuando unos ojos poco amables observan su actuación. El yo de cristal extremadamente sensible de los adolescentes da la máxima prioridad a cómo los ven los demás.

Cuando un adolescente está con sus amigos, el mayor peligro que se cierne sobre él es el de no parecer «bueno» o no encajar. Otros peligros, como el daño físico o las consecuencias de una acusación penal o de un castigo de los padres, tienen menos fuerza en la mente de un adolescente que el peligro de ser ridiculizado o de ser el raro («¡Maricón!», «¡Aguafiestas!»).

La compañía de los amigos también proporciona a los adolescentes un enorme placer. Experimentan un «subidón» irresistible que promete emoción y deleite. La aventura tiene prioridad sobre la seguridad cuando exploran el hielo inestable, conducen a gran velocidad, cometen actos de vandalismo o consumen drogas[6]. El cerebro de los adolescentes ansía nuevas emociones y busca la aventura, y esto significa que está preparado para aceptar el riesgo.

2.4 MENTALIZACIÓN EN EL CEREBRO ADOLESCENTE

Los adolescentes parecen estar a merced del sistema de recompensas de su cerebro, pero sus capacidades mentales, que se desarrollan rápidamente, tienen el potencial de gestionar esos impulsos. La autogestión está estrechamente relacionada con la comprensión de uno mismo y de los demás.

Intrigados por la perspectiva de los demás, los adolescentes se preguntan: «¿Qué piensan los demás?», «¿Cómo me ven?», «¿Qué significa esa cara, esa voz, o ese gesto?». La zona del cerebro conocida como córtex prefrontal medial (la región implicada en el procesamiento y en la respuesta a otras personas) cobra nueva vida en la adolescencia. Como veremos, esto refuerza el sistema de regulación, que es crucial para el autocontrol.

Mentalizar implica una hazaña de imaginación asombrosa en la que vemos el comportamiento de los demás a la par que el nuestro. Entramos en un mundo interpersonal en el que los sentimientos de la gente repercuten en los nuestros, y en el que ser comprendidos hace que los sentimientos difíciles sean soportables. Esta capacidad de dar sentido a las acciones de la gente (incluidas las propias) en términos de pensamientos y sentimientos es una habilidad con una larga curva de aprendizaje. Comienza en la infancia, en nuestras relaciones estrechas con los demás.

---

6 La adolescencia como periodo de crecimiento cerebral y de búsqueda de aventuras se da en una serie de animales. Véase Barbara Natterson-Horowitz y Kathryn Bowers (2020), *Wildhood: The astounding connections between human and animal adolescents*, Nueva York: Scribner.

Cuando las personas que amamos y en las que confiamos nos responden y sienten curiosidad por nosotros, nos ayudan a ver tanto nuestro mundo interior como el significado que nuestras palabras y acciones tienen para los demás.

La mentalización es más compleja que la empatía (compartir los sentimientos de los demás) o que la atención plena (a veces utilizada para describir la conciencia de nuestros propios estados mentales). Tiene similitudes con la inteligencia emocional (la habilidad para captar lo que sienten los demás), aunque la mentalización no implica acertar en todo lo relativo a la vida interior de los demás, ni siquiera en todo lo relativo a la nuestra. La mentalización precede a la inteligencia emocional y, a menudo, implica un malentendido inicial. De hecho, comprender que has malinterpretado a alguien y luego corregir tu interpretación es crucial para aprender sobre la complejidad de los demás. Cuando los adolescentes reflexionan sobre su nuevo y sofisticado mundo interior, también se dan cuenta de que la vida interior de los demás es difícil de descifrar. Lo que ven en el rostro de una persona y lo que esta dice solo revela una parte de la historia. Para los adolescentes, la apremiante pregunta que les plantea su yo de espejo («¿Cómo me ve esta persona?») se une a la nueva conciencia de que las mentes de los demás son, a menudo, opacas. Esta conciencia genera una ansiedad social considerable.

Cuando los científicos examinan la actividad cerebral en las áreas asociadas al procesamiento social, observan que, en cualquier situación interpersonal, fluye mucha más sangre y oxígeno en el cerebro del adolescente que en el de un niño o un adulto. A esta actividad cerebral del adolescente, se suman otras señales de excitación y de incomodidad, como el aumento de la transpiración y del ritmo cardíaco[7]. Cuando los adolescentes se centran en las

---

7 Blakemore (2018), p. 26.

emociones sociales (como la vergüenza o, más positivamente, la aprobación) no pueden pensar en nada más. El yo espectador y el «público imaginario»[8] absorben toda la energía mental[9]. Los adolescentes se sienten cohibidos y harán casi cualquier cosa para evitar la censura social. Como hemos visto, están mucho más motivados a proteger su imagen que su vida. Pero, con el compromiso de los padres, esta sensibilidad ante la mente de los demás que les pone en riesgo puede controlarse para reducir precisamente ese riesgo.

2.5 LAS RELACIONES FORTALECEN EL CEREBRO DE LOS ADOLESCENTES

Los psicólogos hablan de las «tres R» de la adolescencia: el sistema de recompensa (que en un adolescente es más sensible a los estímulos medianos y grandes y menos sensible a los pequeños), el sistema de regulación (que gestiona los impulsos, los deseos y las emociones difíciles) y el sistema de relación (la capacidad de confiar en los demás y de sentirse cerca de ellos[10]). Al ver cómo se vincula el sistema de relación con el sistema de regulación, podemos empezar a responder ese enigma de los padres: «¿Cómo me mantengo abierto a las oportunidades de la adolescencia al tiempo que proporciono protección?». La respuesta puede encontrarse en la dinámica del amor adolescente/progenitor.

El primer crecimiento exuberante de las conexiones cerebrales de un bebé está respaldado por el amor parental, un amor ca-

---

8 David Elkind (1967), «Egocentrism in adolescence», en *Child Development, 38*(4), pp. 1025-1034.

9 K. L. Mills, I. Dumontheil, M. Speekenbrink y S-J. Blake- more (2015), «Multitasking during social interactions in adolescence and early adulthood», en *Royal Society Open Science, 2*(11), http://dx.doi.org/10.1098/rsos.150117.

10 Steinberg (2015), p. 37.

racterizado por una atención que responde a los sentimientos, observaciones y necesidades del bebé. Una de las funciones de este amor es calmar al bebé, porque, inicialmente, el cerebro de un recién nacido no puede hacer ese trabajo. Esas emociones primitivas —pánico, angustia, terror— brotan como la lava de un volcán, y llenan todo el cuerpo del bebé. Por el pecho agitado, las piernas rígidas o pataleantes y la tensión del bebé, podemos ver que en su mundo no hay nada más que angustia. Todavía no hay un córtex prefrontal desarrollado que le envíe el mensaje de «Shhh... está bien» para calmar esas emociones. El progenitor asume ese papel, como una especie de regulador cerebral externo. Al proporcionarle la experiencia de pasar de la angustia al confort, el cuidador está modelando lo que acabará siendo el trabajo del propio sistema regulador del bebé.

Ninguno de nosotros nace con la capacidad de gestionar sus emociones. La adquirimos, y nuestros maestros son quienes nos quieren y nos cuidan en la infancia. Cuando un padre/madre nos tranquiliza, nos abraza y nos habla con suavidad, experimentamos un cambio significativo: el paso del terror a la seguridad. Cuando un padre/madre nos muestra que quiere conocer nuestros sentimientos y nuestras necesidades, nos introduce en la estimulación positiva de las relaciones. Si tenemos experiencias positivas[11] en esta primera etapa de bebé, nuestro cerebro tendrá un modelo para controlar las compuertas emocionales. Aunque pasen muchos años antes de que un niño pueda adherirse de forma más o menos fiable a ese modelo, esta primera etapa puede entenderse como la fase uno de la autorregulación.

La fase dos se produce en la adolescencia, durante el segundo periodo de crecimiento exuberante del cerebro. Los adolescen-

---

11 Véase D. W. Winnicott (1992) «A propósito de la madre suficientemente buena», *The child, the family and the outside world* (Classics in Child Development), Nueva York: Perseus Publishing.

tes están fascinados por su propia mente y por la mente de los demás. Sus pensamientos y sus sentimientos se vuelven más complejos y volátiles. Al igual que los niños más pequeños, los adolescentes necesitan ayuda externa para gestionar sus sentimientos más inquietantes y apasionados. Como hemos visto, los progenitores gestionan los sentimientos del bebé y del niño pequeño mostrando curiosidad, atención y comprensión. Muchos psicólogos describen esta experiencia de ser atendido, comprendido y amado como «ser tenido en cuenta». La importancia de que el hijo sea tenido en cuenta es ampliamente reconocida en el caso de los niños pequeños, pero ampliamente ignorada en el caso de los adolescentes. Sin embargo, es crucial si queremos que aprendan a regular esos impulsos distintivos de la adolescencia.

El hecho de sentir que alguien intenta comprenderles y ver el mundo desde su perspectiva protege a los adolescentes tanto de la hiperactivación (cuando, como resultado de una estimulación excesiva, el adolescente responde con el impulso de huir, luchar o paralizarse) como de la hipoactivación (cuando, como resultado de una estimulación insuficiente, el adolescente sufre un colapso interno). Ser sostenido en la mente del otro induce a un estado de comodidad (a veces llamado «excitación óptima»), desde el que se pueden gestionar los sentimientos difíciles. También hace sentir a los adolescentes que son importantes para alguien, que sus sentimientos son importantes y que no están solos.

Pero ¿cómo pueden hacer esto los padres? Los adolescentes carecen de la habilidad que tiene el bebé para proclamar sus necesidades a través de gritos desgarradores y extremidades expresivas. El mundo interno de los adolescentes es menos fácil de leer que el de un niño pequeño, y su deseo de que los padres los comprendan no siempre se comunica de forma útil, positiva o clara. Los adolescentes quieren apropiarse de sus propios sentimientos, pero necesitan a un compañero que los ayude a sentirse seguros con sus turbulencias internas. Cuando un niño se convierte en adolescente, los progenitores necesitan nuevas habilidades de interpretación. ¿Con qué nivel de intimidad se siente ahora cómodo? ¿En qué medida se conoce a sí mismo? ¿Tiene claros, hoy, sus objetivos y sus deseos? ¿Qué despierta su interés? ¿Dónde están sus mayores temores? ¿Cómo se le puede ofrecer seguridad y un lugar seguro? ¿Qué le llena de alegría y qué le lleva a la desesperación?

Cuando los padres demuestran su voluntad de comprometerse con la mente del adolescente, fomentan el crecimiento positivo de su cerebro. Una relación parental tan cálida y comprometida, mantenida incluso en medio de un conflicto inevitable, tiene una influencia única en el desarrollo del cerebro del adolescente. La amígdala (conjunto de núcleos en forma de almendra ubicados en lo más profundo del lóbulo temporal del cerebro, que desempeñan un papel crucial en el impulso y en la emoción primitivos) no se excita con tanta facilidad y responde mejor a los mensajes del centro de control[12]. Sorprendentemente, las relaciones que ofrecen comprensión y fomentan la autorreflexión, y que se reparan rápidamente tras los conflictos y malentendidos, producen efectos cerebrales asociados a una mayor gestión emocional y a un comportamiento más razonable por parte de los adolescentes. Hasta hace poco, la falta de información sobre el cerebro de los adolescentes obstaculizaba la capacidad de los progenitores para afrontar estos retos. El comportamiento de los adolescentes se explicaba de diversas formas, poco certeras y poco útiles, lo cual llevaba a interpretaciones lamentablemente inadecuadas sobre dicho comportamiento. Se dice que los adolescentes están impulsados por las hormonas desbocadas, el egocentrismo, la visión de túnel, la imprudencia y la irreflexión. Esta visión del ado-

---

12 Sarah Whittle et al. (2014), «Positive parenting predicts the development of adolescent brain structure: A longitudinal study», en *Developmental Cognitive Neuroscience, 8,* pp. 7-17.

lescente implica una definición y una queja; pero este adolescente no se ve, no se explora y, desde luego, no se entiende. Estos adolescentes se ven privados del amor que fortalece el cerebro, que es el que ofrecen los progenitores cuando pueden ver a través de los ojos de su hijo.

2.6 EL RELOJ CORPORAL DE LOS ADOLESCENTES

Cuando empecé a dar conferencias sobre el cerebro adolescente, me inquietaba la respuesta de mi público. Muchos de los presentes eran todavía adolescentes, aunque a los dieciocho años fueran legalmente adultos. Les estaba diciendo que sus cerebros no funcionaban como los de los adultos. ¿Les parecería condescendiente ver a otro adulto menospreciándolos, divertido por sus rarezas y curiosidades?

Para mi sorpresa, estaban intrigados, encantados y aliviados. «¡Así que por eso siento que me estalla el cerebro!», dijo un joven de dieciocho años. Algunos pensaron que el «crecimiento rápido» que había descrito era «demasiado insulso», y que debería contener palabras como «atronador», «salvaje» o «en erupción». Estaban encantados de escuchar los detalles de los circuitos y las sinapsis y la poda y la mielinización. Por ello dediqué algo de tiempo a explicar estos procesos anteriormente en este capítulo. Enseguida captaron el mensaje de que la poda sináptica estaba influida por lo que ellos hacían. No estaban aprendiendo sobre un proceso tan pasivo como pueden ser, por ejemplo, los cambios corporales en la pubertad, sino que estaban aprendiendo sobre una intrincada remodelación del cerebro que respondía a sus intereses y actividades. Pero un descubrimiento que acogieron con especial satisfacción fue el del reloj corporal distintivo del adolescente.

El reloj corporal del adolescente no está sincronizado con el del niño ni con el del adulto. Es como si los adolescentes habitasen en una zona horaria diferente, y las actividades que se espera de ellos están desfasadas respecto a lo que su cuerpo quiere hacer.

Cada uno de nosotros tiene un reloj corporal interno, que se ajusta a los ritmos circadianos. Esto viene de «circa», que significa «alrededor», y «diem», que significa «día». Son los mecanismos internos y biológicos que cambian a lo largo de un periodo de veinticuatro horas, y que nos hacen sentir despiertos a unas horas y somnolientos a otras. Durante la fase en la que estamos despiertos de forma natural, somos mejores para resolver rompecabezas, y más rápidos, en general, a la hora de pensar en ciertas cosas. También somos menos torpes, más cuidadosos y nuestro estado de ánimo es más estable.

La clave de las fases de vigilia y sueño es la luz solar. La luz estimula la retina del ojo, y en la retina hay un nervio que comunica con otra parte del cerebro llamada hipotálamo. Desde allí, desde el mismo centro del hipotálamo, se envían señales a otras partes del cerebro, que controlan la temperatura corporal, la presión arterial y otras hormonas que influyen en el reloj corporal.

De ello se desprende que los adolescentes no pueden ser diferentes de los niños y de los adultos. Los adolescentes, al igual que niños y adultos, viven dentro del ciclo de la luz del día y de la oscuridad; también tienen ojos sensibles a la luz con vías nerviosas que comunican con distintas partes del cerebro. Así pues, cuando un adolescente está aturdido, malhumorado y aletargado por la mañana, seguramente, según la mayoría de los progenitores, el adolescente es un vago, o se le culpa de «haberse quedado despierta hasta demasiado tarde haciendo Dios sabe qué», como dice Caleb de su hija Mercy. El caso de Mercy fue uno más de muchos casos idénticos, hasta que los psicólogos, al observar la lucha de los adolescentes con el despertar matutino y su incapacidad para cumplir las directivas de «irse a la cama a una hora razonable», decidieron investigar más.

Los niveles de la hormona melatonina son clave para que nos sintamos despiertos o somnolientos. Cuando viajamos de una zona horaria a otra, la hora de acostarse local puede coincidir con la hora de nuestra cena habitual, o incluso con nuestra hora del almuerzo (en la que tenemos niveles bajos de melatonina). Nos cuesta conciliar el sueño y, del mismo modo, nos costará despertarnos a la nueva hora local, no solo porque estemos cansados, sino porque nuestros niveles de melatonina a esa hora serán altos. Es por la mañana cuando solemos estar alerta y con ganas de empezar el día. Pero ahora, en lugar del pico de cortisol que solemos sentir a las 9 de la mañana, nuestro cuerpo nos está diciendo que es hora de dormir.

En los adolescentes, la melatonina (la sustancia química que nos hace sentir adormecidos) no se produce hasta bien entrada la noche. «¡No estoy cansado!», insisten los adolescentes. Y, de hecho, es poco probable que se sientan cansados hasta bien pasadas las once de la noche. Sin embargo, por la mañana, cuando se los insta a levantarse, su cuerpo está inundado de altos niveles de melatonina y predispuesto para dormir. Por sus ritmos circadianos, los adolescentes viven en una versión continua de *jet lag*[13]. Como resultado, no solo son lentos y están aturdidos por la mañana, sino que también son negativos, irritables y se enfadan.

Muchos psicólogos y educadores, basándose en esta investigación, han propuesto que la jornada escolar de los adolescentes comience unas horas más tarde. Argumentan que su hora natural de despertar es hacia el final de la mañana, y que comenzar las clases sobre esa hora estaría más en consonancia con su reloj corporal. Los adolescentes serían más receptivos a la enseñanza, estarían más alerta y se aburrirían menos. Además, cuando están

---

13 Mary A. Carskadon (2011), «Sleep in adolescents», en *The perfect storm, Pediatric Clinics of North America*, 58(3), pp. 637-647.

realmente descansados, se muestran menos irritables y menos ansiosos.

Cuando estamos despiertos y alerta, es más fácil concentrarse y gestionar lo que ocurre a nuestro alrededor. Pero cuando estamos cansados, el razonamiento se ralentiza. La parte más primitiva del cerebro —la amígdala— responde con una alarma incontrolada a posibles amenazas[14], ya sea una expresión facial, un movimiento repentino, una tarea difícil o una conversación incómoda. En ese estado de excitación perdemos la capacidad de distinguir lo que es seguro y lo que es amenazante. Las caras neutras parecen enfadadas u hostiles, cualquier ruido fuerte sugiere peligro y cualquier tensión interpersonal se exagera. Las emociones negativas, sobre todo la ansiedad, el miedo y la ira, son más intensas. El cansancio acelera las reacciones negativas ante los recordatorios de hacer los deberes, limpiar o preparar la ropa de la mañana siguiente. Si combinamos el *jet lag* fisiológico del adolescente con sus emociones, que aumentan rápidamente y se resuelven con lentitud, tenemos la situación perfecta para la angustia. Es entonces cuando ellos señalan o rechazan a las personas que más les importan: sus progenitores.

2.7 CONVERSACIÓN Y DISCIPLINA

Los adolescentes empiezan a explorar significados más profundos dentro de sí mismos, en sus relaciones y en el resto del mundo que los rodea.

La música tiene una mayor resonancia cuando los adolescentes establecen conexiones entre los pensamientos expresados en

---

14 Samantha Cole (2018, 21 de junio), «Study of 800 million tweets shows we get really emo late at night, Motherboard», en *Vice*, https://www.vice.com/es/article/vbq8qy/study-twitter-emotions-university-of-bristol

una canción y sus propias experiencias. Observan a sus padres con mayor objetividad y, a menudo, ven elementos de la familia que los propios padres no ven.

El intelecto de los adolescentes puede gestionar conceptos complejos y abstractos, pero sus cerebros están mal equipados para anteponer la seguridad a la excitación. A lo largo de la adolescencia, es muy probable que los adolescentes muestren de vez en cuando falta de juicio. Hay que vigilarlos y, a veces, hay que actuar con firmeza.

La disciplina —sobre todo la que implica castigos— es un campo minado, por tres razones. En primer lugar, cualquier tipo de castigo físico tiene un impacto negativo mayor en un adolescente que en un niño. El castigo corporal aviva la ira y la humillación. En lugar de «ponerlos en cintura», es probable que lo que consigamos sea endurecer su resistencia.

En segundo lugar, una muestra de ira (como los gritos) es contraproducente. Los adolescentes son tan sensibles a las emociones encendidas que estas bloquean todo lo demás. Cuando los adolescentes oyen a un padre/madre gritar, solo pueden centrarse en el enfado. El mensaje contenido en las palabras («Eso no es seguro» o «Eso no es aceptable») no se percibe. Siempre es difícil, para cualquier persona de cualquier edad, centrarse en un argumento razonable que alguien está exponiendo si esa persona nos está gritando. Pero para un adolescente es imposible.

En tercer lugar, los castigos (como permitir al adolescente salir solamente a la escuela o a otras actividades estructuradas, o la prohibición de usar Internet o de acceder al teléfono) son menos eficaces que ofrecer una recompensa tras un buen comportamiento. A los adolescentes les preocupa menos que a los niños o que a los adultos la perspectiva de pérdida, pero les entusiasman las recompensas.

Esta característica del cerebro de los adolescentes puede tenerse en cuenta para que la disciplina sea más eficaz[15]. La perspectiva de un teléfono nuevo o una promesa de ampliar su libertad (a condición de que demuestren responsabilidad, se apliquen a las tareas escolares, cumplan las normas de los padres, etc.) tiene un mayor índice de éxito. Cuando el castigo parece necesario (cuando un adolescente daña un coche o es descuidado con cosas importantes o valiosas, o cuando el descuido conlleva costes financieros, etc.), dicho castigo debe estar relacionado con las consecuencias de la acción del adolescente y debe ofrecerle la oportunidad de demostrar que está aprendiendo a hacerlo mejor.

Mucho más eficaz que el castigo es la conversación. En primer lugar, articula el problema que supone el comportamiento impulsivo o poco reflexivo del adolescente. Pete lo hizo cuando dijo: «Marsha podría haber muerto, tú podrías haber muerto». Otro problema del que habló fue: «¿Cómo puedo volver a confiar en ti para quedarme tranquilo?». Pero Pete no le preguntó esto a Luanne; a su hija le dijo que había generado problemas y que había corrido riesgos innecesarios. Un segundo paso, más eficaz, sería invitar a la adolescente a participar en la propuesta de soluciones al problema.

¿Cómo podría lograrse este proceso de colaboración?

Recuerda que Pete tardó mucho tiempo en asimilar el impacto del comportamiento imprudente de Luanne. Pete no puede entender cómo su hija adolescente puede ser «tan estúpida», y le exige que se explique. Pero si pudiera dar un paso atrás y moderar su propio estado emocional (algo en lo que los progenitores son mejores que los adolescentes, aunque esto suele desbaratarse cuando se trata de sus hijos/hijas), entonces se daría cuenta de

---

15 Marion Forgatch y Gerald Patterson (1989), *Parents and adolescents living together*, Part 2, Family problem solving, Eugene, OR: Castalia; Laurence Steinberg (2015).

que insistir en ese «¡Explícate!» es un movimiento coercitivo que probablemente no provocará una respuesta reflexiva. En lugar de abrir un diálogo, sienta las bases para la oposición. Sin embargo, si hubiera contado con el conocimiento necesario sobre el cerebro adolescente, hubiera sabido que Luanne era incapaz de explicarse en términos que a él pudieran satisfacerle. Ella hizo lo que era gratificante y más importante para ella en ese momento, aunque sabiendo que, intelectualmente, no fuera sensato.

Por tanto, la forma de evitar esa espiral —en la que la ira de los padres genera la frustración y la furia de los adolescentes— es mirar hacia delante. La cuestión, de cara al futuro, es: «¿Qué puede aprender Luanne al respecto?», «¿Qué lección puede hacer que Luanne sea más responsable en otra ocasión?», y «¿Cómo puede Pete hacer un seguimiento del nivel de responsabilidad de Luanne?».

A algunos padres y adolescentes les resulta útil redactar contratos de buen comportamiento. Generalmente, el contrato es del tipo: «Cuando demuestres responsabilidad de las siguientes maneras, podrás ganar más independencia».

Un contrato requiere un acuerdo entre ambas partes. Dicho contrato debe asegurarle al adolescente que habrá alguna recompensa por su cumplimiento, pero también debe dejarle claro que todo incumplimiento tendrá consecuencias. Para que un contrato funcione, las condiciones deben ser lo más claras posible. Deben estar escritas, y ni el padre/madre ni el adolescente pueden modificarlas añadiendo o quitando condiciones sin el acuerdo del otro.

La mayor ventaja de este tipo de contrato es que permite establecer condiciones claras: «Puedes ir si haces tus tareas escolares/proyecto/si ayudas a limpiar todos los días de esta semana/ si no hay tiempo de pantalla después de las 9 de la noche». Sin embargo, el inconveniente de un contrato de este estilo es que se corre el riesgo de entrar en un debate legalista sobre si el adolescente ha cumplido o no las condiciones; o, en el caso de que se haya incumplido el contrato, si ha sido «culpa» del adolescente o si era inevitable o justificable.

No hay un modo seguro de garantizar que el adolescente no vuelva a ser irreflexivo, imprudente o irresponsable. Lo mejor que pueden hacer los progenitores es apoyar y fomentar esas redes cerebrales que controlan los impulsos. En un momento menos acalorado, se podría encargar a Luanne la tarea de escribir una historia, o de hablar de los acontecimientos de ese día de invierno tal y como ella los vivió. ¿En qué momento podría haber tomado una decisión mejor? ¿En qué momento deseó haberse alejado del peligro?

Aunque es probable que Luanne reciba cualquier tarea de este tipo como una especie de castigo, el ejercicio fomentará la reflexión sobre cuestiones clave, como: «¿Cuál fue mi papel en este incidente?», o «¿Cómo contribuí a las consecuencias?». Cuando Pete se comprometa con el esfuerzo de su hija por adoptar una visión algo más amplia, tanto la relación padre/adolescente como el cerebro de Luanne darán un paso adelante.

Cuando los adolescentes aprenden sobre el exuberante crecimiento del cerebro adolescente, se sienten legitimados. Este conocimiento los capacita para decir: «¿Ves?, no soy malo/inútil/bueno/descuidado; soy un adolescente que está remodelando su cerebro». Pero esto también capacita a los padres para decir: «Me interesa este cerebro en desarrollo, y mi contribución es necesaria».

3

«No tienes ni idea de lo que siento»

EL NUEVO LENGUAJE DE LAS EMOCIONES DE LOS ADOLESCENTES

En los adolescentes, como hemos visto, las vías neuronales por las que viajan las emociones son escurridizas y veloces, mientras que los circuitos cerebrales que gestionan y calman las emociones son lentos e ineficaces. La ira, el miedo, la tristeza y la alegría brotan rápidamente, pero se resuelven con lentitud. En el capítulo anterior vimos cómo el cerebro del adolescente aún no está preparado para gestionar estas emociones sin que alguien —idealmente uno de los padres— colabore con él de forma ocasional o puntual. Aquí adoptamos una perspectiva diferente y exploramos lo mucho que los propios adolescentes se esfuerzan por comprenderse a sí mismos y por establecer un nuevo lenguaje para los complejos y fascinantes sentimientos que están conformando su identidad[1].

---

1 R. Plutchik (1980), «A general psychoevolutionary theory of emotion», en R. Plutchik & H. Kellerman (Eds.), *Emotion: Theory, research and experience*, Vol.1, Theories of emotion, Nueva York: Academic Press, pp. 3-33.

3.1 GRANULARIDAD EMOCIONAL

Los niños pequeños utilizan las expresiones sobre las emociones indistintamente. Para un niño de cuatro años, la palabra «triste» puede servir para describir el miedo o la ira, además de la infelicidad. Los niños muestran lo que los psicólogos llaman «baja granularidad», es decir, que sus descripciones no se centran en una emoción concreta. No distinguen entre sentimientos muy diferentes que pueden tener algunos elementos en común.

Los adolescentes, en cambio, dedican mucho tiempo a centrarse en los detalles de sus sentimientos y en los contextos en los que se producen sus emociones. Hablan de sus sentimientos con sus amigos, y se enfadan si uno de sus progenitores les atribuye un sentimiento que no les parece correcto. «¿Por qué estás siempre tan enfadado?», exige la madre de Todd, mientras este replica acaloradamente: «¡No estoy enfadado!». Su madre sonríe; su dura protesta le da la razón. Pero, para Todd, de quince años, el «enfado» no describe su arrebato de sentimientos.

—Ella no lo entiende —me dice—. Es más bien una especie de frustración. —Y, tras una pausa, añade—: Y si soy lo que ella dice, pues no es ira, es rabia.

Este chico de quince años está lidiando con las sutiles diferencias entre una emoción y otra. Aspira a una granularidad elevada, y busca la palabra precisa para describir la emoción concreta[2].

Los adolescentes también van aprendiendo que las emociones son complicadas. Cuando se sienten tristes, por ejemplo, también pueden sentirse solos, abochornados, aislados o abandonados. Cuando están alegres, pueden sentirse emocionados, poderosos, orgullosos, llenos de energía y anhelantes. Cuando tienen miedo,

---

2 Lisa Feldman Barrett (2017), *How emotions are made: The secret life of the brain*, Boston: Houghton Mifflin, p. 105.

pueden sentirse débiles, ansiosos, indefensos, confundidos o rechazados. Cuando se sienten enfadados, también pueden sentir dolor y resentimiento. Cuando se sienten humillados, pueden sentirse indefensos, pero también vengativos.

Cuando los adolescentes refinan sus conceptos de emoción, a menudo se sienten desconcertados por la rapidez con la que las emociones pueden cambiar según la situación o el estado de ánimo. Ira se enfada cuando su madre le dice que tiene que guardar el teléfono y limpiar su habitación. Se siente frustrado porque no puede seguir mirando un hilo de noticias que le ha entusiasmado. Al desplazarse por las publicaciones relacionadas, se sentía optimista, emocionado y lleno de energía. Las órdenes de su madre interrumpen el flujo de concentración y le recuerdan que sigue siendo un niño del que se espera que obedezca a sus padres. Sus propias necesidades, cree, están siendo ignoradas. Todos estos pensamientos se agrupan en «lo que siente».

Cuando su madre le da las gracias por responder a su petición, «aunque sé que no querías», su enfado se calma. Pero cuando empieza a crecer la lista de «cosas que hay que hacer ahora», como sacar al perro a pasear y doblar la ropa, la frustración se funde con la tristeza, y luego con la ira, y él se siente atrapado «en esta estúpida y horrible familia».

Los niños aceptan la transitoriedad de las emociones como parte del paisaje humano. Pasan de lo que parece una desesperación absoluta (las lágrimas, los llantos, la respiración acelerada, los miembros tensos) a la alegría en un abrir y cerrar de ojos. Pero los adolescentes se sienten desconcertados por sus rápidos cambios emocionales, que van de lo más alto a lo más bajo. Una noche se meten en la cama sintiéndose eufóricos, poderosos y optimistas, pero a la mañana siguiente se sienten vacíos, rechazados, ansiosos. Para algunos adolescentes, estos diferentes estados emocionales sugieren diferentes identidades.

—Hay tres partes de mí —dijo una chica de catorce años a Trudie Rossouw en una sesión de terapia[3]—. Una está enfadada, ansiosa, no quiere comer, quiere castigarme y me odia... La otra es feliz, segura de sí misma... y se siente bien conmigo misma. Luego está la que está en el medio, que se siente confundida entre los dos polos.

Las emociones cambiantes se suman a la confusión de la adolescente sobre su identidad. «¿Quién soy?», se pregunta la paciente de Rossouw, cuando diferentes sentimientos sacuden su mundo interior. Los adolescentes se preguntan: «¿Cómo puedo procesar la información sobre mí mismo y sobre otras personas cuando mis sentimientos están tan estratificados, y los diferentes planos en los que se encuentran las distintas emociones nunca llegan a tocarse?». Como señala Dan Siegel, «Desde dentro, estos cambios pueden resultar abrumadores. [Los adolescentes] Pueden sentir que la vida es demasiado. [Se] Pierden». Pero la comprensión de un padre puede ayudarlos a encontrar el camino[4].

3.2 CÓMO EL CEREBRO Y EL CUERPO PRODUCEN LAS EMOCIONES

Las emociones no nos llegan completamente formadas, ya hechas, ni claramente delimitadas. Construimos las emociones, en parte, a partir de nuestros pensamientos y de los prototipos culturales: cómo se presentan en los libros que leemos, en las películas que disfrutamos y en la forma de hablar de otras personas. También construimos las emociones a partir de nuestro cuerpo. Construimos las emociones, en gran parte, interpretando nuestras «sensaciones viscerales».

---

3 Trudie Rossouw (2019, 8 de noviembre), «Self harm in young people and evidence for effective treatment», presentado en la conferencia AMIH, Goldsmiths College, Londres.

4 Siegel (2014), p. 77.

Algunas personas piensan que las sensaciones viscerales proporcionan una ruta fiable hacia la verdad, y otras sostienen que las sensaciones viscerales están desprovistas de significado útil y que siempre deberían dar paso a la reflexión y a la razón. Los neurólogos (personas que estudian el cerebro y la actividad cerebral) ven las sensaciones viscerales de un modo muy diferente[5].

Las emociones, desde la perspectiva de los neurólogos, comienzan con las sensaciones dentro de nuestros órganos y tejidos internos, a partir de las hormonas de nuestra sangre y de la actividad de nuestro sistema inmunitario. Los sentimientos básicos que nos acompañan a lo largo del día —ya sean agradables, neutros o dolorosos— surgen de procesos internos continuos que proporcionan, minuto a minuto, un flujo de sensaciones. Este flujo de sensaciones se llama «interocepción». Cada pensamiento y cada decisión están condicionados por estas sensaciones, por lo que la distinción entre «pensar con las vísceras», y «pensar con la cabeza» desaparece. La cabeza siempre está determinada por las vísceras[6].

La introspección es el proceso de examinar nuestros propios pensamientos, sentimientos e ideas. Cuando hacemos introspección, somos conscientes de lo que sentimos y de lo que pensamos. La interocepción, en cambio, es automática e inconsciente. Se la ha llamado el sexto sentido que tenemos sobre nuestro cuerpo[7], el estado interno de nuestros órganos, el bombeo de nuestro corazón, la actividad digestiva de nuestro estómago, el llenado y vaciado de nuestros pulmones, el calor, el viento, el tacto y la textura de nuestra piel... En definitiva, sobre todos nuestros procesos

5 R. Huntsinger, Linda M. Isabell y Gerald L. Clore (2014), «The affective control of thought: Malleable, not fixed», en *Psychological Review, 121* (4), pp. 600-618.

6 Barrett (2017), pp. 80-83.

7 Laura Spinney (2020, junio), «Body consciousness», en *New Scientist 27*, pp. 29-32.

fisiológicos. Las señales interoceptivas se transmiten al cerebro, y producen un espectro de sensaciones que van de la calma al nerviosismo, del placer al dolor.

Nuestro cerebro interpreta estas señales. La interocepción es un proceso activo y muy individual. La interocepción de los estados internos de cada persona es única, y está moldeada por la experiencia pasada, las esperanzas presentes y los valores. Cada emoción recibe información de esta red interoceptiva, al igual que cada pensamiento, plan o idea. Piensa en el reto que supone para los adolescentes enfrentarse a nuevas emociones dentro de una multitud de nuevas señales interoceptivas, desde los circuitos neuronales renovados hasta las nuevas y extrañas hormonas en su sangre. Los niños dan por sentado sus sentimientos cambiantes y tienen menos en juego cuando construyen sus emociones. Los adultos, en cambio, tienen más experiencia para construir sus emociones. Sin embargo, los adolescentes examinan y evalúan sus emociones sin una hoja de ruta, y sienten que su vida depende de obtener la respuesta correcta a las preguntas «¿Qué siento?» y «¿Qué significan estos sentimientos?».

Confiar en nuestras emociones es crucial. Las emociones revelan lo que valoramos, dan forma a nuestros objetivos y guían nuestros apegos e incluso nuestras creencias. Nuestros sentimientos nunca son fiables al 100 %, pero la desconfianza o el escepticismo constantes respecto a las emociones nos alejan de nuestro compromiso principal con los demás y con nosotros mismos. Cuando los adolescentes reflexionan, prueban y construyen sus deseos y necesidades, se preguntan: «¿Qué me hace feliz? ¿Siempre me sentiré enfadado? ¿A qué tipo de persona quiero? ¿Cuál es su género? ¿Qué tengo que ser para que alguien me quiera de esta nueva y extraña manera?». Muchos de los intereses típicos de los adolescentes (como la música, las series o la poesía) se convierten en ayudas en sus esfuerzos por aprender su nuevo lenguaje emocional.

3.3 SENTIMIENTOS NEGATIVOS PERO NECESARIOS

Cuando se pide a los adolescentes que enumeren sus mayores preocupaciones, el primer lugar de la lista lo ocupa la amenaza de verse abrumados por las emociones negativas, sobre todo la ansiedad y la depresión[8]. Los padres/madres quieren proteger a sus hijos de los sentimientos negativos, y desearían poder proporcionar un amortiguador entre el adolescente y los inevitables trastornos de la vida adolescente, pero muchos tienen dificultades para hacerlo de forma eficaz.

—Yo era un desastre hormonal cuando era adolescente —me dice Tessa—. Me sentía fatal la mayor parte del tiempo. Mi padre entraba en una habitación y eso era suficiente para enfadarme. Miraba el nuevo par de vaqueros de una amiga y me inundaba la insatisfacción, y me preguntaba cómo ella podía estar tan bien. Podía sentirme terriblemente sola y, sin embargo, no tenía ganas de salir de mi habitación. Miraba a las personas que parecían felices y equilibradas y realmente pensaba que vivían en un mundo diferente. Odio ver a Miriam pasar por lo mismo, pero supongo que no se puede escapar de la biología.

La ira, el miedo, la preocupación, la soledad, el aburrimiento, la irritabilidad y la tristeza son sentimientos que cualquier persona de cualquier edad puede experimentar, pero, a medida que pasamos de la infancia a la adolescencia, estas emociones negativas aumentan notablemente[9]. En un estudio, los investigadores preguntaron a niños, adolescentes y adultos cómo se sentían en distintos momentos del día. Las diferencias eran claras. Los

---

8 Juliana Menasce Horowitz & Nikki Graf (2019, Febraury 20), «Most US teens see anxiety and depression as a major problem among their peers». Pew Research Center.

9 Larson Reed & Linda Asmussen (1991), «Anger, worry and hurt in early adolescence: An enlarging world of negative emotions. Human Development and Family Studies», en M. E. Colten & S. Gore (Eds.), *Adolescent stress*, London: Taylor & Francis, pp. 21–41.

adolescentes experimentan emociones negativas con mayor frecuencia e intensidad que los niños o los adultos[10].

A veces los progenitores, para tranquilizar al adolescente, dicen: «Son tus hormonas las que hablan». El mensaje que quieren transmitir es: «Eres normal», y «Tus sentimientos complicados no durarán siempre». Pero los adolescentes oyen: «Tus sentimientos no son reales», o «No puedo tomarlos en serio».

Las hormonas de la adolescencia afectan a la madurez física, y desencadenan los «caracteres sexuales secundarios», como el vello púbico y el vello en las axilas, el desarrollo de los pechos y de las caderas de las chicas, y el desarrollo del pecho y los cambios en la voz de los chicos. Pero, en contra de la creencia común, no existe una relación directa entre los niveles hormonales y la agitación emocional. En cambio, las hormonas que desencadenan la pubertad también desencadenan el desarrollo del cerebro de los adolescentes, y es este desarrollo el que genera la intensidad emocional[11]. Estas emociones no deben entenderse como «turbulencias adolescentes» que pronto «desaparecerán». Por el contrario, sientan las bases de la identidad del adolescente.

La inteligencia y la empatía crecientes de los adolescentes y su razonamiento avanzado generan intensidad emocional. A veces esta intensidad tiene una carga negativa, y esto es una fuente de ansiedad tanto para los adolescentes como para los progenitores. Pero las emociones negativas (tristeza, dolor, preocupación, soledad, ira) tienen un propósito. Señalan una brecha entre lo que valoramos y necesitamos, por un lado, y lo que realmente ocurre,

---

10 Reed & Asmussen (1991), pp. 21-42.

11 J. M. Spielberg, T. M. Olino, E. E. Forbes, R. E. Dahl (2014), «Exciting fear in adolescence: Does pubertal development alter threat processing?», en *Developmental Cognitive Neuroscience, 8*, pp. 86-95.

por otro. Las emociones negativas nos impulsan a reparar esta brecha. Son útiles siempre y cuando no permanezcamos abrumados por ellas persistentemente. Los cerebros de los adolescentes, con sus ruidosos sistemas de alarma y sus circuitos neuronales ineficaces, suelen necesitar a alguien que comparta, comprenda y ayude a moderar esos sentimientos. Las personas que lo hacen más eficazmente son los progenitores.

3.4 TENIENDO EN CUENTA AL ADOLESCENTE

Cuando Miriam, de dieciséis años, le cuenta a su madre, Tessa, lo «deprimida» que se siente y cómo desearía «enterrarse y olvidar que ha existido», Tessa muestra inicialmente su simpatía. Pero cuando Miriam expone sus sentimientos: «El mundo entero parece que va a derrumbarse, y todo da miedo e incluso las cosas sencillas me hacen tambalear la cabeza», Tessa le dice: «Eres muy morbosa. Tienes que levantarte. Solo estás desperdiciando energía».

Tessa es comprensiva, pero está asustada y, según explica, no quiere «consentir» a su hija esos «pensamientos morbosos».

Jonas, de 15 años, intenta hablar con su padre sobre sus sentimientos negativos, pero se queja de que sus respuestas «me quitan la ilusión. Es como, "Oh, no pienses así". Y luego mi madre habla de las "hormonas" y de "ser un adolescente". Los oí hablar. Como sabes, se han separado y nunca hablan, pero allí estaban, sentados en la mesa de la cocina, y mi padre dijo: "Está deprimido. Deberías llevarlo al médico", y mi madre dijo: "Son solo las hormonas". Pero sus expresiones eran espantosas. No es que se gritaran entre ellos, sino que gritaban sobre mí. Me hacen sentir mal. Horrible. Como si sufrieran porque soy horrible por dentro. Es como si pusieran mi mente en un frasco de muestras y estuviera en exhibición. La miran, y está sola».

El miedo de los padres a las emociones del adolescente magnifica el propio miedo del adolescente. Hace falta una clase especial de agallas para que un padre/madre se mantenga firme y siga presente —respondiendo y respetando— cuando un adolescente parece estar desmoronándose. Los progenitores quieren mejorar las cosas y hacen todo lo posible por responder positivamente; al fin y al cabo, es doloroso presenciar la angustia de un adolescente y es difícil no intentar desterrarla o solucionarla. Pero eso no es lo que necesita el adolescente. El adolescente necesita sentir que alguien le «tiene en cuenta», lo que significa simplemente que puedes pensar en la experiencia del adolescente desde su perspectiva. Para ello, tienes que demostrar que «sabes en tu mente y sientes en tu cuerpo lo que siente [el adolescente]»[12] sin sentirte abrumado por su angustia —o la tuya—. Como dice Jonas, lo peor es que su mente está sola.

Del mismo modo que un niño necesita que un adulto al que quiere y en el que confía le muestre que sus terrores son comprendidos, un adolescente necesita que un padre o una madre le asegure que su mente no está sola, que alguien a quien quiere y en quien confía puede ayudarlo a ubicar esos sentimientos que amenazan con desbordar su mente, y que es adorable sienta lo que sienta. Los adolescentes necesitan que un progenitor permanezca con ellos, que esté ahí para ellos, incluso en sus estados de ánimo más oscuros. En los capítulos octavo y noveno hablaré de esas emociones oscuras que van más allá de lo que los propios padres pueden gestionar. Pero, mientras que «tener en cuenta al niño» es algo natural para muchos padres/madres, que sintonizan automáticamente con el nivel de desarrollo del niño, la habilidad de

---

12 Claudia Gold (2017), *The developmental science of early childhood: clinical application of infant mental health from infancy through adolescence*, Nueva York: W. W. Norton. Véase también Claudia Gold (2011), *Keeping your child in mind*. Boston: Da Capo Lifelong Books, pp. 5-10.

tener en cuenta al adolescente debe aprenderse. Por desgracia, hasta ahora, los padres/madres han tenido muy poca orientación.

3.5 PONER NOMBRE A LAS EMOCIONES Y DOMAR AL CUERPO

Cuando éramos niños, los adultos eran capaces de gestionar muchos de nuestros sentimientos difíciles. Nos abrazaban cuando nos sentíamos solos, quizá nos ofrecían una golosina cuando nos sentíamos tristes y nos aseguraban que no había «nada de qué preocuparse» cuando nos sentíamos ansiosos. Las emociones de los adolescentes son demasiado complejas para calmarlas como se calman las de un niño. Tanto el adolescente como el padre deben aprender nuevas técnicas.

Las emociones, como hemos visto, están influenciadas por la red interoceptiva, las señales que se llevan a nuestro cerebro desde nuestros estados corporales internos y que luego nuestro cerebro imbuye de significado: «Estoy enamorado», «Me estoy desmoronando», «Esto es demasiado doloroso», o «Me estoy ahogando». Un buen punto de partida para gestionar las emociones difíciles es prestar atención al dolor de estómago, al mareo, a las piernas que se tambalean o a la garganta que se cierra. A los adultos no hay que recordarles tan a menudo que hagan esto, porque sus cerebros adultos desconectan la alarma con más eficacia. Han aprendido que esta vergüenza, este rechazo o esta incertidumbre no los matará y, aunque pueden seguir estando molestos o heridos, no se sienten abrumados.

Las emociones negativas de los adolescentes son problemáticas porque la alarma, una vez activada, persiste. Una vez que la respiración pierde el ritmo normal, una vez que el corazón empieza a acelerarse, una vez que el estómago se tensa, los adolescentes quedan atrapados en un ciclo que es difícil —pero no imposible—

de romper. Primero, la alarma del cuerpo suena y, luego, cuando el cerebro no la desactiva (ya sea reinterpretando las señales físicas o enviando mensajes al cerebro indicando que las cosas están realmente bien), las señales de alarma del cuerpo se intensifican. Toda la adrenalina liberada permanece en el cuerpo del adolescente y sigue señalando: «Algo malo está ocurriendo», y «Estás en peligro». A medida que las sensaciones físicas vinculadas a las emociones difíciles persisten, también lo hace la emoción.

Ahora suenan las alarmas posteriores, porque la emoción en sí misma es aterradora[13]. Los adolescentes giran en un ciclo de miedo-adrenalina-miedo, en el que el miedo (o la ansiedad o el dolor) produce adrenalina, que conduce a las sensaciones físicas asociadas al miedo. Un primer paso sorprendentemente eficaz es moderar las señales físicas que acompañan a las emociones negativas.

«Respira hondo», nos dicen cuando estamos alterados. Este consejo no siempre es bien recibido. Puede entenderse como una crítica a nuestra respuesta (que estamos «sobreexcitados» o «perdidos»). Podemos sentir que alguien intenta manejarnos en lugar de ayudarnos. Pero «respira hondo» es, en realidad, un buen consejo cuando estás ansioso y el cerebro —sobre todo el de los adolescentes— funciona en modo de alarma ya que, en este contexto, el cerebro se prepara para hacer frente a una amenaza minimizando la ingesta de oxígeno (para que el oxígeno pueda ir más hacia los músculos de las extremidades en caso de que tengas que huir del peligro).

Respirar profundamente y de forma mesurada proporciona al cerebro el oxígeno que tanto necesita. A pesar de que la respira-

---

13 Claire Weekes (2015), *Self help for your nerves*, Nueva York: Harper Collins. Véase también Steven Hayes et al. (2016), *Acceptance and commitment therapy: The process and practice of mindful change* (2ª ed.), Nueva York: Guilford Press.

ción es algo que hacemos todo el tiempo, es sorprendentemente fácil hacerla incorrectamente. Cuando estamos asustados o ansiosos, solemos respirar profundamente con la boca abierta. Estas respiraciones rápidas con la boca abierta son intentos de introducir más oxígeno en nuestro sistema, pero consiguen lo contrario. Es la nariz, no la boca, la que está perfectamente diseñada para hacernos llegar el aire necesario. En el interior de la nariz, unas membranas plegadas calientan o enfrían el aire según la temperatura corporal. Cuando el aire que respiramos llega a los senos paranasales (los espacios aéreos conectados a la nariz) se impregna de óxido nítrico, que relaja los vasos sanguíneos de nuestro sistema respiratorio, y pasa más oxígeno a la sangre[14]. La respiración regular, la que harías si estuvieras tranquilo, ayuda a conseguir lo que se llama «la respuesta de relajación»[15]. El cuerpo ya no está obsesionado con la autodefensa. La oleada de sustancias neuroquímicas que indican a tu cuerpo que se prepare para el peligro cesa, y pronto la tormenta se calma.

Una vez que la sangre oxigenada ya no se dirige a los músculos para luchar o huir, el cerebro obtiene el oxígeno necesario para reflexionar sobre nuestros sentimientos. ¿Qué nos molesta? ¿Qué necesitamos? ¿Qué nombre podemos dar a esta emoción? ¿Es una combinación de emociones: tristeza, duda, irritabilidad, ansiedad, impaciencia o miedo?

Existe un misterioso fenómeno, demostrado una y otra vez, según el cual nombrar las emociones —sobre todo las negativas— tiene

14 Véase Caroline Williams (2020, 8 de enero), «How to breathe your way to better memory and sleep», en *New Scientist*, https://www.newscientist.com/article/mg24532640-600-how-to-breathe-your-way-to-better-memory-and-sleep/

15 Ver un artículo útil para los adolescentes: Karen Young (2019), «Anxiety in children: A metaphor to put you in their shoes (and right beside them)», en *Hey Sigmund*, https://www.heysigmund.com/anxiety-children-metaphor-put-shoes-right-beside/

el poder de dominarlas[16]. Las palabras adecuadas activan el centro de control del cerebro. Esto implica algo más que dar a los sentimientos un nombre muy general, como «enfadado» o «tristeza». Requiere encender una luz sobre la emoción para examinar su cualidad particular y su contexto. Implica separar la ansiedad central («Me preocupa meterme en problemas/no tendré a nadie con quien hablar/alguien que me gusta me despreciará») de la ansiedad creciente que experimentan los adolescentes cuando tienen miedo de la propia emoción. Implica retener el sentimiento negativo, centrarse en él sin miedo, observar su impacto en el cuerpo y, a continuación, trabajar con el cuerpo para aliviar la urgencia y el dolor de la emoción[17]. Este proceso (a veces llamado «diferenciación de las emociones negativas», o NED) puede no resolver el problema, pero cuando los adolescentes encuentran las palabras adecuadas para describir las emociones, están en mejor posición para buscar una solución[18], y para mantener la calma lo suficiente como para sentir confort y conexión hasta que la encuentren.

Pensar en las palabras adecuadas para nuestros sentimientos centra nuestra atención en ellos, y este enfoque despierta el córtex prefrontal del cerebro, la parte del cerebro que es capaz de reflexionar, planificar y razonar, la parte que integra la buena

---

16 Siegel (2014), pp. 107–108. Véase también, Jared B. Tore and Matthew D. Lieberman (2018, April), «Putting feelings into words: Affect labeling as implicit emotion regulation», en *Emotion Review, 10*(2), pp. 116– 124, and J. A. Brooks, H. Shablack et al. (2017), «The role of language in the experience and perception of emotion: A neuroimaging meta- analysis», en *Social Cognitive and Neuroscience*, 12 (2), pp. 169–183.

17 Weekes (2015). Véase también T. Apter (2020, septiembre), «Anxiety management and the paradox of trigger warnings, Domestic Intelligence», en *Psychology Today*, https://www.psychologytoday.com/us /blog/domestic-intelligence/202009/anxiety-management-and-the-paradox-trigger-warnings

18 L. R. Starr, R. Hershenberg, Z. A. Shaw, Y.I Li y A. C. Santee (2020), «The perils of murky emotions: Emotion differentiation moderates the prospective relationship between naturalistic stress exposure and adolescent depression», en *Emotion, 20*(6), pp. 927-938.

información. Superar la tormenta inicial, nombrar la emoción dolorosa y observar que no te destruye fomenta un flujo neuronal saludable. La intensidad emocional se alivia y, de repente, el adolescente se encuentra en un «lugar mejor»[19].

Cuando estamos al pie de una colina empinada con compañeros cercanos y solidarios, el camino parece menos empinado que cuando estamos solos[20]. Automáticamente, sincronizamos nuestra respiración y nuestro ritmo cardíaco con los de las personas cercanas, sobre todo con los de aquellas en las que confiamos. Nada calma el dolor emocional tan eficazmente como ser «abrazado», ya sea en nuestro cuerpo o en nuestra mente. Los retos parecen menos desalentadores y los problemas parecen reducirse.

3.6 SÍNTESIS Y ACTIVIDADES

Los adolescentes intentan averiguar cómo gestionar los cambios en sus cuerpos, sus relaciones y sus mentes. Sienten la presión de las nuevas exigencias y las incertidumbres cada vez mayores. Los padres/madres quieren que trabajen con ahínco en la escuela y que asuman más responsabilidades en casa. Los adolescentes siguen queriendo complacer a sus padres, pero también quieren ser ellos mismos. Perciben un yo emergente que es único y maravilloso, pero que aún no está definido. En un solo día, pasan de una autoconfianza eufórica —en la que se sienten fuertes, invulnerables e inmortales— a la desesperación, el vacío y una vulnerabilidad aterradora.

---

19 Siegel (2014), p. 108.

20 M. R. Weierich et al. (2010), «Novelty as a dimension in the affective brain», en *Neuroimage, 49*(3), 2871-2878; Y. Moriguchi et al. (2011), «Differential hemodynamic response in affective circuitry with aging: An fMRI study of novelty, valence and arousal», en *Journal of Cognitive Neuroscience, 23*(5), pp. 1027-1041.

Muchos padres se sienten impotentes ante las intensas emociones de los adolescentes. Muchos asumen que la frustración desordenada de los adolescentes y su abrumadora irritabilidad y autoconciencia son «meramente hormonales» y entienden que deben ser ignoradas. Sin embargo, «estar ahí» para el adolescente significa estar dispuesto a reconocer esas emociones difíciles y asegurarle que esas emociones, por muy incómodas que sean, no dañarán el vínculo entre progenitor e hijo/hija. Demostrar que comprendes —o que estás dispuesto a intentar comprender— ayuda, igual que cuando el adolescente era un niño pequeño, cuando aguantabas las rabietas y las lágrimas hasta que desaparecían.

El «*coaching* emocional» es un término que ahora resulta familiar en los libros sobre la educación de los niños, pero que se descuida muchísimo en los libros sobre la educación de los adolescentes. Los fundamentos del *coaching* emocional para niños consisten en incitarles a pensar en lo que sienten los demás: «¿Por qué crees que tu hermano pequeño está llorando? ¿Crees que está triste porque le has quitado su juguete?». O un padre podría decir: «¿Te sientes triste porque papá está enfadado/la abuela no puede venir/tu amigo está enfermo?». Mediante conversaciones como estas, se llama la atención del niño sobre el contexto en el que surgen las emociones.

El *coaching* emocional también dirige la atención del niño hacia los sentimientos que provocan su comportamiento. «¿Te sientes excluido?», puede decir un padre cuando el niño se enfada durante la fiesta de cumpleaños de un hermano. «¿Te decepciona que tu madre tenga que marcharse?», puede preguntar un padre cuando el niño se niega a jugar.

El entrenamiento emocional es igualmente importante con los adolescentes, aunque requiere técnicas diferentes. Las palabras que los progenitores utilizan para ayudar a un niño a aprender sobre las emociones no siempre son útiles para los adolescentes, que quieren encontrar su propio lenguaje emocional. La empatía que un padre/madre puede ofrecer a un hijo no siempre es bien recibida por los adolescentes, que pueden sentir que el progenitor los «mima». El *coaching* emocional en los años de la adolescencia exige más paciencia y es un esfuerzo de colaboración.

Podemos empezar con una lista de cosas que hay que evitar al entrenar emocionalmente a un adolescente.

3.6.1 No descartes la emoción

Este capítulo explica la importancia de aceptar las emociones, incluso las más difíciles. Por tanto, al hacer *coaching* emocional a un adolescente, los padres no deben trabajar sobre el principio de que su hijo o hija debe estar siempre feliz.

3.6.2 No intentes «arreglar» la emoción

A veces, al empatizar con un hijo o hija, queremos «arreglar las cosas». «Olvídalo», podríamos decirle a un adolescente que está angustiado por una pelea con un amigo. O «No vale la pena. No le des más vueltas». Esto minimiza su emoción. El mensaje implícito de estas frases es: «Esta infelicidad puede dejarse de lado». Pero dejar de lado la infelicidad no es la mejor manera de gestionar los sentimientos negativos.

La infelicidad, el dolor y la decepción tienen la costumbre de quedarse con nosotros incluso cuando evitamos prestarles atención. Además, al minimizar los sentimientos del adolescente, perdemos la oportunidad de aprender de él y de conocer sus propias experiencias, que será esencial para descubrir dónde están las dificultades. Esto significa que también perdemos oportunidades de consolar y aconsejar.

3.6.3 Minimizar el uso de distracciones para ayudar al adolescente

Distraer a un niño pequeño con una golosina, un cuento, una actividad o una broma funciona bien porque, en esta fase de desarrollo, las emociones suelen ser efímeras. A veces los padres prueban técnicas similares para aliviar el estado de ánimo de un adolescente. Preparas su comida favorita, o le prometes que le comprarás algo que quiere, o le propones una excursión. Aunque un adolescente infeliz puede beneficiarse de los cambios de enfoque reconfortantes, confiar en las distracciones hace que los adolescentes se sientan intranquilos y no reconocidos. En el mejor de los casos, las distracciones que ofrezcas son una señal de tu simpatía, y el adolescente puede apreciarlo (junto con la comida, la compra o la salida), pero es tu amor empático lo que resulta fundamental para ayudar al adolescente a regular sus fuertes sentimientos. Las distracciones no provocan la autocomprensión que el adolescente necesita para moderar la ansiedad provocada por esas emociones intensas.

3.6.4 No muestres desaprobación por la emoción

A veces los padres dicen: «Mi hijo está permanentemente deprimido» o «Mi hijo está constantemente deprimido». O, como le dijo Tessa a Miriam: «Deja de ser morbosa». Los padres ponen a prueba su paciencia y exigen: «¿Por qué no puedes alegrarte por nada?, ¿siempre tienes que quejarte?». El mensaje aquí es: «Hay algo malo en ti por sentirte infeliz/deprimido/frustrado». En respuesta, el adolescente siente o bien rabia hacia su padre/madre poco comprensivo, o bien vergüenza por estos sentimientos negativos. Ninguna de las dos cosas le ayudará a comprender y gestionar sus emociones.

3.6.5 No te preocupes por si, al hablar de los sentimientos negativos, estos empeoran

A veces a los progenitores les preocupa que hablar de las emociones negativas vaya a empeorar aún más el estado de ánimo del adolescente. Es importante centrarse en lo positivo, y los adolescentes pueden beneficiarse, como todo el mundo, de apreciar las cosas buenas que ocurren. Pero hablar de los sentimientos negativos no los cristaliza, en contra de lo que muchos creen. De hecho, cuando induzcas a tu hijo adolescente a reflexionar sobre las emociones difíciles (por ejemplo, diferenciando la decepción de la desesperación, o el dolor del rechazo de la vergüenza, o la tristeza de la ira...), estarás fomentando habilidades que le ayudarán a identificar y a resolver problemas emocionales.

A continuación, te sugerimos algunas cosas que puedes hacer, con el objetivo de mostrarle a tu hijo adolescente que las emociones negativas son normales, que tú también las sientes a veces y que hay distintas formas de gestionarlas.

3.6.6 Muestra interés por la emoción y una buena disposición a escuchar más sobre ella

Dale tiempo al adolescente para que encuentre las palabras que necesita. Si, en respuesta a las preguntas «¿Cómo te sientes?» o «¿Pasa algo?», recibes un «¡No pasa nada!» o «¡No lo sé!» o «¡Déjame en paz!», es posible que el adolescente necesite más tiempo y señales más claras sobre tu voluntad de escuchar. Así que presta atención a tu propio lenguaje corporal. Un cuerpo relajado y tranquilo sugiere la voluntad de tomarse tiempo para escuchar. Una mirada concentrada y neutra invita a la revelación. Tu respiración constante muestra que tienes voluntad para la conversación, e incluso puede ayudar a calmar al adolescente.

Comprométete con el adolescente, incluso cuando este sufra emociones en las que tú mismo no quieras pensar

Al final del capítulo nueve se dan orientaciones para afrontar la ansiedad aguda, incluidos los ataques de pánico. Pero, con el entrenamiento emocional cotidiano, el objetivo es gestionar las emociones animando al adolescente a nombrarlas y a reflexionar sobre ellas. Cuando los adolescentes pueden llamar a las emociones por su nombre y explicar el contexto en el que se producen, la tormenta fisiológica se calma y las emociones fuertes dejan de parecer tan amenazantes.

Una vez que tu adolescente tenga la seguridad de que estás reflexionando sobre la emoción junto a él, puede ser posible sugerir diferentes formas de ver y abordar los problemas subyacentes.

De nuevo, con tu hijo adolescente como guía, pregúntale qué podría hacerse para aliviar su angustia. Aconsejo a los padres que no intenten arreglar la emoción ni ofrecer distracciones, sino simplemente animar al propio adolescente a que proponga posibles ideas de autocuidado. ¿Qué le haría sentirse menos estresado, o menos indefenso, o menos ansioso? Una vez más, puedes asegurarle a tu hijo adolescente que estos sentimientos son normales y que aprender a seguir con sus intereses y con las rutinas es una habilidad importante.

Se ha demostrado que el compromiso positivo y persistente de los padres con el adolescente, incluso en los momentos de agitación, favorece la poda del córtex y el apaciguamiento de la amígdala, que es muy reactiva[21]. En resumen, el compromiso constante de los progenitores (estar ahí para el adolescente) le ayuda a desarrollar un cerebro mejor equipado para moderar y gestionar las emociones intensas.

Ningún padre/madre conseguirá esta «orientación» o colaboración en todo momento. Como ocurre con la mayoría de las orientaciones parentales, acertar, más o menos, un 30 % de las veces es suficiente para colaborar positivamente en la remodelación del cerebro adolescente.

---

21 S. Whittle et al. (2014), «Positive parenting predicts the development of adolescent brain structure: A longitudinal study», en *Developmental Cognitive Neuroscience 8*, pp. 7-17.

4

«Solo mis amigos me entienden»

¿SUSTITUYEN REALMENTE LOS PADRES A LOS AMIGOS DE LOS ADOLESCENTES?

Uno de los mitos más comunes sobre la adolescencia es que los padres pierden el poder de influir sobre los adolescentes. Según este mito, la importancia de los amigos sustituye la de los padres. Los sociólogos que pregonaban esto en los años 60[1] se aferraban a dos supuestos falsos. El primero es que el apego es una proporción fija, similar a una tarta, de modo que, si los adolescentes se apegan más a sus amigos, entonces deben apegarse menos a sus padres. Pero los apegos no son así. No queremos menos a un hijo cuando nace otro. Los apegos, como el amor, son flexibles.

La segunda suposición falsa es que cuando la influencia de los amigos aumenta, como ocurre en la adolescencia, la influencia de los padres tiene que disminuir. Sin embargo, las influencias que las personas ejercen sobre nosotros tienen muchas formas y dimensiones. Son relevantes durante una fase de nuestras vidas y, luego, se esconden en un segundo plano mientras siguen moldeándonos. Las investigaciones realizadas a lo largo de las últimas cuatro décadas demuestran que la influencia de los padres sigue siendo

---

1 Por ejemplo, James S. Coleman (1961), *The adolescent society: The social life of the teenager and its impact on education*, Nueva York: Free Press.

fuerte a lo largo de la adolescencia. Sin embargo, el mito que se repite constantemente de «Mi hijo adolescente no se preocupa por mí. Solo le importan sus amigos» sigue distorsionando la opinión de los padres sobre sus hijos adolescentes.

En los dos capítulos siguientes examino el mundo de las amistades adolescentes, las grandes diferencias entre las amistades de las chicas y las de los chicos, y los muchos papeles que desempeñan los padres cuando estas amistades cambian y se desarrollan. Este capítulo destaca el potencial de las amistades de los adolescentes para ejercer una influencia positiva, mientras que el siguiente capítulo abordará la preocupación de los padres/madres por las presiones y los riesgos que plantean los compañeros. Veremos las formas en que los progenitores pueden promover amistades positivas y gestionar los riesgos.

4.1 UNA BREVE HISTORIA DEL GRUPO

Los humanos son fundamentalmente seres sociales. Nuestros antepasados no habrían sobrevivido como individuos solitarios. La larga etapa de la infancia humana —más larga que en cualquier otra especie— requiere muchos años de cuidados. Al principio, los niños necesitan ayuda para los aspectos básicos de la supervivencia: obtener comida, calor y seguridad frente a los depredadores. Pero la sociabilidad humana va más allá. Se extiende a las fuerzas de construcción del cerebro, que son el amor, el apego y la comprensión mutua.

Muchas de las necesidades de un niño en crecimiento son satisfechas por miembros cercanos de la familia, pero una familia no es una unidad aislada. Está integrada en una sociedad con reglas de inclusión y exclusión, con normas de participación y contribución. Los niños se apoyan en los adultos más experimentados para transmitir sus conocimientos, pero, a medida que los jóvenes se adentran en la adolescencia, también necesitan a gente como ellos, personas que se encuentran en una fase similar de aprendizaje del mundo, para poner en común e intercambiar conocimientos. Junto a sus compañeros, los adolescentes evalúan, revisan y actualizan lo que los adultos les enseñan. Y, como todo el mundo, los adolescentes aprenden mejor de las personas con quienes sienten cercanía. Aprender de otras personas implica confianza y conexión[2]. Antes de aceptar la información que alguien nos da, nos preguntamos: «¿Puedo creer lo que me está diciendo?», «¿Me está mostrando algo importante, algo que pueda resultarme útil?», «¿Tiene en cuenta mis propios intereses?», para asegurarnos de que el informador no intenta engañarnos o perjudicarnos. Esta es una de las razones por las que los amigos que caen bien y son de confianza ejercen tanta influencia.

Cuando los adolescentes aprenden unos de otros, se imitan. El mimetismo forma parte tanto del aprendizaje como del apego. Los bebés imitan la sonrisa y el discurso de sus padres, y aprenden observando a otros niños, por imitación, las reglas de interacción y de juego. Su conversación está salpicada de «Yo también» y de «Lo mismo digo».

En la adolescencia, cuando los adolescentes sienten la presión de dar forma a su identidad personal, cuando toman el control de su aseo y de su comportamiento, el mimetismo se extiende a lo que hacen y a su aspecto. Los adolescentes escuchan la misma música que sus amigos, ven las mismas series y siguen a los mismos *influencers* en las redes sociales. Comparten saludos distintivos, y hablan y caminan como los demás. También marcan sus similitudes vistiendo igual; de hecho, todas las formas de acicalamiento, desde el peinado y el maquillaje hasta los *piercings*, reflejan las normas de su grupo. La similitud se convierte en un código de

---

2 Fonagy (2019).

pertenencia. De ahí que algunos padres digan que su hijo adolescente ha sido «absorbido» por sus amigos. El sentimiento de pertenencia, no solo a una familia sino también a una red de amigos, es fundamental para la felicidad humana[3]. A lo largo de nuestra vida, sea cual sea nuestra edad, los amigos aportan beneficios a nuestro bienestar mental y físico. Pero los adolescentes sienten la ausencia de amigos con más intensidad que los niños o los adultos. Cualquier indicio de aislamiento social, como ser excluido de una actividad —incluso de una pasajera que no les interese especialmente—, les baja el ánimo y aumenta su ansiedad[4].

Los adolescentes a veces se refieren a los amigos como su «coraza»[5], un término que sugiere lo amenazante que es el mundo cotidiano sin ellos. Un adolescente sin amigos tiene que sobrevivir en lo que parece un entorno social desprotegido y precario[6].

4.2 LA PERTENENCIA A LA TRIBU

La amistad cambia el campo gravitatorio en la adolescencia. Los adolescentes anhelan la aceptación social, y la mayoría de ellos cambiarán su aspecto, su comportamiento y sus ideas para encajar. Su urgente necesidad de conectar y de pertenecer a un grupo de iguales inquieta a muchos padres, que llegan a la conclusión de que están «perdiendo a su hijo adolescente por los amigos». A continuación, veremos a tres padres desconcertados por el

---

3 Roy Baumeister y M. R. Leary (1995), «The need to belong: Desire for interpersonal attachments as fundamental human motivation», *Psychological Bulletin* 117(3), pp. 497-529.

4 Blakemore (2018), p. 38.

5 T. Apter (2001), *The myth of maturity: What teenagers need from parents to become adults*, Nueva York: W. W. Norton.

6 Stephanie Cacioppo, John Capitano y John Cacioppo (2014, noviembre), «Toward a neurology of loneliness», en *Psychological Bulletin, 140*(6), pp. 1464-1504.

impacto que tienen los amigos en el carácter y el bienestar de sus hijos adolescentes.

—Philip siempre ha sido un niño empollón, en el mejor de los sentidos —explica Stan—. Desde muy pequeño le encantaban los trenes. Construía complicadas vías por toda la casa y, cuando lo acostaba, me hablaba de lo que construiría mañana. Siempre tenía uno o dos amigos. No era solitario. Pero tampoco era muy sociable. Y no le importaba. Ser sordo en realidad no era un problema entonces, ¿entiendes? Era simplemente lo que era y a nadie parecía importarle. Los niños le decían «hola», como si fuera normal, cuando lo llevaba al patio del colegio para que se pusiera en fila. Ahora lo veo en el colegio y se queda un poco apartado. Y el escabullirse no es solo en la escuela, te lo aseguro. Llega a casa, tira la mochila al suelo como si hubiera una corriente eléctrica maligna en ella, y luego se va a su habitación. Da un portazo como si odiara el mundo, porque el mundo no le gusta. De repente, a los catorce años, parece perdido y sin amigos.

Amanda también habla de su hijo Garth, de catorce años:

—Era un niño obsesionado con los trenes y los coches. Luego fueron los juegos de ordenador. Todo en su propio mundo, sin necesidad de amigos de verdad, solo algún que otro niño de vez en cuando como compañero de travesuras. Pues bien, empezó hace un año; de repente se fijó en lo que hacían otros chicos, y en lo que tenían. Nunca antes se había preocupado lo más mínimo por lo que llevaba. Ahora tiene que ponerse lo que llevan los demás. Antes su padre siempre podía cortarle el pelo tal y como su padre pensaba que debería ser. ¡Pruébalo ahora! No, tiene que ser igual que el de Keith, Jim o Amin. La forma en que intenta mezclarse con este grupo puede resultar divertida a ratos, ya que simplemente no es él. Pero también me produce cierto malestar, porque, en el fondo, así es él a día de hoy.

Sandra habla de su hija Wendy, de trece años:

—Siempre fue muy social, y tenía amigos y mejores amigos y luego peores amigos, etc., y cambiaban constantemente. A veces se producían dramas. Y, en ocasiones, había lágrimas. Ahora está en una escala diferente. Te lo juro, sus amigas la toman a cachondeo. Ellas hacen una cosa, y ella tiene que hacerlo, hasta las cejas y la muñequera trenzada. Las ves todas juntas y parecen una tribu.

La palabra «tribu» de Sandra sugiere algo más grande que un grupo de amigos. Las tribus incluyen a todas las generaciones, con costumbres, valores y creencias compartidas. Las amistades son diferentes. Se forman dentro de la propia generación del adolescente y se limitan a ella. No obstante, me gusta el uso que hace de la palabra. «Tribu» tiene una acepción más suave que la palabra «pandilla» —con sus asociaciones de agresión y delincuencia— y tiene una resonancia de exclusividad y ritual. Sandra, como Amanda y muchos otros padres/madres, siente que su hija adolescente está siendo poseída por costumbres y prácticas extrañas.

Pocos adolescentes son indiferentes a la inclusión o a la exclusión de sus compañeros. Wendy y Garth se reconfiguran para garantizar la inclusión, mientras que Philip sustituye la «coraza» de sus amigos por una mezcla —distintiva adolescente— de ira e indiferencia fingida. ¿Por qué la necesidad de ser incluido en un grupo de iguales adquiere una nueva importancia al llegar la adolescencia? ¿Por qué los intereses a largo plazo de Garth se quedan en el camino al adoptar los de sus amigos? ¿Por qué Wendy da prioridad a estar con sus amigos, incluso cuando eso significa dejar de hacer algo que le gusta? ¿Por qué la pertenencia de Philip a la familia ya no es suficiente? ¿Por qué los adolescentes que no tienen amistades estrechas corren un mayor riesgo de depresión?[7]

Para entender la importancia de los amigos en la adolescencia, tenemos que volver a reflexionar sobre el yo del espejo y el cerebro social de los adolescentes.

4.3 EL YO DEL ESPEJO

El concepto «yo del espejo» podría sugerir que los adolescentes identifican quiénes son con su reflejo en el espejo. Sin embargo, el yo del espejo está relacionado no tanto con lo que el propio adolescente ve en el espejo, sino con lo que ven los demás. Se trata de un yo frágil y siempre cambiante, repleto de dudas sobre sí mismo, ya que el adolescente se pregunta «¿Cómo me ven los demás?» y «¿Cómo me ve la gente cuando me mira ahora?».

Como vimos en el capítulo dos, los cambios que se producen en el cerebro del adolescente hacen que este tenga que esforzarse más que un niño pequeño o que un adulto para procesar la información social[8]. Este esfuerzo adicional aumenta la incertidumbre de los adolescentes sobre cómo los ven los demás. Cuando un adolescente entra en una habitación o en su escuela, junto a él hay un público interno crítico y nervioso que cuestiona lo que piensan los demás. Este observador interno emite veredictos que cambian en un instante, y que pueden pasar de «Estás estupenda» a «Pareces un bicho raro».

---

7 Brett Laursen et al. (2007), «Friendship moderates perspective associations between social isolation and adjustment problems in young children», en *Child Development, 78*(4), pp. 1395-1404.

8 Sarah-Jayne Blakemore, H.E.M. den Ouden, S. Choudry y C. Frith (2007, junio), «Adolescent development of the neural circuitry for thinking about intentions», en *Social Cognitive and Affective Neuroscience, 2*(2), pp. 130-139.

En la infancia miramos a los padres para que sean nuestro «espejo». Expresan orgullo y placer, o enfado y ansiedad, por lo que hacemos y, generalmente, aceptamos lo que nos reflejan. A veces un niño es «guapo» o «bonito»; otras veces es «sucio» o «desagradable», ya que se hurga la nariz o come con los dedos. El niño acepta que es así como se le ve. Los progenitores le presentan un espejo en el que su comportamiento es bueno o malo, y le proporcionan puntos de referencia para sus juicios sobre otras personas. Cuando el niño observa a otras personas, comprueba las respuestas de sus padres antes de decidir si se puede confiar en alguien. De este modo, los padres también transmiten información sobre los demás.

Pero los adolescentes buscan constantemente información sobre cómo los ve la gente de fuera de la familia. Cuando Liba, de trece años, se enfrenta a su cuerpo, que está experimentando un desarrollo rápido, su madre intenta tranquilizarla: «Eres preciosa. Te estás convirtiendo en una joven impresionante». Pero lo que le importa a la adolescente es la opinión de la gente de su entorno social. Nina, su amiga, es la que decide si le sientan bien unos vaqueros o un top:

—Vamos de compras y es realmente genial porque estamos las dos juntas en el probador y, por ejemplo, yo me miro en el espejo y ella me mira a mí, y cuando dice lo que me queda bien y lo que no, puedo entender lo que quiere decir, y eso me ayuda cuando me lo pongo en realidad. Si solo me miro en el espejo yo misma, no sé lo que veo.

Los amigos reflejan una imagen que puede estar bien o no. A veces lo que un amigo refleja implica burla, mofa y denigra al adolescente, pero habitualmente un amigo apoya y consolida, y refuerza una imagen aceptable. Liba utiliza lo que ve Nina para aumentar su confianza cuando camina por el pasillo de la escuela, en un aula o en una fiesta. Nina, a diferencia de su madre, puede evaluar lo que ven sus compañeros.

Estos amigos, estos nuevos espejos, no están simplemente «ahí», como la familia. El adolescente es ahora un agente en su elección de espejo. Aquí reside la emoción y el poder especial de la amistad. Se elige a un amigo como a alguien digno de ser el espejo del adolescente. Quizá el adolescente elija a un amigo porque le gustaría parecerse a él, o también puede ser alguien que sabe cómo tiene que ser ese adolescente. Un amigo pone al adolescente a un paso de ser una persona viable y aceptable.

Garth, de catorce años, me dice que «no se puede creer que tenga la suerte» de ser incluido en su nuevo grupo de amigos.

—Los conocí en la escuela primaria. Estaban todos juntos y había una pausa en todo el patio cuando pasaban. Yo estaba jugando al baloncesto, pero cuando pasaban estos chicos, me ponía a botar la pelota, esperando mi momento, observándolos. Ni siquiera quería que se fijaran en mí. Solo quería observarlos. Ahora soy uno de ellos, y me dicen: «Vamos, Garth», y es como «¡Caray!, estoy dentro de ese centro mágico».

Garth se fija en los zapatos que llevan sus amigos, en las bolsas que llevan y en la forma en que se peinan, y quiere tener los mismos zapatos, las mismas bolsas y los mismos peinados porque, con un yo todavía frágil, espera que parecerse a sus amigos alivie —o, al menos, camufle— las dudas sobre sí mismo.

La duda sobre sí mismo es habitual en los adolescentes porque aún no han crecido ni «inventado»[9] un sentido de sí mismos, con un registro estable de rasgos de carácter, con una gama de pasiones e intereses, con una sensación de trabajo para sus capacidades o limitaciones. El gran psicólogo Erik Erikson llamó a la adolescencia «una época de crisis de identidad». Al acuñar este término, ahora familiar, Erikson describió la intensa exploración

---

9 Término utilizado por Sarah-Jayne Blakemore en *Inventing ourselves* (2018).

que hacen los adolescentes de las distintas formas en que pueden verse a sí mismos. Ensayan ser un tipo de persona y luego otro. Si un adulto cambiara de personalidad día tras día, se consideraría una patología, pero es una parte normal de la vida de un adolescente.

Los adolescentes descubren quiénes son experimentando o probando diferentes identidades[10]. Esto es lo que hace Wendy, que se presenta igual que sus amigos, con ganas de hacer lo que ellos hacen, cambiando para encajar con ellos. Piensa: «No sé quién soy, pero mis amigos parecen estar cómodos con lo que son, así que probaré su identidad y veré cómo me siento». Algunos adolescentes, sin embargo, se sienten incómodos con este efecto camaleón. Con un firme sentido de su propio temperamento y de sus propios intereses, buscan un buen complemento en un amigo. A Philip le irrita que su padre «me regañe para que invite a mis supuestos amigos a casa». Prefiere estar solo a pasar tiempo con personas que «no son para nada como yo. Hay chicos con los que puedo salir, cuando es necesario. Pero me siento como un farsante».

Los adolescentes son tan intolerantes con cualquiera que consideren «falso» o un «farsante»[11] porque ellos mismos no están seguros de lo que en su interior es genuino y lo que es falso. Desprecian en los demás el rasgo que temen que sea el suyo. Pero si se ven reflejados en sus amigos, su propio yo parece más claramente definido y más real. Curiosamente, al imitar a sus amigos, se sienten menos falsos.

Sin embargo, elegir a un amigo como espejo es solo el primer paso en el proceso que supone la amistad en la adolescencia. Después de que una adolescente elija su espejo, ella y su amiga

---

10 Erik Erikson (1968), *Identity, you and crisis*, Nueva York: W. W. Norton.

11 Esta era la repetida queja de Holden Caulfield en la obra de J. D. Salinger.

dan forma al modo en que cada una ve a la otra. Utilizando sus nuevas habilidades de autorreflexión, hablan. La charla de amistad se centra en: «Esto es lo que siento», «Esto es lo que me gusta», «Esto es lo que temo», «Esto es lo que quiero ser». Y en la charla de amistad, dan vida a un nuevo yo.

4.4 AUTOEXPLORACIÓN CON LOS AMIGOS

Los progenitores a veces se lamentan del tiempo que los adolescentes «pierden simplemente hablando» con sus amigos, o pasando el rato, o intercambiando opiniones por correo electrónico, mensajes de texto o redes sociales. Pero en esta mezcla se está haciendo un verdadero trabajo, el trabajo de autodescubrimiento y autoexpresión.

«¡Sabía que lo entenderías!» es un grito que mi colega Ruthellen Josselson y yo escuchamos con frecuencia cuando hablamos con adolescentes sobre sus amistades. En las amistades de la infancia, los niños aprenden los fundamentos de la sociabilidad positiva: participar en los juegos y en las conversaciones, unirse a una actividad de grupo y acatar las normas sociales. En las amistades adolescentes, estas rutinas prosociales se mantienen, pero surge una reciprocidad más profunda y personal. Los amigos empiezan a hablar de sus sentimientos y sus miedos, a menudo sentimientos y miedos que creían que eran solo suyos. Vicky, a quien Ruthellen y yo entrevistamos cuando tenía catorce años, dijo:

—Pensaba, antes de conocer a Clare, antes de conocerla como la conozco ahora, que era la única en la escuela, quizá en todo el mundo, que pensaba en las cosas y que se preguntaba cosas como yo. Hay aspectos de los que no se puede hablar con otras personas. A veces me siento muy rara, por la forma en que miro a todo el mundo y los percibo. Pero con Clare puedo hablar de esto sin sentir que soy un bicho raro[12].

Ruthellen y yo observamos y analizamos las horas que los adolescentes dedican a hablar de la amistad. Nosotras, como muchos otros en aquella época, pensábamos que esa autoexploración mutua era específica de las amistades de las chicas adolescentes. Pero nuestros estudios sobre las amistades entre chicas arrojaron luz sobre experiencias adolescentes ampliamente compartidas. Cuando, por ejemplo, los investigadores se fijaron en los chicos, sobre todo en la adolescencia temprana y media, observaron los mismos esfuerzos por articular lo que son y lo que sienten, el mismo afán por escuchar quién es el otro y por utilizar estos intercambios para aclarar sus propios pensamientos y sentimientos. Los chicos adolescentes, al igual que las chicas adolescentes, recurren a sus amigos para hablar: «¿Cómo te sientes?», «¿Qué piensas?», «¿Cómo te sientes por dentro?», «¿Qué esperas?», «¿Qué temes?». Los chicos adolescentes, al igual que las chicas adolescentes, se sienten aliviados y encantados cuando un amigo les dice: «Te entiendo», o «Así es como soy yo». Para los adolescentes que sienten que no encajan en su género asignado, o en ninguno de los dos, tener un amigo que, como dice Matt, de catorce años, «ve a través de este estúpido disfraz de un cuerpo y percibe quién soy realmente» es un regalo precioso. «Me ayuda a sentirme real y a conocerme a mí misma».

La relación de amistad marca una nueva etapa en los ejercicios de mentalización que empezaron mucho antes entre el niño y el progenitor. La amistad ofrece a los adolescentes un espacio para nombrar sus sentimientos cambiantes y confusos, y para reconocer las dificultades compartidas. La interminable charla de la que

---

12 T. Apter y R. Josselson (1998), *Best friends: The pleasures and perils of girls' and women's friendships*, Nueva York: Crown, p. 81.

se quejan los padres/madres ayuda a los adolescentes a centrarse en sus pensamientos, sentimientos y motivos. Los adolescentes también aprenden sobre su poder para ofrecer consuelo y comprensión a los demás. Como vimos en el capítulo anterior, nombrar las emociones tiene el poder de domesticarlas[13], lo cual proporciona a los adolescentes otra vía de autorregulación: la capacidad de experimentar sentimientos intensos y cambiantes sin sentirse abrumados.

Las autorrevelaciones dentro de la amistad ayudan a organizar el cerebro adolescente. En su excelente libro *Brainstorm*, Daniel Siegel escribe: «Las personas que utilizan sus mentes para reflexionar sobre la naturaleza interna de sus vidas mentales hacen crecer circuitos en el cerebro que enlazan áreas muy separadas entre sí. Este enlace, llamado "integración neuronal", mejora la coordinación y el equilibrio del sistema nervioso»[14]. Al igual que sucede con las relaciones cálidas y comprometidas con los progenitores[15], las buenas amistades guían el crecimiento del cerebro[16].

4.5 RENUNCIA AL TRABAJO DE IDENTIDAD

Sin embargo, no todas las amistades adolescentes permiten una exploración genuina. Tanto para los adolescentes como para los adultos, dar explicaciones a un amigo y responder con amabilidad a sus revelaciones es un trabajo arduo. Nos concentramos

---

13 Siegel (2014), pp. 107-108.

14 Siegel (2014), p. 57.

15 Whittle et. al. (2014), pp. 7-17.

16 A. Becht, L. Wierenga, K. Mills, R. Meuwese, A. van Duijvenvoorde, S-J. Blakemore, B. Güröglu y E. Crone (2020, diciembre), «Beyond the average brain: Individual differences in social brain development are associated with friendship quality», en *Social Cognition and Affective Neuroscience*. Prueba corregida.

en las expresiones faciales, y en la modulación y el énfasis de la voz. Asimilamos el ritmo de la respiración, la repentina rigidez de los músculos, el giro o la fijación de los ojos, y ajustamos nuestras respuestas en función de si notamos interés o aburrimiento, simpatía o crítica. A veces no acertamos. Queremos ofrecer simpatía, pero descubrimos que hemos ofendido. A veces revelamos nuestros sentimientos a un amigo y, en lugar de empatizar con nosotros, nos condena. Los adolescentes quieren «ser auténticos» con sus amigos, pero a menudo tienen dificultades para conciliar su necesidad de pertenencia con su necesidad de autenticidad.

—Siobhan y yo... bueno, nos entendemos perfectamente —me dice Wendy—. Yo y las otras chicas, Dori y Elodie, también pensamos lo mismo y nos gustan las mismas cosas. A veces, sobre todo con Siobhan, no hablamos durante un rato, y luego nos miramos y sé exactamente lo que está pensando, y ella sabe lo que pienso, y nos reímos, porque ni siquiera necesitamos palabras para saber que estamos en sintonía.

Wendy está describiendo la primera etapa de la amistad adolescente: el descubrimiento emocionante de alguien ajeno a tu familia que, según crees, es «igual que tú». En esta etapa, los adolescentes suelen idealizar la amistad. Esta tiene un encanto mágico, casi romántico. Cada uno se siente seguro con la aprobación del otro. El satisfactorio «clic» o «coincidencia» cuando sienten que «mi amigo me entiende» lleva a algunos adolescentes a creer que un amigo es «exactamente como yo». Esto «resuelve» la crisis de identidad, porque creen saber quiénes son ahora: son iguales a su amigo.

Pero ¿qué ocurre cuando los adolescentes crecen, cuando sus intereses cambian, cuando los entusiasmos se desvanecen? ¿Qué ocurre cuando un amigo cambia? Si la amistad se basa en ser exactamente iguales, sin duda está muy limitada. Cuando las amistades cambian, los adolescentes se enfrentan a un dilema: o cambian para ser, de nuevo, iguales a su amigo, o vuelven al punto de partida, y se preguntan de nuevo quiénes son.

Cuando Ruthellen y yo exploramos el mundo de las amistades de las chicas, descubrimos que los catorce años era la edad pivote: cuando las amigas que se sentían como gemelas idénticas (o como se imaginan que se sienten las gemelas idénticas) a menudo experimentaban una brutal traición cuando una de ellas seguía su propio camino. Ruthellen contó la historia de Tamara, que, en noveno curso, vio cómo su mejor amiga, que era «igual que ella», se presentaba el primer día de clase vestida toda de negro, señal de que se identificaba con el grupo de góticos. «Sentí que me traicionaba para ser guay... por un chico de ojos verdes que tocaba la guitarra». Tamara y su amiga hablaban cada noche por teléfono durante horas, y cada noche se prometían restablecer la unidad que una vez tuvieron. Pero «al día siguiente, todo se agriaba en cuanto nos encontrábamos en el vestíbulo de la escuela».

Más adelante en este libro, veremos cómo la resistencia a ser «igual» se juega esencialmente con los progenitores, pero los adolescentes también marcan su identidad individual con sus amigos. Descubren que se sienten diferentes con distintas personas y en distintos contextos. Por eso Tamara y su amiga sienten de verdad que pueden ser «una» cuando hablan en privado, pero se sienten muy diferentes en la escuela, donde se sienten «personas distintas».

Cuando surgen diferencias entre los amigos, los adolescentes se enfrentan a un dilema: «¿Sigo expresando mis verdaderos pensamientos y me arriesgo a crear una ruptura con mi amigo, o escondo quién soy realmente para conservar a mi amigo?». Cuando los adolescentes recorren el estrecho camino entre el apego genuino y la desesperación por la inclusión, sus amistades pueden ser inestables e imprevisibles.

4.6 LA IMPORTANCIA DE LOS COTILLEOS

En la amistad, los adolescentes practican la construcción de historias sobre sus vidas y las de los demás. Contar una historia sobre lo ocurrido es una forma de procesar y de organizar nuestras experiencias. El simple hecho de situar los acontecimientos en su contexto y anotar su secuencia nos ayuda a poner nuestros pensamientos en algún tipo de orden. Este proceso, aparentemente sencillo, nos ayuda a almacenar los recuerdos y a gestionar las emociones asociadas a ellos, de modo que los acontecimientos angustiosos no sigan atormentándonos. Dadas las respuestas crudas y turbulentas de los adolescentes a las interacciones sociales ordinarias, contar historias puede ser un gran acto sanador. La gente ha contado historias desde que se tiene constancia de la existencia de los seres humanos, pero los científicos han tardado en apreciar la importancia de estas narraciones. No fue hasta hace unos treinta años que los psicólogos se dieron cuenta de cómo nuestro sentido del yo se construye con las historias que contamos sobre nuestras vidas. A partir de los datos concretos de la experiencia, formamos héroes y villanos, éxitos y fracasos. El sentido del yo de los adolescentes se expresa y se forma mediante estas historias.

Descubrimos que la conversación sobre la amistad era una forma de practicar y de poner a prueba las historias que definen quiénes somos. Kelly, de 16 años, nos dijo:

—Nos pasamos horas hablando. Simplemente hablando. A veces se trata de una sola cosa. Como, por ejemplo, lo que pasó anoche, o ayer en la escuela cuando ella no estaba. Entonces hace cientos de preguntas: «¿Qué pasó entonces? ¿Qué dijo? ¿Cómo lo dijo? Dime exactamente cómo lo dijo. ¡Pon su voz! ¿Qué dijiste entonces? ¿Cómo te sentiste?». Por eso es mi mejor amiga. Quiere saberlo todo sobre mi día y sobre quién soy[17].

---

17 Apter & Josselson (1998), p. 95.

Muchas de las historias que los adolescentes cuentan y reciben se consideran «cotilleos». Hoy en día la palabra «cotilleo» tiene mala fama, pero originalmente solo significaba tener conversaciones con los de la confraternidad o con la gente de un grupo muy unido. A menudo se piensa que es «cosa de mujeres», pero todos los géneros y edades se dedican a los cotilleos[18]. A través de estos chismorreos aprendemos cómo vive la gente detrás de la cara pública, detrás de lo que los adolescentes suelen considerar una fachada.

Dada la obsesión de los adolescentes por un yo «real» o genuino frente a un yo falso o farsante, está claro por qué los cotilleos se imponen en la adolescencia. Al enfrentarse a sus propios experimentos de identidad, los adolescentes sienten una curiosidad infinita por la vida de los demás. Los cotilleos exploran la versión no oficial de la vida de la gente, las experiencias y el drama que hay detrás de un yo cuidadosamente presentado.

Mientras Wendy habla con sus amigas, que a su madre le parecen «una igual a la otra», se entera de que Gayle, que era su amiga antes de que ella se uniera a este nuevo grupo, se «enrolló» con un chico que ella creía —y que los demás consideraban— que era «cañero». Al terminar esta breve relación, Gayle publicó fotos y tuits burlándose del chico, llamándolo simplemente «un marica». Wendy quiere saber más. Sigue el intercambio en las redes sociales, entre horrorizada e intrigada por las palabras y por las imágenes utilizadas.

—En cierto modo, estábamos haciendo el tonto, pero realmente significaba algo para mí. Estaba descubriendo a alguien que solía ser mi amiga. Había un «¡Guau! Está teniendo una vida sin mí»,

---

18 R. Dunbar, N. Duncan y A. Marriott (1997), «Human conversational behavior», *Human Nature 8*(3), pp. 231-246.

y también estaba como «¿Cómo ha sucedido esto? ¿Me echa de menos? ¿Dónde está realmente ahora?».

Los cotilleos sacian la curiosidad de los adolescentes, pero lo que aprenden puede ser muy molesto. Cuando le pregunto a Garth sobre historias recientes que ha oído sobre otras personas, me cuenta que un amigo suyo describió cómo otro amigo se acostó con una chica que conoce y que le gusta.

—Después del sexo, el chico se marchó repentinamente, se duchó y se sintió entusiasmado, muy satisfecho de sí mismo, pero la chica quedó como si nada hubiera pasado. No volvió a llamarla ni a enviarle mensajes de texto. No hizo nada. Fue como «me lo he pasado bien». Me hace sentir mal. Quiero ser amable con la chica. Quiero que se sienta mejor. Pero no quiero que se sepa.

Lo que Wendy y Garth aprenden a través de los cotilleos profundiza en sus respuestas hacia las personas que conocen, plantea nuevas preguntas y desencadena la reflexión sobre los significados de estos acontecimientos. Los cotilleos estimulan la narración más allá de nuestras propias experiencias, y nos conectan con los demás.

Los cotilleos también se utilizan para señalar la fuerza del vínculo entre amigos. Kelly sabe que su mejor amiga quiere saberlo todo sobre ella, pero también sabe que su amiga quiere que le cuente todo lo que pasó en esa fiesta a la que ella no pudo asistir. El contenido le parece insustancial a su madre, que no entiende por qué estas cosas son tan interesantes y regaña a Kelly por «pasarse horas pensando en un montón de tonterías». Pero para Kelly y para su amiga, la información sobre quién habló con quién, quién menospreció a quién, quién se fue antes, quién se quedó hasta tarde y quién se emborrachó son piezas importantes de un *puzzle* social que montan y reorganizan constantemente.

Los cotilleos también miden la confianza en una relación. Cuando Wendy es incluida en los cotilleos sobre una chica del grupo (que

Tina fue acosada por un amigo de su hermano y que «casi la violan»), Wendy experimenta «esa sensación realmente asquerosa cuando ves lo que puede pasar», pero también se tranquiliza al saber que está entre el círculo íntimo de confianza del grupo. «Saben que no voy a difundir esto. Saben que se puede confiar en mí».

Sin embargo, a veces ni siquiera se puede confiar en un amigo para los cotilleos. El malestar que siente alguien por la información le presiona para que hable con otros.

—Quería saber qué pasaba con Tina. Quería saber si estaba bien. Pero cuando le pregunté sobre cosas se puso muy desagradable. Quería saber algo como: «¿Quién te ha dicho eso?», y tuve que contárselo, y ella se marchó. Entonces [otra chica] me preguntó: «Tú conoces a Tina. ¿Por qué está tan rara?». Así que quise defender a Tina, porque tiene una buena razón para estarlo, ¿sabes? Y quería que [la otra chica] supiera que este chico era alguien a quien había que evitar. Quería que otra persona lo odiara de la forma tan repugnante como yo lo odio. No creo que se lo cuente a nadie. Pero me preocupa, porque creo que los chicos sabrán que he sido yo quien lo ha soltado, si se sabe que otras personas lo saben.

Mientras la madre de Wendy piensa que su hija está «dándole vueltas a cosas que no importan», la conversación sobre la amistad implica ejercicios de tensión mental. Wendy se enfrenta a cuestiones de confianza, verdad y deber. Su enigma es: «Se confía en mí para que no diga nada, pero tengo el deber de proteger a las demás del daño que sufrió Tina». Participa en una compleja toma de perspectiva: «Mis amigas saben que conozco la agresión a Tina, y me ven a mí, la chica nueva, como la más propensa a traicionar las normas del grupo». Considera cómo el conocimiento de los antecedentes ayuda a dar sentido al comportamiento «extraño» de Tina, y busca ayuda para gestionar las emociones (tuvo que contárselo a su madre para aliviar su propia angustia). En la adolescencia, cuando la vida social de los amigos tiene una importancia primordial, este proceso no puede considerarse «una tontería», ni se puede pensar que implica «cosas que no importan».

Pero ningún adolescente o progenitor afirmaría que los cotilleos son solo una herramienta para hacer el bien. El lenguaje especial de los cotilleos («¿Qué? ¿Realmente ha hecho eso?»), con la breve respiración y el movimiento de cabeza, contiene un juicio social brutal. Los mensajes señalan lo que es aceptable y lo que no. Esto alerta a los adolescentes del riesgo que tiene para su reputación no solamente lo que hacen, sino lo que otros piensan que han hecho. En cualquier momento pueden ser ellos mismos la persona de la que otros «dicen cosas malas». Con su frágil yo de cristal, la pregunta «¿Quién dirá qué de mí?» es una preocupación constante. Enterarse de un chisme negativo sobre uno mismo es una tortura.

Los adolescentes desarrollan su comprensión de los demás y su sensibilidad a cómo los ven los demás justo cuando sus emociones se encienden con más facilidad. Les interesan más los cotilleos, aprenden más de ellos, pero también están mucho más ansiosos que los niños o los adultos por la posibilidad de ser objeto de cotilleo.

La convergencia de esta mayor conciencia social y de la ansiedad social se ha denominado la «tormenta neurobiológica» de la adolescencia[19]. Puede causar tales estragos que algunos adolescentes, para evitar ser víctimas sociales, victimizan a los demás. Detrás de la abeja reina, la chica mala y el matón del patio del colegio, a menudo no hay más que un adolescente confundido que intenta gestionar esta tormenta. Este adolescente se convierte en

---

19 Steinberg (2015).

el dictador que determina lo que son los demás, cómo deben ser tratados y qué nombres deben recibir; todo ello con la esperanza de poder desviar la atención de sus propias vulnerabilidades.

Por muy doloroso que sea escuchar chismorreos sobre uno mismo o sobre un amigo cercano, la conmoción que producen las historias injustas proporciona lecciones importantes. Los adolescentes aprenden que las historias suelen ser simplificadas y distorsionadas, e incluso falsificadas. Entonces empiezan a reflexionar, como hace Wendy: «Siempre empiezo a pensar en cómo es la otra persona. Siempre hay dos caras de una misma historia».

Comprender lo que ofrece la charla sobre la amistad puede calmar la impaciencia de los progenitores.

—La charla sin ton ni son que recibo cuando Kirsty llega a casa del colegio —cuenta Judy— está llena de «ella dijo esto» y «alguien hizo aquello» y, de repente, me pregunta si estoy de acuerdo con ella en tal o cual cosa, y yo pienso: «¿Qué? ¿Adónde va todo esto? Perdí el hilo de la trama diez frases atrás, ¿sabes?».

Pero este «parloteo ininterrumpido sin acontecimientos» es la forma que tienen los adolescentes de trazar su paisaje social. Cuanto antes entiendan los padres la importancia de los amigos, antes facilitarán a su hijo adolescente obtener lo mejor de ellos.

4.7 AMIGOS EN UN MUNDO DIGITAL

Hasta la crisis de la pandemia, la mayoría de los padres/madres y profesores se preocupaban por los efectos negativos del tiempo que dedicaban los adolescentes a las pantallas, sobre todo en las redes sociales. Los temores de los progenitores se vieron avivados por las afirmaciones de que la comunicación virtual reducía la empatía, limitaba la capacidad de atención de los adolescentes y ponía en peligro su bienestar[20]. El Royal College of Psychiatrists publicó un informe sobre el efecto del uso de las pantallas en los adolescentes, en el que, entre otras cuestiones, se preguntó: «¿Cuáles son los daños?»[21]. Las preguntas «¿Cuáles son los beneficios y cómo pueden protegerse?» se perdieron en el pánico moral ante la aparición de una nueva tecnología.

Si la comunicación digital es perjudicial, la alarma es comprensible. El 95 % de los adolescentes de EE. UU. tiene, o tiene acceso, a un teléfono inteligente, y el 97 % de los adolescentes de entre trece y diecisiete años tiene un perfil en las redes sociales[22]. La mayoría de los adolescentes pasa más de cuatro horas al día en varias aplicaciones de redes sociales[23], y casi la mitad dice que está *online* la mayor parte del día[24]. Se advirtió a los padres de que, como resultado, los adolescentes se estaban volviendo superficiales, deficientes en el lenguaje y narcisistas[25].

Estas preocupaciones cambiaron repentinamente durante la crisis de la pandemia que comenzó en 2020, cuando la preocupación más relevante fue la relativa a los peligros específicos del aislamiento social a los que se enfrentaban los adolescentes. La

---

20 Susan Greenfield (2015), Mind change: *How digital technologies are leaving their mark on our brains*, Nueva York: Random House; Jean M. Twenge (2018), *iGen: Why today's super-connected kids are growing up less rebellious, more tolerant, less happy–and completely unprepared for adulthood-and what that means for the rest of us*, New York: Atria Books.

21 Bernadka Dubicka y Louise Theodosiou (2020), *Technology use and the mental health of children and young people*, Londres: Royal College of Psychiatrists.

22 Monica Anderson & Jingjing Jiang (2018, 28 de noviembre), *Teens' social media habits and experiences*, Pew Research Center.

23 V. Rideout y M. Robb (2019), The common sense census: Media use by teens and tweens, San Francisco, CA: Common Sense Media, https://www.commonsensemedia. org/sites/default/files/uploads/research/2019-census-8-to-18-key-findings-updated.pdf

24 Pew Research Center (2018).

25 Greenfield (2015); Twenge (2018).

soledad no es saludable para nadie, pero en la adolescencia los riesgos son mucho mayores, y puede tener consecuencias de gran alcance[26]. Las amistades, como hemos visto, son a menudo una fuente de ansiedad e inseguridad, pero el aislamiento no alivia la ansiedad. Sin el contacto diario con los amigos, el estado de ánimo y la perspectiva de los adolescentes caen en picado[27].

Semanas después de que empezara la pandemia, los científicos y los padres/madres empezaron a temer la depresión y la ansiedad más que el tiempo de pantalla. «Menos mal que esto no ocurrió hace quince años», decían progenitores, profesores y científicos. Los beneficios de las nuevas tecnologías eran obvios. En el encierro, los adolescentes podían relacionarse con sus amigos, reunir información, cotillear, quejarse y bromear, mientras estaban protegidos del contagio. Tenían el acceso a la estimulación social que necesitan, y podían evitar los bajones del aislamiento social. Podían compartir y gestionar nuevos temores sobre su salud y la de su familia. Tenían el consuelo de compañeros que también veían cómo sus planes sobre la escuela, la universidad y el trabajo se desvanecían en la distancia. Los dispositivos digitales, antes denostados, ofrecían un salvavidas a los adolescentes, que forman y revisan constantemente su identidad con sus amigos.

Lo que el encierro hizo comprender a padres/madres, profesores y científicos es que los teléfonos inteligentes, las tabletas y los ordenadores portátiles tienen diversos efectos, según cómo se utilicen. El desplazamiento pasivo por las cuentas de personas que no conocen realmente (celebridades, *influencers*, gurús del

---

26 Amy Orben, Livia Tomova y Sarah-Jayne Blakemore (2020, 12 de junio), «The effects of social deprivation on adolescent development and mental health», en *Lancet, 4*(8), 634-640, https://doi .org/10.1016/S2352-4642(20)30186-3

27 I. Myklestad, E. Roysamb y K. Tamb (2012), «Risk and protective factors for psychological distress among adolescents: A family study in the nord-trondelag health study», en *Social Psychiatry and Psychiatric Epidemiology, 47*(5), pp. 771-782.

estilo de vida...) puede aislar aún más a los adolescentes, ya que ven, pero no entran realmente en la vida de los demás. Acaban «drogados —como dijo Tina, de catorce años— por el brillo de las vidas de los demás», y «se hunden más en el desánimo sobre [las suyas]». La comunicación digital con los amigos, sin embargo, proporciona algo parecido a la compañía ordinaria, y puede, durante un tiempo limitado, llenar el vacío impuesto por la distancia física. Cuando el propio mundo parece más aterrador que nunca, cuando los adolescentes carecen de la estructura diaria de la escuela y de las actividades externas, el ejercicio neuronal de la interacción social con los amigos puede calmar la ansiedad y aliviar el aburrimiento.

No obstante, algunos padres siguen preocupados por el tiempo que su hijo adolescente pasa en las redes sociales. «¿No es malo para su cerebro?», preguntan, basándose en las afirmaciones de que el tiempo frente a la pantalla reconfigura el cerebro de los jóvenes[28].

La metáfora del «cableado» se utiliza a menudo para describir el sistema de comunicación del cerebro. Al igual que una casa está cableada mediante grupos conectados con circuitos separados, el cerebro también funciona mediante grupos de células que luego envían señales a través de varias rutas. Sin embargo, una característica especial del «sistema de cableado» del cerebro es que los distintos circuitos se desarrollan en función de lo que hacemos, y las rutas se crean y se modifican constantemente. Los dispositivos digitales «recablean el cerebro», pero también lo hacen la lectura, correr, contar chistes o hacer experimentos de física.

El tiempo de pantalla abarca muchísimas cosas, y la comunicación virtual puede utilizarse de muchas maneras. Puede utilizarse para

---

28 Greenfield (2015).

experimentar un sentido de pertenencia cuando un adolescente es diferente de sus compañeros de clase. Philip sigue una serie de *hashtags* para adolescentes sordos, en los que descubre que «lo que me convierte en un bicho raro en la escuela es simplemente lo normal de base. Algunas cosas tienen que ver con el hecho de ser sordo, como la forma de enfrentarse a la supuesta simpatía y a esas estúpidas preguntas sobre si has nacido sordo. Pero la mayor parte es solo charla sobre cosas que a todo el mundo le importan». Kirsty, que tiene diabetes, sigue una activa comunidad de diabéticos en las redes sociales, donde puede enviar preguntas a enfermeras especializadas en diabetes directamente «sin tener que pasar por mi madre, y que ella se preocupe y tenga que averiguar la respuesta ella misma».

Los adolescentes también utilizan las redes sociales para probar sus diferentes personalidades. Wendy me muestra publicaciones en las que se muestra *sexy*, o con medias azules, o guapa o sofisticada. Me habla de una amiga a la que se le da bien el aspecto de «dura de verdad, no te metas conmigo». Sus publicaciones en Instagram o en TikTok son una actividad de ocio, en la que juegan a controlar su aspecto.

Por supuesto, los amigos también pueden responder de forma negativa; en el siguiente capítulo hablo de las nuevas vulnerabilidades a las que se enfrentan los adolescentes en las redes sociales. Pero las redes sociales también son otra forma de interactuar entre ellos, de compartir y comentar información sobre amigos, padres, escuela, películas, música y telenovelas. Los adolescentes publican información sobre sus sentimientos, sus discusiones con los padres, hermanos o amigos, su frustración con las tareas escolares y su sensación de que el mundo está hecho un desastre. Comparten y equilibran sus emociones. Sus respuestas al contacto visual, a las expresiones faciales y a la risa son, según los estudios de imágenes cerebrales, las mismas a través de una pantalla que en persona[29]. Nada puede sustituir la gran información que los amigos obtienen unos de otros cuando se sientan o pasean juntos, comen juntos, se ven, escuchan música, interactúan con otros o se callan; pero el mundo digital ofrece suficiente contacto para mantener una amistad activa durante los periodos de separación.

4.8 SÍNTESIS Y ACTIVIDADES

La interacción social con los amigos es de suma importancia para los adolescentes. La mayor parte del tiempo, los adolescentes utilizan esas amistades para conocer a otras personas y para conocer el contexto en el que otros toman decisiones, actúan y experimentan emociones. Cuando los adolescentes exploran las mentes de los demás, también reflexionan sobre el nexo de ideas, creencias y objetivos que los definen.

Los estudios realizados con adolescentes a lo largo de las décadas demuestran que, cuando los progenitores conocen a sus amigos, los adolescentes corren menos riesgo de sufrir los posibles efectos negativos de la amistad[30]. Animar a los adolescentes a que traigan a sus amigos a casa ofrece a los padres la oportunidad de comprender y supervisar la amistad.

Sin embargo, muchos padres/madres descubren que incluso las presentaciones más básicas a los amigos de sus hijos adolescentes son problemáticas. «Trae a sus amigos a casa, pero se escon-

---

29 D. Alkire, D. Levitas, K. R. Warnell y E. Redcay (2018), «Social interaction recruits mentalizing and reward systems in middle childhood», en *Human Brain Mapping, 39,* pp. 3928-3942.

30 Marion Forgatch & Gerald R. Patterson (1989), *Parents and adolescents living together: Parte 2, Family problem solving,* Eugene, OR: Castalia.

den en su habitación. Nunca puedo decirles "ini mu!"», me dicen a menudo los padres.

Hay formas sencillas de disipar la incomodidad que provoca la timidez de los adolescentes. El primer paso es demostrar que el amigo es bienvenido. Las mejores técnicas son las mínimas, como saludar al amigo directamente, con alguna versión de «Me alegro de verte». En segundo lugar, no te entretengas ni des a entender que tu saludo es una invitación a una conversación (ya que el amigo y tu hijo adolescente probablemente lo interpretarán como un interrogatorio).

Puedes buscar oportunidades para tener más información sobre los amigos de tu hijo adolescente. Cuando salgáis de excursión con la familia, sugiérele a tu hijo que lleve a un amigo. Esto puede hacer que el adolescente esté más contento de acompañarte, y te permitirá ver la amistad en acción.

Cuando creas que el amigo ha estado en tu casa «el tiempo suficiente», y sepas que tu hijo tiene que hacer los deberes o quieres que te ayude a preparar la comida, en lugar de llamar a la puerta (una intromisión brutal) o llamar al adolescente (parecerá que le estás gritando), envíale un mensaje de texto para avisarle: «Tienes que estar en la cocina/haciendo los deberes en 15 minutos». Avisar con antelación ayuda mucho a reducir la sensación de «mandato» por parte del adolescente.

Cuando salgan de su espacio privado, puedes preguntarle al amigo: «¿Cuándo vas a volver?». Esta es una forma suave de explorar si el amigo de tu hijo adolescente está supervisado por sus padres.

Acoger a los amigos de tu hijo, por supuesto, no significa darles a ellos y a tu hijo rienda suelta en tu casa. Los adolescentes ansían más independencia y quieren que confíes en ellos, pero también necesitan normas sobre dónde pueden ir y sobre cuándo deben estar en casa. Las normas deben ser claras, realistas y aplicables.

La vida social es muy importante para los adolescentes, pero también puede ser una fuente de peligros físicos y mentales. Habrá momentos bajos en los que el adolescente se sienta incómodo y aislado, cuando incluso un amigo de confianza parezca incapaz de entenderle, o cuando un amigo en el que antes confiaba le traicione. Algunos momentos bajos pueden parecer el fin del mundo.

Los padres sufren cuando ven a su hijo adolescente sufrir tanto, y a menudo quieren «arreglarlo» o «hacer que desaparezca». «No deberías preocuparte por un amigo tan malo» o «ignóralo», aconsejan. Una estrategia más eficaz es escuchar y observar la angustia del adolescente sin minimizarla. Desde su lugar, al margen de los dramas de la amistad, los progenitores pueden ofrecer simpatía (desprovista de ansiedad) y sugerir pequeños consuelos compensatorios que recuerden al adolescente la pertenencia a la familia (como ver una película o un juego juntos, compartir una comida, colocar estanterías). Cuando los padres demuestran tranquilamente que están «ahí» para el adolescente, y vuelven a centrar su atención en él con suavidad, el adolescente puede seguir con su infelicidad y ver que no se está acabando el mundo.

La vergüenza y la autoconciencia ejercen un poder especial en los adolescentes. Como hemos visto, con su yo especialmente frágil (la conciencia —y el miedo y la esperanza— de cómo los ven los demás), los adolescentes están preocupados por lo que los demás piensan de ellos. Hipersensibles a las señales sociales, a menudo las malinterpretan. Una interpretación errónea muy común (de la que hablaré con más detalle en el capítulo siete) consiste en «leer» una expresión facial neutra como una de enfado o desaprobación. Como resultado, los adolescentes sufren una gran ansiedad social innecesariamente, al ver enfado o desaprobación donde no los hay.

Cuando un adolescente permite a sus progenitores ver su ansiedad social, estos deben aprovecharlo como una oportunidad para conectar con él. En lugar de apartar la ansiedad del adolescente, como muchos padres desearían hacer, con instrucciones como «te estás imaginando cosas» o «no debería importarte lo que piensen los demás», los padres pueden abrir conversaciones sobre lo difícil que es saber lo que piensan y sienten los demás. «¿Qué te hace sentir que te han rechazado o criticado?», «¿Por qué crees que han dicho eso?». Anima a tu hijo a pensar en lo que puede pasar por la mente de un amigo. Luego puedes preguntarle: «¿Y cuántas otras personas piensan [estas cosas negativas] sobre ti?». En un estado de ánimo bajo, el adolescente podría decir: «Todo el mundo». Esto ofrece la oportunidad de preguntar: «¿Pueden tus amigos pensar realmente todos lo mismo?», y «¿Puedes pensar en algo bueno que un amigo haya dicho de ti recientemente?». Estas preguntas recuerdan al adolescente que hay un amplio espacio social fuera del problema concreto en el que se está centrando ahora.

Las amistades de los adolescentes merecen respeto. Ofrecer respeto, sin embargo, no significa dejar de lado tus propios puntos de vista sobre los amigos de tu hijo adolescente; en el próximo capítulo se hablará más de esto. Ayudar a un hijo o a una hija a elegir amigos de confianza es una de las tareas más importantes de los padres. En la adolescencia, sin embargo, la ayuda de los progenitores y sus opiniones solo se tolerarán si se configuran como una hipótesis suave: «Creo que Lucy es la que domina aquí. ¿Es eso cierto?», «¿Joe cambia sus planes por ti, como tú haces por él?». Presentarle a un adolescente algo sobre lo que pensar, y mostrar interés por su respuesta, es mucho más eficaz que decirle lo que piensas.

5

«Simplemente lo he hecho. Deja de preguntarme el por qué»

ZONAS CONFLICTIVAS Y PUNTOS DE PRESIÓN

Hemos visto cómo las amistades fomentan y guían el crecimiento mental y emocional de los adolescentes, pero los padres/madres sitúan su preocupación por la influencia de los amigos entre sus dos o tres inquietudes principales. ¿Son esas preocupaciones innecesarias?

Por desgracia, la respuesta es no. A lo largo de la adolescencia aumenta el riesgo de que los amigos desestabilicen a un adolescente habitualmente responsable. La probabilidad de que los adolescentes infrinjan la ley, beban alcohol o tomen drogas está estrechamente relacionada con el comportamiento de sus amigos[1]. No es de extrañar, pues, que para muchos padres las amistades de un adolescente lideren la lista de sus preocupaciones.

Nadie llega a ser padre/madre de un adolescente sin tener que enfrentarse a batallas sobre con quién debe entablar amistad o qué actividades con los amigos están permitidas. «No, no puedes ir allí con tus amigos; no es un lugar seguro» o «No me importa

---

1 T. Janssen, H. Treloar Padovano, J. E. Merrill y K. M. Jackson (2018), «Developmental relations between alcohol expectancies and social norms in predicting alcohol onset», en *Developmental Psychology, 54*(2), pp. 281-292.

lo que otros padres dejen hacer a sus hijos» son frases habituales en la vida de un padre/madre con su hijo. Durante la adolescencia, cuando los adolescentes se resisten al control familiar, esas rutinas suelen volverse implacables.

Lynn, madre de Aaron, de catorce años, se estremece al escuchar el sonido de su propia voz cuando se tensiona por la ira.

—Cuando le prohíbo que se reúna con [esos otros chicos] oigo la voz de mi madre. Es la misma voz que odiaba cuando era adolescente, pero no sé qué más hacer. Los chicos que él cree que son sus amigos son problemáticos, y mucho. Y yo no sé qué hacer.

En este capítulo, veremos por qué muchos padres/madres se sienten en el «límite de sus fuerzas», y por qué proteger y supervisar el tiempo de los adolescentes con sus amigos es tan difícil y, a la vez, tan necesario.

5.1 EL PELIGROSO HÁBITAT DE LOS AMIGOS DE LOS ADOLESCENTES

Los progenitores suelen preocuparse por la mala influencia de los amigos de sus hijos. Todos los padres/madres están angustiados por su escenario personal, por lo que parece más probable que ponga en peligro el bienestar y el potencial del adolescente, ya sea la introducción letal al consumo de drogas o un reto peligroso en un coche a toda velocidad. Así que aconsejan a su hijo adolescente: «No dejes que tus amigos te lleven por el mal camino», «No sucumbas a tus amigos». Este consejo es sólido, pero ignora el quid de los problemas para ejercer un buen juicio entre amigos.

Los adolescentes a veces se persuaden, coaccionan o intimidan unos a otros, pero es más probable que la presión provenga de lo que le ocurre al propio cerebro del adolescente en compañía de sus amigos. A todos, sea cual sea nuestra edad, nos gustan las recompensas sociales, como los elogios o la admiración, o incluso la simple atención; pero, como vimos en el capítulo dos, el ansia de recompensas de los adolescentes se desencadena fácilmente y no se controla con tanta facilidad. Ese hecho, combinado con su hipersensibilidad a cómo los ven los demás, hace que parecer guay sea un poderoso motivo para hacer prácticamente cualquier cosa. Y evitar parecer «poco *cool*» es un motivo aún más poderoso.

Aunque el intelecto de los adolescentes es perfectamente capaz de evaluar el riesgo de una actividad peligrosa —ya sea consumir drogas, conducir demasiado rápido o fumar—, la compañía de los amigos produce una «zona conflictiva», en la que la emoción del riesgo y el placer de impresionar dominan las acciones[2]. El impulso de complacer a los amigos, de ganarse su admiración o su atención, de impresionarlos, no surge porque esos amigos lo estén llevando por el mal camino. El impulso proviene del propio cerebro del adolescente.

Los conductores adolescentes, por ejemplo, son tan sensatos y responsables como el adulto medio cuando están solos en el coche. Pero cuando están en compañía de sus amigos, es mucho más probable que conduzcan después de haber bebido, que vayan a toda velocidad o que no lleven puesto el cinturón de seguridad. Los riesgos que corren los adolescentes aumentan con cada amigo adicional en el coche. Con un amigo, el riesgo de un adolescente de tener un accidente es un 40 % mayor que el de un adulto. Con dos amigos en el coche, el riesgo es un 80 % mayor. Con tres o más amigos acompañando a un conductor adolescente, el riesgo de chocar es un 300 % mayor que el de un

---

2 B. Simons-Morton, N. Lener y J. Singer (2005, noviembre), «The observed effects of teenage passengers on the risky driving behaviour of teenage drivers», en *Accident Analysis & Prevention, 37*(6), pp. 973-982.

adulto[3]. Los adolescentes tienen cuatro veces más probabilidades de morir en un coche cuando están con sus amigos.

El psicólogo Laurence Steinberg lleva décadas estudiando el mal comportamiento de los adolescentes, sobre todo las conductas de riesgo. Steinberg y sus colegas midieron la actividad cerebral de adolescentes y adultos durante un juego de conducción[4]. Se trataba esencialmente de un videojuego en el que los jugadores tenían que tomar decisiones rápidas sobre si parar en un semáforo en rojo o arriesgarse a pasar a toda velocidad en un cruce. Observó a los adolescentes jugar al juego dos veces: una solos y otra en presencia de sus amigos.

No había diferencia en la forma en que los adolescentes y los adultos jugaban al juego cuando estaban solos, pero los adolescentes jugaban de forma muy diferente cuando sus amigos estaban mirando. Los adultos «conducían» igual, estuvieran o no sus amigos, pero los adolescentes corrían muchos más riesgos, como saltarse los semáforos en rojo, cuando sus amigos los observaban. Más tarde, Steinberg descubrió que los amigos ni siquiera tenían que estar en la habitación para ejercer su influencia. Bastaba con que al adolescente se le dijera: «Imagina que tus amigos están aquí» y, rápidamente, la asunción de riesgos aumentaba. Steinberg escribe: «La mayoría de la gente piensa que los adolescentes son más temerarios con sus amigos debido a la presión del grupo, y que los adolescentes se animan activamente a correr riesgos. Resulta que la presión de los compañeros no es necesariamente la culpable; solo el hecho de saber que sus amigos están cerca les hace correr más riesgos»[5].

---

3 Datos de la AAA, citados por S-J Blakemore (2020, 17 de enero), Zangwill Lecture.

4 Jason Chein, Dustin Albert, Lia O'Brien, Kaitlyn Uckhert y Lau- rence Steinberg (2011), «Peers increase adolescent risk taking by enhancing activity in the brain's reward circuitry«, en *Developmental Science, 14*(2): pp. F1-F10.

5 Steinberg (2015).

Varias regiones del cerebro contribuyen a lo que se llama «cerebro social». Está la compleja y extensa parte mentalizadora del cerebro, que averigua lo que piensan los demás[6]. Está la parte emocional más primitiva del cerebro, con su centro de recompensa activo y su rápida capacidad de respuesta a los demás, que evalúa si son amigos o enemigos. Luego está la región del cerebro que es sensible a la aceptación o al rechazo social. Todo se enciende cuando se le pide a un adolescente que piense en sus amigos, o en ser querido, aceptado o rechazado. Al ser muy sensible a las recompensas del comportamiento arriesgado (la atención, la emoción, los halagos), el centro de control del cerebro del adolescente —ya comprometido— se suprime fácilmente, creando una zona conflictiva o caliente que desestabiliza incluso a un adolescente normalmente sensato y responsable.

El alcohol representa otro riesgo para el buen juicio de los adolescentes. La bebida afecta al juicio de todos, ya sean adultos o adolescentes, pero los adolescentes son especialmente vulnerables a sus efectos nocivos.

—Sé que va a beber en esas fiestas —dice Dee sobre su hijo Simón, de diecisiete años—, así que le digo: «No pasa nada mientras seas responsable. Sé lo que estás haciendo. Lleva la cuenta, ya sabes, lleva una especie de cuenta». A lo que él responde: «Sí, claro, mamá. No soy estúpido». Pero luego volverá hecho un

---

6 La mentalización en la adolescencia requiere la actividad y la coordinación de cuatro regiones del cerebro. La primera de ellas (la corteza prefrontal dorsomedial) se activa cuando fijamos nuestra atención en algo y pensamos en ello. La segunda (la unión temporo-parietal) integra la información sobre el mundo que percibimos y sobre cómo nos sentimos al respecto. La tercera (el surco temporal posterior superior) responde a las percepciones sociales, como las voces (distinguidas de otros sonidos), las historias (distinguidas de una cadena de palabras sin sentido) y las caras en movimiento (distinguidas de los objetos en movimiento). La cuarta (la corteza temporal anterior) funciona como un tipo especial de memoria que almacena recuerdos sociales, de modo que podemos reconocer patrones comunes de interacción.

asco, totalmente fuera de sí, y se sentirá terriblemente mal a la mañana siguiente.

Simón no es estúpido, pero como adolescente es más lento en notar los efectos del alcohol, aunque su cerebro de adolescente es más sensible al alcohol que el de un adulto. Cuando Simón bebe la mitad de la cantidad de alcohol que bebe un adulto, se emborracha el doble de lo que se emborracharía ese adulto con la misma cantidad[7]. Por tanto, cuando insiste en que «No he bebido tanto», es posible que diga la verdad; pero eso no significa que no haya bebido lo suficiente como para estar borracho. A los adolescentes no solo les resulta difícil hacer un seguimiento de lo que beben cuando están con los amigos, sino que, además, miden «suficiente» y «demasiado» en una escala que no es apropiada para ellos.

Los adultos tampoco miden el comportamiento de los adolescentes en una escala realista. Len dice que está «absolutamente desconcertado» cuando su hija Sophie, de dieciséis años, es acusada de robar en una tienda cuando sale con sus amigas. Bea está «mortificada y furiosa, como si alguien me hubiera dado una patada en las entrañas» cuando llega la policía con su hijo Ravi, de quince años, y denuncia que él y sus amigos estaban destrozando coches.

—Mi primer pensamiento fue: «Esto no puede ser cierto. Ese no es mi hijo». Pero luego le miré y vi que era cierto. ¿Qué le ha pasado a este muchacho? ¿Quién es?.

El hijo de Bea es, a la vez, el chico que ha conocido y amado (un chico con valores sólidos, capaz de cuidarse y respetarse) y un adolescente cuyo centro de recompensa cerebral es muy reactivo y se ve fácilmente abrumado. La excitación de las recompen-

---

7 E. J. Marshall (2014), «Adolescents and alcohol use: Risks and consequences», en *Alcohol and Alcoholism, 29*(2), pp. 160-164.

sas sociales y la ineficacia del botón de pausa del cerebro crean una fisura en las amistades adolescentes, donde los adolescentes inteligentes y sensatos hacen cosas totalmente estúpidas. Sin embargo, vivimos en sociedades en las que, por ley, se espera que los adolescentes de más edad cumplan las mismas normas que los adultos.

Muchos psicólogos han pedido que se cambien los sistemas de justicia, y han señalado que la llamada delincuencia, o los delitos típicos de los jóvenes (como el vandalismo, el robo y la agresión), alcanzan su punto álgido en la adolescencia y luego descienden rápidamente en la edad adulta[8]. El ochenta por ciento de los adolescentes acusados de comportamiento delictivo resultan ser ciudadanos perfectos a los veinticuatro años. Cualquier padre/ madre cuyo adolescente haya sido arrastrado por la justicia penal por un único acto impulsivo puede dar fe del daño que causa un sistema legal que no reconoce la zona conflictiva del cerebro adolescente[9].

---

8 Las chicas se entregan a algunos actos delictivos (como el vandalismo y el robo) en la misma medida que los chicos; sin embargo, en los llamados grandes delitos, como el asesinato, una mujer comete uno por cada nueve que comete un hombre.

9 Se ha debatido mucho sobre la relevancia de la neurobiología de la adolescencia en la gestión de los delitos cometidos por los adolescentes. En 2005, el Tribunal Supremo dictaminó que la pena de muerte para menores de dieciocho años era inconstitucional porque los jóvenes no eran responsables de sus actos de la misma manera que los adultos. En 2016, las condenas a cadena perpetua sin posibilidad de libertad condicional fueron, por el mismo razonamiento, declaradas inconstitucionales por el Tribunal Supremo. Sin embargo, en 2021 esta sentencia fue revocada. El argumento que prevaleció fue que los estados debían tener capacidad de discreción para dictar sentencias, y mientras los jueces tuvieran capacidad de discreción para dictar sentencias, no se requería ninguna conclusión específica sobre la madurez o la capacidad de cambio de la persona. Sin embargo, muchos sostienen que la justicia requiere un reconocimiento específico del desarrollo cerebral de los adolescentes.

5.2 PRESIONES DE GÉNERO POR PARTE DE LOS COMPAÑEROS

Los padres/madres me dicen que quieren que sus hijos adolescentes sean auténticos, que encuentren su propia voz y que sigan los objetivos que les convienen, independientemente de su género. Los progenitores de hoy suelen expresar su irritación con las normas de género, con las reglas sociales sobre lo que es apropiado para una chica y lo que es apropiado para un chico, y con la necesidad de ajustarse a los roles de género. Quieren preservar para su hijo/hija adolescente la posibilidad de elección. Con demasiada frecuencia se encuentran con que la tolerancia que fomentan se ve socavada por el entorno social de su hijo. El género adquiere una nueva importancia en la adolescencia. El desarrollo sexual de los adolescentes es ahora visible e ineludible. Aunque los profesores y los progenitores se quejen de los estereotipos de género en las películas, programas de televisión, redes sociales, anuncios... a menudo pasan por alto el poder que los mismos adolescentes ejercen sobre otros para establecer normas, que hacen cumplir mediante burlas, cotilleos o condenas absolutas.

Durante la primera y la segunda infancia, los grupos de amigos tienden a estar segregados por sexos. Si los chicos en esa etapa intentan unirse a un grupo de chicas, con frecuencia su intención es la de hacer travesuras. Si una chica intenta unirse a un grupo de chicos, es probable que estos la rechacen[10]. En la adolescencia, los dos géneros tienen códigos o reglas únicas para lo que se considera una buena amistad. Los adolescentes que no se sienten a gusto en ninguno de los dos géneros, o en el que se les ha designado, se sienten especialmente incómodos con estos códigos;

---

10 Véase T. Apter (2018), *Passing judgment: Praise and blame in everyday life*, Nueva York: W. W. Norton, p. 115.

pero todos los adolescentes son conscientes de lo que arriesgan al no cumplirlos: la exclusión de su grupo.

Para las chicas, intercambiar cumplidos, ofrecer seguridad sobre la apariencia y el carácter o ser un espejo amistoso para las demás son las principales reglas para ser una buena amiga. Las chicas adolescentes hacen cumplidos sobre la piel, la cara y el vestir de sus amigas, y ofrecen seguridad sobre su aspecto («Estás muy guapa con esa ropa. No pareces gorda» o «No veo ni una maldita mancha desde aquí, y solo estoy a diez centímetros de tu cara»). Las adolescentes también halagan el carácter de una amiga. Utilizan su comprensión humana cada vez más profunda para destacar las cualidades de una amiga en las que ella misma puede no haber reparado. Cuando Dori admira a Kelly por su valor o su humor, Kelly también ve nuevas cualidades en sí misma.

Gran parte del trabajo de la amistad consiste en gestionar las dudas de la otra, agudizadas por la creciente sensibilidad moral de los adolescentes. Esto puede implicar revisar la historia que una amiga cuenta sobre sí misma, o refutar las historias que otras personas cuentan sobre una amiga. Kelly, de dieciséis años, necesita hablar con su amiga Sandy cuando siente que ha «metido la pata». Kelly explica: «Sandy siempre escucha». Y luego dice: «No, no lo has estropeado. Has hecho lo correcto. No veo cómo tu madre puede decir que eres una desconsiderada». O «No fuiste mala [con otra chica]. Fuiste sincera. Y ella debería apreciarlo. Es su problema, no el tuyo».

Juntos, los amigos reencuadran la historia, que pasa de ser una historia en la que Kelly tiene la culpa a otra en la que merece un elogio. Esta técnica se utilizará una y otra vez en nuestras vidas, ya sea en nuestro diálogo interno o con un amigo íntimo, cuando analicemos preguntas como: «¿Fui justo?», «¿Hice lo correcto?», «¿Tiene razón al criticarme?». A cualquier edad nos sentimos a veces inquietos al no saber si hemos hecho «lo correcto»; pero la inquietud que siente un adulto o un niño no puede compararse con la gran angustia que experimentan los adolescentes. Las amistades pueden ayudar a disipar estas ansiedades; pero, al hacerlo, se basan en unos códigos de conducta que, a menudo, son estrictos y limitantes. Kelly descubre que existen limitaciones en lo que le puede contar a su mejor amiga.

—A veces odio mucho a mi madre. Quiero decir, que tengo esas ensoñaciones de cinco minutos en las que la mato. Es horrible, sí, lo sé, lo sé, pero has dicho que solo escucharías y no condenarías, ¿verdad? Pues tengo una amiga que también escucha y no me pone en una lista negra cuando digo estas cosas. O eso me pareció. Pero cuando le conté cómo me entraba ese frenesí de odio, bueno, esperaba algún tipo de «Oh, todo el mundo piensa así», pero su cara se quedó de piedra y la forma en que me miraba cambió por completo. Me sentí como si acabara de caer por un precipicio. Intenté dar marcha atrás, ya me entiendes, para decir: «No es realmente así. Quiero decir, es muy extremo». Y más o menos conseguimos volver a un entorno apropiado, pero es una señal de que hay algunas cosas que realmente no puedo contarle. Cosas que demuestran que está equivocada al pensar que soy una buena persona.

Dado que nombrar los sentimientos es tan importante para gestionarlos, una amistad en la que hay que silenciarlos puede inducir a la vergüenza: la creencia de que el verdadero yo es inaceptable.

Los cotilleos también contienen una serie de recordatorios sobre las normas de conducta, en particular sobre las normas de género y sobre la sexualidad. «Es una guarra/zorra/puta» no se limita a atacar a la persona en cuestión. Recuerda a todos los que lo oyen que cierto comportamiento provocará el desprecio de las amigas. Del mismo modo, «Es tan engreída», «Todo lo que hace es presumir, presumir, presumir», o «Se cree una dama de la casa real con esos zapatos de marca de imitación» instruyen al grupo de que presumir es una afrenta grave.

En el código femenino de la amistad, las amigas no se critican entre sí, ni compiten entre ellas. Estos códigos femeninos pueden limitar y distorsionar no solo la relación, sino también la forma en que una adolescente se ve a sí misma. «Soy mala por tener pensamientos tan negativos sobre mi amiga», «Debo de ser una mala persona, desde luego», «No puedo presentarme a editora del periódico escolar porque eso sería pisar a mi amiga. Sé que ella lo desea»... O, simplemente, una chica puede evitar ciertas asignaturas o ciertas decisiones solo porque sabe que su amiga no las aprobaría. Lo que está en juego es el cumplimiento, sobre todo para las adolescentes, que son exquisitamente sensibles a los detalles de las interacciones sociales. Los profesores y los padres informan de lo mucho que les molestan los conflictos, incluso los más pequeños, y de cómo los sufren durante días, en los que dedican tiempo y energía a averiguar qué ha pasado, quién ha dicho qué y quién tiene razón[11]. Las adolescentes mencionan el valor personal y la capacidad de decir lo que se piensa y no tener miedo a las críticas entre los rasgos que más admiran en los demás, lo que demuestra su resistencia al estereotipo de «chica buena». Pero cuando se trata de sus amistades, temen los conflictos[12] y quieren cumplir con el ideal femenino de «la buena amiga que nunca discute»[13]. Se enfrentan entonces a un dilema: elegir entre el rechazo social (un desencadenante común de la depresión adolescente) y silenciar sus propios pensamientos (otro desencadenante de depresión)[14].

---

11 Apter y Josselson (1998).

12 Terri Apter (2019), The Female Lead Research Report, *Disrupting the feed: Teenage girls' use of social media-An intervention to improve social media health*, Londres: The Female Lead, https:// www.thefemaleleadsociety.com/wp-content/uploads/2019/10/ Research-Results-July-2019.pdf

13 Apter y Josselson (1998).

14 Dana Crowley Jack (1993), *Silencing the self: Women and depression*, Nueva York: William Morrow.

5.3 LA PRESIÓN DE LOS COMPAÑEROS EN LAS AMISTADES DE LOS ADOLESCENTES

A menudo se dice que las amistades de las chicas implican más intimidad —más historias personales y más intrincadas— que las de los chicos. Esto no es cierto. Los chicos también entablan amistades íntimas. Pasan horas hablando entre ellos mientras «pasan el rato» o juegan al baloncesto. Al igual que sucede con las chicas, gran parte de sus conversaciones son cotilleos o intercambios de información sobre lo que hacen los demás, sobre quién es amigo de quién, sobre personas de su colegio que no son sus amigos y sobre figuras del deporte u otras celebridades. Al igual que en el caso de las chicas, el deleite de la pertenencia tiene un lado oscuro que emerge cuando se rompen ciertos códigos de género.

Escuchando las conversaciones de los chicos, William Pollack se dio cuenta de que «los chicos me han explicado cómo todos los días de su vida reciben mensajes encubiertos de que no dan la talla; y, sin embargo, sienten que deben encubrir su tristeza y su confusión sobre la pérdida de autoestima»[15]. Pollack descubrió que, a los chicos, incluso desde pequeños, se los advierte de que no deben ser «blandos» o «necesitados», o incluso «cariñosos».

Sin embargo, al principio de la adolescencia, las amistades entre los chicos desafían este código masculino. Los chicos de catorce años forman vínculos cálidos y apasionados en los que revelan libremente sus dudas y su vulnerabilidad. No es que desafíen directamente las reglas del código de los chicos, sino que simplemente las ignoran en sus amistades. El lenguaje que utilizan para describir sus amistades es tan rico en amor e intimidad como el de las chicas. Al igual que ellas, cantan las alabanzas de sus amigos, que están «a su lado», son «leales» y tienen empatía. Los chicos

---

15 William Pollack (2001), *Real boys' voices*, Nueva York: Random House.

adolescentes también dicen abiertamente que necesitan a un amigo. Como le dijo un adolescente a la psicóloga Niobe Way, «se volvería loco» sin un amigo con quien hablar[16]. De ahí que desafíen el código machista de autonomía y autosuficiencia.

Sin embargo, más adelante en la adolescencia, alrededor de los dieciséis años, el control de las normas de género se hace más estricto. Los chicos adolescentes ya no hablan tan fácilmente y tan abiertamente de sus vínculos. En su original y sensible exploración de las amistades masculinas, Niobe Way observó cómo los adolescentes mayores se paralizaban, parecían avergonzados y se echaban atrás antes que revelar sus tiernos sentimientos hacia un amigo. «No soy gay, ni nada parecido», insistían, y la conversación cambiaba de tono, y se volvía entrecortada o jocosa. Las preguntas se respondían con ese encogimiento de hombros que les resulta familiar a los padres de los adolescentes varones; un encogimiento de hombros irritable, a menudo sin voz, que indica: «Da igual», «Realmente no quiero hablar», o «De todas formas, no lo sé».

Este malestar también influye en las conversaciones privadas entre amigos. Cuando un adolescente empieza a contarle a su amigo lo importante que es para él, este le advierte de que «eso son las hormonas». Pronto, los sentimientos más tiernos se niegan y se ridiculizan. El chico que al principio de la adolescencia elogiaba a su amigo por «ser comprensivo», ahora lo elogia por ser duro, independiente e intrépido[17]. Cuando estos rasgos se convierten en el ideal, los chicos adolescentes se vuelven hipersensibles a la posibilidad de «no dar la talla».

---

16 Niobe Way (2011), *Deep secrets: Boys' friendships and the crisis of connection*, Cambridge, MA: Harvard University Press.

17 Way (2011).

Una forma de evitar esta vigilancia de género, que algunos chicos desvelan, es entablar una relación de amistad con una chica. La segregación de género que se impone estrictamente en las amistades de la infancia se suaviza a mediados de la adolescencia. Ser objeto de burlas por ser romántico o enamoradizo, o incluso «blando», con una chica no supone la misma amenaza para el código de los chicos que ser «blando» u «hormonal» con otro chico. Las amistades mixtas ofrecen nuevas vías de desarrollo emocional. Sin embargo, aquí son los padres y no los amigos quienes se alarman. Algunos padres se esfuerzan por ver las amistades mixtas como algo más que un disfraz de la atracción sexual y, en consecuencia, vigilan en exceso la cercanía, o expresan su cinismo. Sin darse cuenta, privan de un importante suministro de sangre al cerebro adolescente, que se nutre de conversaciones íntimas.

5.4 LAS NUEVAS TECNOLOGÍAS MAGNIFICAN LOS VIEJOS PELIGROS

En el capítulo anterior he destacado los beneficios de la comunicación digital a través del contacto virtual por medio de distintas aplicaciones o de las redes sociales. Sin embargo, hay casos en los que la preocupación de los padres/madres por los peligros de la comunicación digital —sobre todo de las redes sociales— está justificada.

Una de las principales preocupaciones de los progenitores es el riesgo del ciberacoso, que va desde los desprecios casuales («¿A quién engaña la tontuna?») hasta las amenazas («Deberíamos pegarle todos un tiro»). La fuerza que tienen los comentarios negativos y desagradables —a menudo anónimos— da impulso a los ciberacosadores. Como explica Naomi, de quince años, el ciberacoso «proviene de gente que no conoces pero que cree que puede destrozarte. Y, nunca se sabe, tal vez sea de alguien que sí conoces. Sin embargo, nunca sabes realmente qué es lo que están atacando de ti». Le pregunto si eso no hace que sea mejor; después de todo, si no te conocen o te atacan sin motivo, ¿no es más fácil ignorarlo? Dice: «No, es peor. Porque es imposible ver cómo se puede cambiar. Y no es algo específico. Se trata de alguna manera de ti, del núcleo profundo tuyo, que dicen que es lamentable». Como dice Diana, de quince años, «es como si alguien te escupiera directamente».

En una muestra de algo menos de dos mil progenitores, el ochenta y nueve por ciento dijo que sus hijos adolescentes habían recibido mensajes en los que se burlaban de ellos, los denigraban o los amenazaban[18]. Más de la mitad (55 %) de los adolescentes consideran que el acoso es un problema importante[19]; aun cuando ellos mismos no lo experimentan, ven su efecto en sus amigos y saben que en algún momento podría afectarles a ellos también.

Los padres suelen pedir a sus hijos adolescentes: «No lo mires. Ignóralo». Pero, como le dice Ewan, de trece años, a su madre, este consejo es inútil: «Ignorar lo que ocurre es aún peor. Incluso cuando te dicen que "te ahorques" porque eres un imbécil patético, al menos ya sabes lo peor, en lugar de presentarte a la escuela cuando todo el mundo sabe que eres un objetivo, y tú no sabes

---

18 Sabina Datcu (2011, 6 de octubre), Cyber bullying, from name calling to gang harassment, affects most children, https://www.bitdefender.com/blog/hotforsecurity/cyber-bullying-from-name-calling-to-gang-harassment-affects-most-children. Véase también Pew Research Center (2015), Teens, technology and social media overview, Smartphones facilitate shifts in teens' communication and information landscape, https://www.pewresearch.org/internet/2015/04/09/teens-social-media-technology-2015/

19 Centers for Disease Control and Prevention (2019), High school youth risk behavior survey, www.cdc.gov/yrbs. Véase también el Pew Research Center (2019, 20 de febrero), La mayoría de los adolescentes estadounidenses ven la ansiedad y la depresión como un problema importante entre sus compañeros, https://www.pewresearch.org/social-trends/2019/02/20/most-u-s-teens-see-anxiety-and-depression-as-a-major-problem-amonged-their-peers/

nada». Para los adolescentes, ignorar las redes sociales es una vía rápida para sentirse excluidos.

Otra preocupación habitual de los padres/madres es cómo el tiempo de pantalla tiene prioridad sobre el tiempo en el mundo real; los adolescentes a menudo pierden la concentración en las conversaciones y en las actividades no virtuales que los rodean. Amanda, la madre de Garth, comentó: «Pasó por una fase, a los trece y catorce años, en la que se quedaba mirando la pantalla durante seis horas al día. Tenía que quitarle la tableta para que dejara de utilizarla, y eso le hacía explotar. Decía: "¡Te odio!". Y lo decía en serio, sin duda».

Las actividades digitales están diseñadas para captar la atención y mantenerla. Están concebidas para proporcionar emoción y placer, para ofrecer una combinación de adrenalina y dopamina (hormonas de la excitación y la recompensa) que fomenta la reiteración. Como proporcionan un cóctel hormonal con un subidón y una emoción, los videojuegos y las redes sociales pueden prevalecer sobre el mundo real y sus complejas recompensas, que a menudo se cuecen a fuego lento.

Garth, a sus quince años, ha dejado atrás su obsesión por los juegos, pero tan solo un año atrás, él y su madre, Amanda, vivieron terribles batallas por el tiempo de pantalla.

—La cosa se volvió realmente física —explicó ella—. Cuando yo le quitaba la tableta, él gritaba: «¡No me la quites!». Daba miedo. Romper ese hábito supuso un esfuerzo de voluntad monumental por mi parte, y setenta y dos horas de infierno, en las que se encerró en su habitación y dio patadas a la pared, gritando, llamándome de todo.

Los adolescentes pueden desarrollar una serie de habilidades útiles gracias a los videojuegos, pero el atractivo cuidadosamente diseñado de estos juegos —que, a veces, conduce a un comportamiento que presenta algunos rasgos de adicción—proviene de los retos previsibles y de los placeres garantizados, cosa que no ofrecen los problemas de la vida real[20]. ¿Por qué comprometerse con un mundo desordenado en el que no se puede repetir nada, en el que no se puede hacer un seguimiento de la mejora de la habilidad, en el que nunca se pueden conocer del todo las reglas, cuando, en cambio, se puede estar totalmente absorto en un juego?

Una tercera preocupación sobre el uso de la pantalla es cómo las redes sociales amplían la vulnerabilidad de los adolescentes a las normas sociales que restringen sus objetivos y dañan su autoestima. Los adolescentes, como hemos visto, están construyendo, desmontando y reconstruyendo sus identidades. Cuando se preguntan «¿Quién soy?» o «¿Estoy bien?», miran a sus amigos. Copian al amigo que camina «de una manera genial» que desprende confianza. Ensayan los gestos de un amigo porque, según creen, todo el mundo está impresionado. Copian el maquillaje y el peinado de otra amiga. Los adolescentes se apresuran a creer que alguien que parece guay y seguro de sí mismo se siente guay y seguro por dentro. Pero, frente a frente, con el paso del tiempo, tienen la oportunidad de ver también las realidades más duras a las que se enfrenta ese amigo, y la idealización inicial cambia, a veces hacia la decepción, a veces hacia una admiración más matizada. Las redes sociales, sin embargo, ofrecen pocas oportunidades de comprobar la realidad.

La fuente de vida de las redes sociales es la superficialidad y el *glamour*. El brillo, el espectáculo, las poses, los filtros que eliminan la imperfección y el contexto establecen un estándar con el que cualquiera se queda corto. Los adolescentes intentan estar

---

20 L. Gros, N. Debue, J. Lete y C. van de Leemput (2020, 27 de enero), «Video games addiction and emotional states: Possible confusion between pleasure and happiness?», en *Frontiers in Psychology*, https://doi.org/10.3389/fp-syg.2019.02894

a la altura publicando sus propios selfies, cuidadosamente presentados: fotos tomadas por ellos mismos, normalmente con un *smartphone*, que luego comparten a través de las redes sociales. El yo del espejo se dirige entonces a otros usuarios de las redes sociales, para preguntarles: «¿Parezco duro/*sexy*/deseable/guapo/fuerte?». Los adolescentes buscan la respuesta de amigos que conocen, así como de «seguidores» que pueden no ser más que perfiles anónimos para ellos. Los «me gusta» o los comentarios de sus publicaciones se convierten en una medida de su propia aceptabilidad y valía.

No es que los adolescentes no sean conscientes de que las imágenes de las redes sociales están manipuladas. El problema es que responden a estas imágenes como si fueran reales, incluso cuando saben que no lo son. En un estudio, una adolescente hablaba de los filtros que se ponían los demás, y que ella también usaba cuando publicaba imágenes de sí misma[21]. Los adolescentes saben que las fotos están editadas, pero, como me dice Liba, «simplemente brillan». «¡Genial!», exclama mientras se desplaza por su *feed*. «¿No sería increíble tener este aspecto?».

La novelista Marian Keyes ha tocado la fibra sensible de los adolescentes que «comparan implacablemente su interior con el exterior de todos los demás, y se encuentran siempre por debajo»[22]. Carrie, de dieciséis años, se expresa, pero no puede resistirse al falso encanto. «Asumes tantas cosas sobre la gente en las redes sociales sin saber realmente la verdad, y eso te hace pensar cosas descabelladas, basadas en información errónea»[23]. Pero lo que sabe y lo que siente no coincide. Al desplazarse por las imágenes

---

21 Nancy Jo Sales (2016), *American girls: Social media and the secret lives of teenagers*, Nueva York: Alfred A. Knopf, p. 218.

22 Marian Keyes (2016, 3 de julio), «Mind your head», en *Sunday Times*, sección Style, p. 42.

23 Sales (2016), p. 138.

que promueven la fantasía de un yo perfecto, se siente cada vez más insatisfecha con su propio yo físico y personal.

Los adolescentes saben que estas imágenes son irreales, pero las utilizan como estándar para juzgar sus propias vidas y su apariencia. Las fotos de Instagram que atraen montones de «me gusta» de sus amigos ponen en marcha el centro de recompensa de su cerebro[24], de modo que imaginan el placer que obtendrían si una de sus publicaciones atrajera tal admiración. Las características generadoras de envidia de las redes sociales perturban la satisfacción de los adolescentes.

Resulta sorprendente que tan pocos investigadores o responsables políticos decidan abordar las preocupaciones sobre las redes sociales preguntándose: «¿Cómo puede mejorarse el uso de las redes sociales por parte de los adolescentes?». El enfoque más común para gestionar los daños de las redes sociales consiste en limitar el tiempo de pantalla. Pero, como me dicen muchos padres, los esfuerzos por limitar el tiempo que pasan los adolescentes en las redes sociales dan lugar a argumentos y contraargumentos que son agotadores, y que surten poco efecto. En cualquier caso, mantener a los adolescentes alejados de las redes sociales no parece que los haga más felices ni menos ansiosos[25]. Pregunta a un adolescente y te dirá: «Sin las redes sociales no tendría vida social». Los adolescentes no sabrían lo que hacen sus amigos o con quién quedan, y no recibirían alertas que les indicaran dónde y cuándo deben quedar.

24 Lauren Sherman, et al. (2016, 31 de mayo), «The power of the Like in adolescence: Effects of peer influence on neural and behavioral responses to social media», en *Association for Psychological Science, 27*(7), pp. 1027-1035.

25 Jeffrey A. Hall, Chong Xing, Elaina M. Ross y Rebecca M. Johnson (2019, 5 de noviembre), «Experimentally manipulating social media abstinence: Results of a four-week diary study», en *Media Psychology*, 24(2), pp. 259-275, https://doi.org/10.1080/15213269.20 19.1688171

Si limitar el tiempo de pantalla no funciona, ¿qué se puede hacer?

En 2019 uní mis fuerzas a las de la organización benéfica de educación The Female Lead para explorar si podíamos intervenir de alguna manera para reducir el impacto negativo de las redes sociales en la autoestima de los adolescentes[26]. Comenzamos con datos que mostraban que los adolescentes —las chicas adolescentes, en particular— utilizan un vocabulario limitado y superficial en sus sitios de redes sociales cuando se describen a sí mismas y sus intereses. Se centran en la belleza, el maquillaje, los consejos de estilo de vida y los grupos musicales de chicos. Los adolescentes varones registran un abanico de intereses algo más amplio cuando utilizan las redes sociales, pero también se centran en lo guays, seguros de sí mismos o *sexies* que parecen. Al preguntarnos «¿Qué podemos hacer para cambiar el enfoque estrecho y superficial de los adolescentes cuando utilizan las redes sociales?», nosotras (The Female Lead y yo) tuvimos que idear un ejercicio que los adolescentes quisieran hacer. Esto significaba que no podíamos pedirles que limitaran su tiempo en las redes sociales. En su lugar, simplemente les pedimos que siguieran al menos cinco perfiles de una lista personalizada que enviamos a cada uno de ellos. En ella figuraban personas que considerábamos modelos positivos, personas que hacían cosas interesantes, que aspiraban a la excelencia y que querían contribuir a la vida de los demás.

La lista se adaptó a los intereses y aspiraciones de cada adolescente. En una entrevista previa con cada joven, llegamos a saber qué le importaba y cómo se veía a sí mismo en el futuro. Le pedimos que nos dijera a quién admiraba y por qué. Con esta información, elaboramos la lista de personas a las que podría seguir en sus cuentas habituales de redes sociales. Al cabo de ocho meses,

---

26 Apter (2019).

volvimos a reunirnos con estos adolescentes y les preguntamos de nuevo cómo utilizaban las redes sociales. Nos sorprendió y nos encantó la transformación. Los veintiocho adolescentes que participaron en este ejercicio seguían utilizando las redes sociales para ponerse en contacto con sus amigos y conocer los titulares de las noticias y los cotilleos sobre los famosos, pero también las utilizaban para explorar intereses más profundos. Leila, de diecisiete años, dijo:

—Seguir a estas personas me ha dado una perspectiva completamente diferente, porque no es, bueno, obviamente son las redes sociales, pero no es el lado materialista de las mismas. Se trata de gente que hace cosas realmente buenas... No sabía que se podían utilizar para algo así.

Theresa, de quince años, que había estado siguiendo a un concertista de piano que le enviamos, se hizo una idea de la presión, el esfuerzo y el placer de la práctica musical diaria, de la que antes tenía «ni idea». Explicando lo que le inspiraron estos *posts*, dijo:

—Algunas de estas personas eran preciosas, pero eso no era lo importante, pues otras no lo eran. Lo que me inspiró fue la mujer que publicó clips de sí misma entrenando día tras día, y cómo se preparaba para una competición. La veías pasar de A a B, y esforzarse en conseguirlo. Supongo que era eso, el hecho de que no empezara en la cima de las cosas... Eso es lo que me inspiró.

Estos adolescentes nos dijeron que de donde más aprendieron fue de las personas que publicaron los detalles de lo que hacían y el por qué era importante para ellas. Les intrigaban las publicaciones que mostraban la rutina de los logros, incluidos los tropiezos y las decepciones al alcanzar sus objetivos. Si se les da a elegir entre la sustancia y el estilo, los adolescentes eligen la sustancia.

Pero no fueron únicamente los perfiles que les enviamos los que transformaron su uso de las redes sociales. Los algoritmos integrados en esas plataformas (esos cálculos que gestionan qué publicaciones aparecen en función de una evaluación de lo que llamará la atención del usuario) ampliaron, en lugar de limitar, los horizontes de estos adolescentes. Cuando Amelia, de dieciséis años, añadió a un aspirante a astronauta a su *feed* de las redes sociales, fue dirigida al sitio de la NASA, y se hizo fan de la sección NASA Explore. «Es como un conjunto de eventos», nos dijo.

Las redes sociales son un fenómeno relativamente nuevo, y los investigadores están empezando a comprender sus efectos en el bienestar de los adolescentes. Como ocurre con cualquier tecnología nueva, puede utilizarse mal, y puede deprimir el estado de ánimo de los adolescentes y restringir sus intereses. Al igual que una dieta de comida basura, ofrece un placer a corto plazo, pero deja al usuario con un sentimiento de malestar. Sacar a los adolescentes de las redes sociales parece inútil, y actualmente las empresas que se benefician de esta dependencia parecen tener poca motivación para mejorar su impacto. Pero los progenitores y los profesores pueden contribuir a transformar una dieta de comida basura en una dieta saludable, introduciendo perfiles que muestren los procesos diarios y los retos y decepciones que sustentan las aspiraciones y los logros reales. De este modo, los algoritmos —que a menudo refuerzan los intereses más simplistas y superficiales de los adolescentes— pueden reajustarse para apoyar sus mejores talentos.

Después de participar en nuestro ejercicio, muchos de los adolescentes, como Leila y Subeta, decidieron «limpiar su contenido en las redes sociales» y dejar de seguir a aquellas personas y perfiles que las «deprimían» o las mantenían «en una situación desagradable»[27]. Se dieron cuenta de que envidiaban, pero no admiraban, a muchas de las personas a las que seguían, y utilizaron el término

---

27 Apter (2019).

cringe-binging[28] para describir su «obsesión», o el hecho de «regodearse en una especie de envidia por cosas realmente superficiales». Pero al seguir a personas a las que valoraban, los adolescentes dejaron de sentir envidia. Al contrario, les inspiraron[29].

5.5 LA NECESIDAD DE UNA CORREGULACIÓN

Las situaciones de tensión y los puntos de estrés de los años de la adolescencia suponen el mayor reto para los progenitores. Los adolescentes enfocan la vida como una aventura y ven su papel de exploradores. El miedo del niño a los extraños da paso a la intriga y a la atracción por la gente nueva. Las comodidades familiares del hogar y de la rutina les parecen asfixiantes. La excitación del descubrimiento toma el asiento del conductor, mientras que la seguridad y el buen juicio quedan atrás, desbancados por la presencia de los amigos.

Pasará mucho tiempo antes de que el adolescente pueda controlar de forma segura sus impulsos, hacer valoraciones razonables de los riesgos en momentos de tensión, resolver problemas con sensatez y mantener de forma segura un comportamiento inteligente y dirigido a sus objetivos. Hasta que este conjunto de

---

28 N. del T. La palabra *cringe* suele hacer referencia a "encogerse" o "hacerse pequeño". En tiempo de las redes sociales el significado ha cambiado por completo y la expresión *cringe-binging*, en este contexto la podemos traducir como "sentir vergüenza ajena". Usualmente, cuando una persona ve o escucha una situación que la incomoda (o que "le da cosa"), estamos hablando de algo que "*la cringea*". Lo más frecuente es que se utilice en momentos en los que alguien lleva al extremo una situación al punto tal de provocar prácticamente una sensación de escalofríos por la incomodidad, por ejemplo, una confesión de amor no correspondida en público.

29 Nuestra intervención se está extendiendo ahora a las escuelas de todo el Reino Unido. Véase Charlotte Edmond (2019, noviembre), Este plan del Reino Unido quiere que las niñas llenen sus redes sociales con modelos positivos, Foro Económico Mundial, https://www.weforum.org/agenda/2019/11/uk-girls-social-media-positive-role-models/

habilidades (conocido como «autorregulación») se consolide —aproximadamente a los veinticuatro años—, el cerebro reactivo y ávido de recompensas de los adolescentes necesitará estar acompañado. Los progenitores pueden utilizar su influencia continua, y el amor y la confianza continuos del adolescente, para corregular su sistema emocional intenso y reactivo.

La corregulación es el consuelo casi mágico que se produce cuando alguien a quien amamos muestra curiosidad y calidez hacia nuestro mundo interior[30]. Por muy caótica que sea la emoción, por muy angustiosos que sean los pensamientos, nos tranquiliza la comprensión y el compromiso del otro. Cuando los padres/madres muestran su deseo de compartir la perspectiva de su hijo adolescente, afinan y fortalecen su agitado y sobrecargado cerebro. Cuando los progenitores entrenan a sus hijos adolescentes a nombrar sus sentimientos y pensamientos, los ayudan con una actividad cerebral de nivel superior que alivia los impulsos más primitivos de los centros del miedo y la recompensa[31]. Cuando ofrecen una relación en la que es seguro hablar, airear pensamientos que van en contra de la corriente del grupo, experimentar el estrés y la angustia, apoyan la autorregulación de los adolescentes, ayudándolos así a gestionar sus emociones y pensamientos lo suficientemente bien como para tomar decisiones que los diferencien de sus amigos.

Ya hemos visto el efecto tranquilizador de un padre que «tiene presente al adolescente», y que le ayuda a nombrar y dominar emociones que, de otro modo, parecen insoportables. La corregulación es producto de «tener presente al adolescente». Un

---

30 D. Murry et al. (2015), *Foundations for understanding self-regulation from an applied developmental perspective*, Informe OPRE, p. 14.

31 S. Porges (2009, febrero), «The polyvagal theory: New insights into adaptive reactions of the autonomic nervous system», en *Cleveland Clinic Journal of Medicine* 76(4 suppl 2), pp. S86-S90.

término más común es «estar a disposición del adolescente», es decir, reconocer sus sentimientos, y reflejar una versión controlable de su angustia y de su confusión, lo cual le permite reflexionar sobre los problemas y, finalmente, resolverlos. Esto es un reto, porque los sentimientos del adolescente afectan a los sentimientos de los progenitores. Los estados de alta excitación emocional (como la ansiedad, la desesperación y la pasión) son contagiosos; pero si te mantienes firme, paciente y abierto a lo que dice tu hijo adolescente, podrás moderar sus poderosos sentimientos. Tu tranquilidad, tu paciencia y tu receptividad reducen su excitación.

La necesidad de los adolescentes de un corregulador es menos obvia y más compleja que en la infancia. Aunque un abrazo ya no proporcione la sensación de «todo va bien» que proporcionaba en la infancia, alguna forma de consuelo físico (como un gesto cercano o un arrumaco) sigue siendo poderosamente eficaz. Incluso coger una mano o presionar un hombro tiene un impacto —en parte como gesto de simpatía, pero también para recordar a los adolescentes que los progenitores están físicamente—. En épocas de agitación emocional, los adolescentes pueden olvidar la sustancia y el confort de su cuerpo. De ahí que un adolescente se sienta «desorientado» o «como si me arrancaran el suelo de los pies». Un simple toque les devuelve la seguridad de su ser corpóreo.

Pero algunos adolescentes, cuando están angustiados, se encuentran en una «zona conflictiva» tal que no pueden tolerar que nadie los toque. En este caso, el progenitor puede «estar ahí», permanecer en la misma habitación, y extender la mano sin llegar a tocar al adolescente y manteniendo la calma, incluso cuando este rechace un abrazo.

Una de las tareas más difíciles de criar a un adolescente es aprender un nuevo conjunto de respuestas. Lo que consolaba al niño puede no consolar al adolescente. Las palabras que tranquilizaban al niño pueden irritar al adolescente. Además, los propios adolescentes cambian, por lo que los padres pueden tener que aprender nuevas técnicas una y otra vez. Las expresiones concretas de la corregulación pueden adoptar muchas formas, pero siempre implican calidez, atención a los sentimientos del adolescente y la seguridad de que tú mismo no serás machacado por ellos. La empatía, la atención y la calma proporcionan un andamiaje que estabiliza las emociones volátiles del adolescente.

5.6 REVISIÓN Y ACTIVIDADES

Los adolescentes, como hemos visto, forman tribus de amigos. Aprenden unos de otros y se imitan. A veces, la necesidad de pertenecer a una tribu supera la necesidad de encontrar una tribu que comparta los propios valores e intereses del adolescente. La capacidad de poder discernir en quién confiar es tan importante que, en opinión de muchos psicólogos, es lo más importante que los progenitores pueden enseñar a sus hijos[32].

El primer paso para guiar a los adolescentes para que confíen sabiamente es promover su valor personal: el valor de decir lo que piensan en presencia de sus amigos. Esto significa que nosotros también tenemos que tolerar la franqueza de un adolescente en la familia. Tenemos que escuchar y mostrar respeto incluso cuando un adolescente expresa opiniones que nos molestan sobre las personas, la política o la familia. En lugar de imponer un castigo, tenemos que recoger y estudiar sus ideas.

32 T. S. Weisner (2014), «The socialization of trust: Plural caregiving and diverse pathways in human development across cultures», en Hiltrud Otto & Heidi Keller (Eds.), *Different faces of attachment: Cultural variations on a universal human need*, Nueva York: Cambridge University Press, pp. 263-277.

Algunas formas posibles de mostrar interés y dar autoridad a las opiniones del adolescente son: «No sabía que pensabas/sentías así», «No estoy seguro de entenderlo. ¿Puedes explicarme un poco más?», o «Está claro que has reflexionado sobre ello. Yo también tengo que pensar al respecto».

Cuando los padres demuestran tolerancia —incluso deleite— con la individualidad del adolescente, a este le resulta más fácil enfrentarse a la presión de sus compañeros. El mensaje es: «Ser tú mismo y ser diferente no amenazará tu conexión con los demás». Pero a veces un padre se siente incómodo ante la identidad emergente del adolescente. «Siempre fuiste una niña tan dulce... ¿Por qué tienes que ocultar tu feminidad?», pregunta Linda a su hija Diane, de quince años.

Probablemente sea inevitable que los progenitores tengan expectativas sobre el tipo de mujer u hombre en que se convertirá una hija o un hijo. Los adolescentes suelen poner a prueba estas expectativas y, si los padres se niegan a modificar las suyas, la relación se resiente. Mostrar la voluntad de aprender lo que quiere tu hijo adolescente —incluso cosas sencillas, como lo que elige vestir, cómo elige peinarse, y lo que significa para él ser hombre o mujer, o ninguna de las dos cosas— contribuye en gran medida a mantener el vínculo y ayuda al adolescente a resistir la presión de sus compañeros para que se ajuste a los estilos y modas de la tribu.

Ser padre/madre de un adolescente requiere humildad. Un progenitor, como los adolescentes se apresuran a recordarnos, no siempre tiene razón. Las necesidades y los pensamientos del adolescente cambian a veces con demasiada rapidez para que los padres puedan seguirlos. Su papel ahora es escuchar mientras los adolescentes marcan sus diferentes opiniones y preferencias. Cuando los adolescentes son capaces de hacerlo sin recibir un desprecio («¿¡Cómo te atreves a decir eso!?»») o una negación

(«¡No puedes pensar eso de verdad!»), es más probable que también se mantengan firmes con sus amigos.

¿Y qué pueden hacer los progenitores respecto a la asunción de riesgos con sus amigos?

Asumir riesgos es una parte inevitable de la adolescencia[33], pero los padres/madres pueden gestionar los riesgos controlando las limitaciones del adolescente. Si se les permite asumir demasiados riesgos, los adolescentes se habituarán a ese nivel de riesgo y el siguiente nivel no les parecerá tan arriesgado. El peligro potencial aumenta cuanto más acostumbrados están a asumir riesgos[34]. Esto significa que cada riesgo que se evita representa una ganancia significativa, lo que le permite al adolescente evaluar el riesgo de forma más segura. La influencia de los amigos, como hemos visto, puede ser positiva. A veces los amigos se ayudan mutuamente a mantenerse a salvo y se animan entre sí a evitar riesgos[35]. Anima a tu adolescente a reflexionar sobre si sus amigos tienen en cuenta sus propios intereses con preguntas como: «¿Te escucha tu amigo?», «¿Eres capaz de decirle lo que piensas a tu amigo?», «¿Eres capaz de rechazar la petición o sugerencia de un amigo?». Estas preguntas no deben dispararse una tras otra, sino que deben surgir dentro de un abanico de preguntas a plantear según se vayan dando las circunstancias. Mantener conversacio-

---

33 En la infancia, las niñas y los niños evitan y asumen el riesgo por igual, pero al principio de la adolescencia las niñas se vuelven más reacias al riesgo que los niños; aunque las niñas, en la adolescencia, también son más buscadoras de emociones que en la infancia. James Andreoni et al. (2019, abril), «Risk preferences of children and adolescents in relation to gender, cognitive skills, soft skills, and executive functions», en *NBER Working Paper* No. 25723.

34 K. Rahman (2019, febrero), How risk-taking changes a teenager's brain, presentado en el Salón TED: US Air Force, https:// www.ted.com/talks/kashfia_rahman_how_risk_ taking_changes_a_teenager_s_brain

35 K. A. Maxwell (2002), Friends: The role of peer influence across adolescent risk behaviors, *Journal of Youth and Adolescence, 31*, pp. 267-277.

nes reales con un adolescente requiere un planteamiento de observación y espera, que implica avanzar cuando el adolescente parece abierto a hablar, y retroceder respetuosamente cuando el adolescente está demasiado nervioso para hablar, o necesita tiempo para organizar sus pensamientos en privado.

A los adolescentes les intriga conocer la ciencia de la regulación emocional[36]. Comprender los retos especiales de su autorregulación da sentido a su energía y a su afán de aventura. La ciencia del cerebro adolescente también muestra por qué los adolescentes, con su tendencia a deslizarse hacia la zona conflictiva, necesitan algunas limitaciones en sus libertades. La insistencia de los progenitores en establecer cierto control, en este contexto, parece más razonable y se vuelve menos personal. El control es más eficaz cuando se configura mediante recompensas: «Cuando demuestres lo responsable/sensible/cuidadoso que puedes ser, podrás hacer más cosas». El castigo necesario es más eficaz cuando se orienta hacia las consecuencias de la imprudencia, y cuando también se centra en las recompensas que llegan cuando el adolescente demuestra que ha mejorado: «Has dañado el coche y esta es la manera en que amortizarás el coste. Cuando lo hagas y demuestres más responsabilidad y cuidado, podrás volver a llevar a tus amigos». Cuando parezca que el adolescente y tú estáis en un callejón sin salida, cuando el adolescente insista en que estás siendo irrazonablemente restrictivo, siempre hay una forma de avanzar, una forma de reconocer el enfado del adolescente al tiempo que te mantienes firme. Puedes intentar explicarle tus procesos de pensamiento e invitarle a que te dé su opinión: «Sé que eres responsable, capaz y digno de confianza la mayor parte del tiempo. Pero me preocupa que en esta situación concreta

---

36 Véase, por ejemplo, la obra de Ned Glasier, Emily Lin & Company Three (2016), *Brainstorm: The Original Playscript,* con prólogo de S-J Blakemore, Londres: Nick Hern Books.

(salir hasta muy tarde/ir a un club/montar en bicicleta/ir de fiesta) sea demasiado para ti. Habrá un momento en el que tener esta independencia no será un problema, pero ahora creo que sí lo es. ¿Puedes sugerirme una forma de mostrarme lo que eres capaz de gestionar?». Ofrecer al adolescente la posibilidad de que él aporte para resolver el problema tiende a reducir el fragor del conflicto.

La salud digital es una preocupación para muchos progenitores, sobre todo cuando les preocupa que su hijo adolescente sea un adicto a las actividades relacionadas con las pantallas. El adolescente se enfada al verse privado de un dispositivo porque, según él, este enfoque absorbente es la única forma de controlar su ansiedad o su depresión. Hay diferentes formas de superar estas adicciones digitales. El primer planteamiento, más extremo, consiste en forzar un reinicio con un bloqueo en frío. Esto será difícil, ya que es probable que el adolescente permanezca en crisis durante dos o tres días. Esto debe ir seguido de un periodo más largo de separación de los dispositivos digitales (durante varias semanas), mientras el adolescente hace otras cosas, preferiblemente que impliquen actividad física (como jardinería, construcción, ejercicio o deporte).

Otro enfoque mucho más moderado consiste en hacer un seguimiento del número de horas que pasa con el dispositivo, luego reducirlo diez o quince minutos durante unas semanas, y luego volver a reducirlo otros quince o veinte minutos durante otras semanas. Durante este tiempo, el ejercicio físico será esencial para controlar la ansiedad de la independencia digital, antes de que el adolescente se acostumbre a señales más sutiles que atraigan su atención.

Sin embargo, prohibir o limitar estrictamente el tiempo de pantalla, con sus oportunidades para compartir intereses sociales y mantener las redes sociales, suele ser innecesario. En la mayoría de los casos, la mejora del comportamiento en las redes sociales es mucho más fácil de lo que los progenitores creen. Se ha comprobado que introducir solo algunos perfiles positivos en las cuentas que ya utilizan transforma el modo en que los adolescentes utilizan las redes sociales. El desplazamiento pasivo y generador de la envidia a través de imágenes superficiales da paso a intereses más orientados a la consecución de objetivos. Pero, para introducir a tu hijo adolescente en nuevos perfiles más positivos, tienes que conocer sus intereses actuales. Algunas de las preguntas que hicimos a los adolescentes que participaron en nuestro estudio fueron: «¿Admiras a las personas a las que sigues?», «¿Qué les transmitirías a tus amigos?», y «¿Puedes dar un ejemplo de una publicación interesante?».

Los adolescentes pueden ser notablemente receptivos a las aportaciones de los progenitores, siempre que estos sean colaboradores y no directores. Cuando los padres/madres animan a sus hijos adolescentes a centrarse en sus emociones y pensamientos, los ayudan a organizar su comportamiento y a trabajar para conseguir sus objetivos. Pero la influencia va en dos direcciones: los adolescentes entienden su tarea como la de reorganizar y perfeccionar la mente de su padre/madre presentando a la nueva persona en la que se están convirtiendo, aunque no siempre procedan con elegancia o claridad.

6

«¡Nadie ha sentido esto antes!»

AMOR ADOLESCENTE Y SEXO ADOLESCENTE

Una emoción que surge durante la adolescencia, nueva, extraña y poderosa, es el amor romántico. Es maravilloso, pero puede causar estragos.

A los quince años, Ira se da cuenta del cambio físico de las chicas de su clase, chicas a las que conoce desde la infancia, pero que ahora crean un impacto más allá de todo lo que ha experimentado. Durante un tiempo, esta distracción estaba «solo alrededor, como en el aire, y no era demasiado importante». Ahora se centra en una chica, Carlita, que fue compañera de juegos de la infancia, pero con la que no habla desde hace un par de años, y que ahora ocupa «más o menos entre un 100 y un 10 por ciento de [sus] pensamientos». Ira explicó:

—A veces es como si esas imágenes suyas vinieran a mí, y es como si se dirigieran a mí a propósito. Quiero decir, que debe ser obvio para ella, para los otros chicos, incluso quizás para los profesores. Es como si esperara a que alguien me ayudase. Algo así como: «¿Por qué te pones tan pesado? ¿Por qué le haces eso?». Pero ella... quiero decir, simplemente está ahí. No es, ya sabes, no son solo sus... sus pechos, como... son sus manos, y también sus pies. ¿Sabes que hay algo en los pies? Es la personalidad que normalmente no se ve. Y sus hombros, la forma en que se mueven, y el aliento que sale cuando se ríe. Es como si pudiera olerla, aunque no estoy seguro de poder hacerlo realmente.

Cuando le pido a Ira que nombre sus sentimientos, me mira atónito. Mira hacia las esquinas de la habitación, como si buscara allí una respuesta. «Es demasiado grande como para ponerle un nombre. Lo es todo. Es como si tuviera una fiebre, pero no estoy seguro de si es caliente o fría, y es como una patada en el estómago, que no soporto pero que también me gusta».

Le pido que imagine que está «cerca de ella». Se sonroja intensamente y luego responde: «No me lo imagino, la verdad. Si me dice "hola", es como una explosión de sangre. Me vuelvo loco durante todo el día».

Muchos adolescentes, como Ira, experimentan el amor como un trastorno físico. «¿Qué es esa extraña sensación en mi estómago?», se preguntan. «¿Por qué quiero correr y volar?», «¿Por qué me paralizo cuando me habla?», «¿Cómo puedo sentir esto sin explotar?».

Puede sorprender tanto a los adolescentes como a los padres/madres que, aunque la agitación del romance adolescente se celebre ampliamente en las canciones y en las películas, no sea un área destacada de investigación. Esto es un signo de la poca importancia que los adultos dan a estos sentimientos: «Es amor adolescente», «Solo es un flechazo». Cuando hablo con la madre de Ira, Karly, y le pregunto si su hijo adolescente habla con ella de sus nuevas preocupaciones, se ríe y dice: «Te debes de referir a esa chica, Carlita. Ah, sí, el primer amor. Le doy tres semanas».

Karly resta importancia a los sentimientos de Ira. Después de todo, los adultos creen conocer todo el proceso del enamoramiento juvenil. Por ejemplo, cuando alguien se convierte de repente en el centro de la vida de un adolescente y representa todos sus ideales. Los adultos creen que, igual de repentinamente, el entusiasmo del adolescente se desvanecerá.

Esta actitud generalizada puede ser la razón por la que es tan difícil investigar sobre el amor adolescente. ¿Por qué habrían de hablar los adolescentes de estos sentimientos con un adulto si ese adulto piensa que son «divertidos» o «tontos» y minimiza su pasión? ¿Por qué deberían abrirse a quienes hablan con desprecio de «hormonas descontroladas», cuando los adolescentes saben que sus sentimientos son reales? Sin embargo, el romance ocupa una enorme proporción de la vida emocional de los adolescentes. Las chicas atribuyen el 34 % de sus emociones fuertes a las relaciones románticas, ya sean fantasiosas o reales. Los chicos les atribuyen el 25 % de sus emociones fuertes[1]. Es más que cualquier otro tema, más que los amigos y más que la escuela. Aunque no hay datos comparables en los adolescentes que no se sienten a gusto en su género asignado, me dicen que «pensar en quién me querrá y en cómo será» es una preocupación constante. «Siempre está ahí, incluso cuando no está delante de mí». El romance, para los adolescentes, es a la vez misterio y autodescubrimiento.

Hay cuestiones prácticas, como la forma de acercarse a alguien que te atrae, qué decir o cómo revelar tus sentimientos. También hay preguntas sobre la identidad de un adolescente como amante. ¿Son dignos? ¿Son constantes y amables? ¿Son lo suficientemente fuertes como para soportar la decepción o el rechazo?

---

1 S. Wilson Shockley (1995), *Gender differences in adolescent depression: The contribution of negative affect* (tesis de máster, Universidad de Illinois en Urbana-Champaign), citada en B. Bradford Brown, Candice Feiring y Wyndol Furman (1999), «Missing the love boat: Why researchers have shied away from adolescent romance» (p. 5), en Furman, Brown & Feiring (Eds.), *The development of romantic relation- ships in adolescence*, Cambridge, UK: Cambridge University Press.

Ira, como hemos visto, es ambivalente a la hora de relacionarse con Carlita. Una sonrisa puede significar muy poco para ella, pero para él es «descomunal» y le da una carga emocional a todo el día. En las garras del amor, el cerebro social de los adolescentes se dispara. Hipermentalizan —o sobrevaloran— cada interacción, por mínima que sea. ¿Se preguntan qué significa esa sonrisa, esa palabra o esa mirada? ¿Cómo pueden descubrir lo que siente otra persona?

Los adolescentes necesitan un lenguaje social totalmente nuevo para desenvolverse en el romance. El discurso familiar de la amistad ahora no les sirve. Las señales familiares que regulan las interacciones amistosas ahora parecen inadecuadas. Saben captar las señales para saber si un amigo ve con buenos ojos su acercamiento. Saben cómo iniciar una conversación y cómo proponer un juego. Pero no saben cómo preguntar: «¿Te gusto de una manera especial?» o «¿Significo para ti algo más que cualquier otra persona?». Y si intentan hacer estas preguntas y se equivocan, se arriesgan a sufrir y a ser humillados.

Un mes después de nuestra conversación inicial, me encuentro con Ira para una segunda entrevista.

—Intenté hablar con ella, pero me quedé petrificado —me dice—. Como si me estuviera mirando, pero no pudiera seguir mirándome, sus ojos se desviaban. Sentí verdaderas náuseas. Como si buscara que alguien pudiera auxiliarla. Me fui, justo en medio de esa estúpida conversación, y no pude mirarla, pero probablemente ella se partía de risa. Ya sabes, «¿Quién es este tío?». Y parece que todo lo que sentía moría de repente. Quiero decir, ¿cómo puede algo que es real cambiar de repente, como si estuviera ahí, y luego no? Estoy como avergonzado de todas esas cosas que creía sentir. Como si mis sentimientos me decepcionaran.

Las palabras de Ira señalan una de las preguntas más importantes que puede hacerse una persona: «¿Qué significan mis emociones?, ¿puedo confiar en ellas?». Mientras los progenitores hablan del «amor adolescente» y de los giros y cambios que supone el enamoramiento en esa etapa, los adolescentes creen que los sentimientos de ahora serán los de siempre. Excepto, por supuesto, cuando los adolescentes aprenden que sus sentimientos también cambian, repentina y drásticamente.

6.1 LOS SUEÑOS Y LA CRUDA REALIDAD

Los padres/madres se quejan a menudo de que sus hijos adolescentes pierden el tiempo soñando despiertos. Consideran que soñar despierto es una pérdida de tiempo gratuita. «Deja de soñar despierto y haz los deberes», le dice Karly a su hijo. «¿Te has perdido otra vez? ¿Estás soñando despierta?», le exige Tessa a su hija, Miriam, cuando esta ignora la pregunta de su madre. Pero para la mayoría de los adolescentes soñar despiertos es una especie de juego infantil; y para los niños, el juego es una especie de trabajo.

Una ensoñación suele definirse como una serie de creaciones imaginarias agradables, normalmente anhelantes, que nos distraen del presente. Los progenitores consideran que las ensoñaciones de los adolescentes son un mero escapismo, y que recurren a ellas para huir de la dureza y de las limitaciones de la realidad. Algunos padres creen que las ensoñaciones son «todo sexo». Sin embargo, cuando exploro las ensoñaciones con los adolescentes, estas revelan algo más sustancial.

Cuando sueñan despiertos, son a la vez guionistas y directores. Eligen el escenario, los personajes y la línea argumental. A primera vista, estas tramas parecen llenas de clichés: como el escenario de la isla desierta, que ofrece tiempo y espacio para que se desarrolle la cercanía sin competencia ni vulnerabilidad social; o el escenario del rescate, cuando los adolescentes salvan a su amada del peligro o de la muerte. La ensoñación, normalmente con el adolescente como héroe, se centra en alguien que el adolescente conoce realmente y a quien se imagina que ama, o en alguien conocido solo por las películas, la televisión o las redes sociales.

Al principio, la ensoñación está a salvo de las limitaciones, la vergüenza y las incertidumbres de la interacción interpersonal real. En este entorno privado, los adolescentes están protegidos del rechazo. Pero los desafíos no tardan en aparecer y dominar la trama. Hay rupturas, percances y revelaciones bochornosas.

—Lo que empieza siendo tranquilizador y realmente dulce se convierte en una verdadera maraña de cosas horribles —me dice Allison, de diecisiete años—. Te da una especie de sacudida cuando este mundo encantador que has construido se desmorona. También puedes tener pesadillas en las ensoñaciones, ¿sabes?

En este espacio propio, los adolescentes sueñan y se preguntan por el principio y por el final del romance. Del mismo modo que los niños exploran el mundo de los adultos a través de la fantasía, los adolescentes imaginan posibilidades extrañas y maravillosas en sus ensoñaciones. Esta ocupación «ociosa» es común a todos ellos, y es mucho más frecuente en los adolescentes que en los adultos. Fomenta la salud neurosináptica, al anticipar posibles escenarios y resultados. En otras palabras, es bueno para el cerebro, ya que lo anima a pasar por diferentes formas de pensamiento, desde el análisis hasta la empatía, desde el deseo y el placer hasta la amenaza y el miedo. Las conversaciones e interacciones imaginadas acceden a información que, de otro modo, estaría dormida, y eso permite a los adolescentes establecer nuevas conexiones entre piezas de información dispersas. Este ejercicio los ayudará a resolver problemas relacionales en el futuro[2].

---

2 Ver las citas de Peter Delany, Anthony Jack y Eugenio Rothe en C. Dell'Amore (2013, 16 de julio), «Five surprising facts about daydreaming», *National Geographic*.

Pero ninguna empresa imaginaria puede proteger a un adolescente de la angustia de un amor que sale mal. Los progenitores suelen restar importancia al dolor causado por una ruptura amorosa. Cuando Finley, de diecisiete años, rompe con su novia tras dos años de relación, su madre, Sophie, «siente pena por el pobre chico» y quiere ayudarle, pero también confía en que «se recuperará. Todo acabará antes de que se dé cuenta».

Mientras Sophie cree que «ahora está deprimido, pero se pondrá bien», la perspectiva de Finley es muy diferente:

—Ya sabes que hablan de «entregar el corazón» —me dice—. Pues eso es lo que siento por Annie. Ella tiene mi corazón, y que no lo quiera no significa que pueda devolvérmelo sin más. Ya no lo tengo. No sé lo que tengo. Voy de un lado a otro, voy a la escuela, como y demás, pero me muevo sin tener nada debajo. Mamá dice: «Oh, ya te las arreglarás», pero no ve que no me las arreglo. A veces no puedo respirar y tengo que parar para poder dar el siguiente paso. Me siento en mi escritorio y hay un rumor en mi cabeza, que retumba por el vacío, porque ya no la tengo.

Dentro de cinco años, Finley será más hábil para compartimentar una pérdida así. El final de una relación seguirá siendo doloroso, pero será menos probable que agote toda su energía mental. Ahora las emociones primarias de amor y pérdida se disparan en su cerebro, mientras que el córtex prefrontal carece de la capacidad de «abrazar» o calmar a la amígdala (fuente de esas emociones primitivas). Su cerebro adolescente imbuye su respiración y su ritmo cardíaco de un significado oscuro. Siente que «no tengo a nadie, ni dirección. Estoy perdido». Estos pensamientos refuerzan los efectos fisiológicos, y producen una mayor alteración de la respiración y del flujo sanguíneo.

Cuando Finley estaba cerca de Annie, cuando sabía que la vería y la tocaría, tenía a alguien que lo ayudaba a sincronizar su respiración, su ritmo cardíaco y otras señales físicas. Esto ayudó a moderar su red interoceptiva. Las sensaciones internas no eran tan rápidas a la hora de señalar el dolor, y los retos cotidianos de las tareas escolares y la interacción social no eran tan grandes. Al perder a su novia, ha perdido a alguien que le ayudaba a regular su mundo interior.

6.2 RUPTURAS: DE ÉL, DE ELLA Y DE ELLOS

A menudo se dice que las chicas adolescentes son más dependientes que los adolescentes varones de las relaciones íntimas. Se cree que las chicas sienten un mayor apego hacia una pareja sentimental que los chicos, y que tienen más riesgo de depresión. Pero, una vez más, las suposiciones comunes sobre lo que sienten las chicas frente a lo que sienten los chicos resultan ser falsas.

El hecho sorprendente es que, cuando se trata de relaciones románticas, las chicas adolescentes son menos vulnerables que los chicos tras una ruptura. Los que están en primera línea de salud mental de los adolescentes lo saben desde hace muchos años, pero el conocimiento no ha llegado a los progenitores. Un orientador de un instituto explicó: «Los chicos se hunden cuando rompen con su novia. No pueden estudiar. En ocasiones, empiezan a beber. Si vienen a mí con problemas sobre su trabajo o sus padres, puedo ayudarlos. Pero cuando vienen diciendo que acaban de romper con una novia, veo un indicador de alerta».

De pequeñas, las chicas se enfrentan a amistades apasionadas que a menudo se rompen. Cuando llegan a la adolescencia temprana, ya han recibido duras lecciones sobre la confianza y la traición. Todas las chicas con las que he hablado han tenido, antes de los catorce años, una amiga de confianza que las ha traicionado revelando los pensamientos privados que se compartían «en secreto», o que ha hablado mal de ellas a sus espaldas, o que las ha sustituido inexplicablemente por otra mejor amiga. Las chicas sufren mucho por estas rupturas, pero también aprenden que pueden sobrevivir a ellas.

Las adolescentes, tras las traiciones de la amistad, aprenden a buscar consuelo en otra parte, sobre todo en otras amigas. Tienen experiencia en «reconciliarse» y aprenden que las relaciones dañadas pueden repararse. Si una relación resulta irreparable, saben que se pueden crear nuevos vínculos. Pero los chicos, como tienden a cerrar la intimidad de la amistad en la adolescencia tardía (cuando su código ejerce sus exigencias de ser «fuertes» e «independientes», y de llevar las cargas emocionales en silencio), dependen más de la pareja sentimental. Llegan a la intimidad del primer amor con menos práctica sobre la ruptura y sobre la reparación. Una ruptura es un trauma que procesan muy lentamente. Tampoco son tan propensos a tener amigos que estén cerca, los abracen y escuchen las constantes cavilaciones que ayudan a gestionar su dolor.

Esto explica por qué, una y otra vez, he comprobado, desafiando las expectativas y los estereotipos, que los chicos adolescentes son más vulnerables que las chicas tras una ruptura sentimental. Mientras que las chicas adolescentes describen las rupturas como «muy duras» o «un *shock*», los chicos utilizan palabras como «desmoronarse», «hundirse» y «caer en picado», que implican un trastorno y una desorientación graves.

Para los adolescentes que no están seguros de su orientación sexual o que se alejan de su género asignado, una ruptura tiene una dimensión añadida. La pérdida puede perturbar su identidad sexual o su identidad de género emergente, y puede plantearles dudas sobre quiénes son y quiénes los querrán. «Lo peor no fue tanto perderla», explicó Jerry, «sino perder el sentido de mi vida». A los dieciséis años, decidido a hacer la transición a varón, el dolor de Jerry despierta la ansiedad por «encontrar alguna vez a alguien [con quien] pueda ser realmente uno mismo». En estos momentos, los adolescentes se pueden beneficiar muchísimo de tener un padre/madre que pueda corregular sus sentimientos, y que les asegure que no tienen que sufrir esta agitación de la adolescencia solos. Las técnicas para este proceso se describen al final de los capítulos tres, cinco y nueve.

6.3 EL SEXO: OTRA FORTALEZA EMOCIONAL POTENTE

La investigación sobre el amor adolescente se ha dejado de lado porque, a los adultos, el amor adolescente les parece mucho menos importante que el sexo adolescente. Para los progenitores, la madurez sexual de un hijo es como una granada arrojada en medio de la cómoda vida familiar. Los sentimientos sexuales marcan el final de la infancia y dejan al adolescente vulnerable ante sus propios deseos y los de los demás.

La mayoría de los padres/madres hacen todo lo posible por ofrecer apoyo y proporcionar información útil sobre el sexo, pero la ansiedad desvirtúa sus esfuerzos. Se preocupan por los riesgos del sexo para la salud. Se preocupan por el poder del sexo para distraer a su hijo de la escuela y de sus planes futuros. Les preocupa el impacto moral y personal del embarazo. En consecuencia, se centran en la moderación: «Simplemente di "no"», «No te dejes presionar», y, sobre todo, «¡Ten cuidado!». El placer del sexo y la intimidad única de la conexión sexual se omiten con demasiada frecuencia en «la conversación», esas charlas especiales sobre sexo que los padres y madres planifican con los adolescentes.

Los padres/madres que han leído el capítulo dos sobre el cerebro de los adolescentes podrían argumentar: «Debe ser una buena práctica resaltar el control y la moderación cuando se trata de sexo». Al fin y al cabo, hemos visto cómo los receptores cerebrales de la hormona del placer, la dopamina, proliferan en el cerebro de los adolescentes, mientras que los circuitos de mensajes del córtex prefrontal (al que a menudo se hace referencia como la «oficina ejecutiva del cerebro» o centro de control) son lentos e ineficaces. El cerebro adolescente se excita rápidamente y, una vez excitado, no es muy hábil con el autocontrol, la evaluación del riesgo y la planificación anticipada. De ahí que los adolescentes sean propensos a un comportamiento impulsivo e irreflexivo, especialmente cuando las recompensas son muy placenteras y estimulantes. Para los adolescentes, el sexo no suele ser una decisión, sino que «simplemente ocurre». Decirle a un adolescente «Simplemente di "no"» o «Contrólate» no es un consejo útil, porque puede ser un consejo que los adolescentes sean reacios a seguir.

Aunque la influencia de los padres/madres en el cerebro del adolescente es compleja y fragmentaria, estos sí pueden mejorar la capacidad del adolescente para decidir si quiere tener relaciones sexuales. La forma de hacerlo no es vigilar al adolescente a cada momento, ni establecer normas estrictas de abstinencia, sino hablar con él sobre el placer —tanto físico como emocional— que debe proporcionar el sexo.

La mayoría de los padres dicen que, hablando de sexo, quieren ser mejores de lo que fueron los suyos. La mayoría esperan que su hijo adolescente acuda a ellos con preguntas sobre sexo. Sin embargo, la mayoría de los adolescentes con los que hablo dicen: «Cuando [mis padres] hablan de sexo, es como si no entendieran nada».

En general, los padres quieren tener conversaciones francas y abiertas con sus hijos. «Lo último que quiero es que sienta que hay cosas que no puede contarme», dice Tessa. Pero su hija Miriam, de dieciséis años, dice:

—Me molesta mucho que intente hablar con franqueza sobre el sexo. En primer lugar, yo ya sé esas cosas. Pero, en segundo lugar, ya sabes que no se siente muy cómoda al respecto. Básicamente, no puede soportar que yo no sea la chica cuyo cuerpo puede controlar. Es como si viviera en un mundo peligroso en el que todo el mundo trata de «aprovecharse de mí». ¡Sí! Esas son sus palabras exactas de «iluminada», como si yo no supiera nada. Es como si estuviera a kilómetros del mundo en el que realmente vivo.

Los adolescentes, como vemos una y otra vez, son unos observadores astutos. Se dan cuenta rápidamente de la incertidumbre, la ambivalencia o la ansiedad de sus padres/madres, y también se aprovechan de ello. Miriam se da cuenta, por ejemplo, de cuándo tiene que presionar un poco más para conseguir el permiso para ir a casa de su amiga. Sabe que puede aliviar las dudas de su madre prometiéndole que trabajará en los problemas de matemáticas. Pero la ansiedad de su madre sobre su sexualidad y los peligros del sexo aumentan su propia incertidumbre y ambivalencia. Intenta cerrar la conversación con una insistencia que les resulta familiar a muchos padres de adolescentes: «¡Eso ya lo sé!».

«Ella sabe tanto como yo», me dice Tessa. «Crecen tan deprisa y tienen acceso a todas estas cosas sobre el sexo y todo lo demás. Pero una cosa es tener la información, ¿sabes?, y otra cosa es entenderla».

«Saber todo eso» y «entender lo que pasa» son en realidad cosas muy diferentes. El descubrimiento más inquietante que he hecho al hablar con los adolescentes sobre el sexo es cómo muchas de sus historias sobre la iniciación sexual tienen que ver con la intimidación y la confusión, o con el descuido interpersonal. Los adolescentes conocen los hechos, pero no conocen el guion del compromiso sexual. Es como si ellos —sobre todo las chicas— no reconocieran los pasos que conducen a la relación sexual o no supieran cómo imponerse, y los chicos no reconocieran la importancia del respeto y del consentimiento.

Las adolescentes supuestamente expertas cuentan historias de vacilación y confusión cuando un encuentro se convierte bruscamente en sexual. «No sabía que podía ocurrir tan rápido», me dicen las adolescentes. «Pensé que tendría más tiempo», o «Todavía estaba pensando qué decir, y de repente él ya estaba dentro de mí». Son incapaces de formular, en el momento, una respuesta que las proteja de lo que pronto parece un resultado «inevitable». Sus dudas surgen, en parte, de la reticencia a «poner fin a algo en lo que él está tan metido», como dice Naomi, o a «decepcionarle cuando en realidad no es gran cosa», como dice Jemma.

Más del 6 % de las adolescentes dicen que su primera relación sexual fue no deseada y forzada[3]. Describen una coacción a veces emocional, a veces verbal y a veces incluso física. ¿Cómo estamos fallando a las chicas adolescentes, que no parecen ser capaces de gestionar lo que ocurre, y a los chicos adolescentes, que pierden de vista o no se preocupan por los sentimientos de su pareja? ¿Nos estamos olvidando de enseñar a nuestras chicas a ser el principal agente de su actividad sexual? ¿Por qué no hemos disuadido a nuestros chicos de actuar como si tuvieran un derecho especial en el sexo?

Los adolescentes de hoy en día se sienten más cómodos con una serie de sexualidades, pero las chicas siguen siendo vulnerables a la «humillación de las putas» y a la vergüenza de que, como dice Jemma, «todo el mundo sepa que te has acostado con un cerdo». Se supone que las adolescentes deben ser *sexies*, pero no sexuales. Se supone que deben complacer a los hombres, pero si «ceden» a la presión masculina para tener sexo, se las humilla. En el círculo vicioso de las normas femeninas, las chicas se culpan rápidamente de lo que consideran sus propios «errores». Como explicó una joven de dieciséis años, mientras se estremecía con su propio desprecio:

---

3 De un estudio de Laura Hawks et al. sobre 13 310 mujeres en EE. UU. Véase también Noam Shpancer (2020, marzo/abril), «Before and after», en *Psychology Today*, pp. 82-85.

—Pensé que estaba bien, como si dijera... bien, como si dijera: «Oye, tienes que ir más despacio». Pero no fue así. Entonces el estúpido sexo simplemente ocurrió. Me acosté con él.

La mayoría de los progenitores insisten en que a los adolescentes se les ha enseñado a valorar los sentimientos de los demás y a estar atentos a cualquier ausencia de consentimiento. Sin embargo, la persistente norma masculina de ser «fuerte» y «dominante», junto con la persistente y distorsionada norma femenina de la conformidad, oscurecen la comprensión del consentimiento. Como argumenta Josh, de diecisiete años: «Sé que percibo ese impulso [sexual] más que ella. Pero esto es importante para mí. Necesitamos [tener sexo] para que se nos vea como una verdadera pareja. Sé que ella lo entiende, de verdad». Muchos padres/madres y educadores culpan a la pornografía y sus mensajes tóxicos —que glorifican y normalizan la dominación sexual masculina y la pasividad femenina— de la presión que sufren muchas adolescentes, presión a la que pueden sucumbir sin desearlo. Aunque a los progenitores no les gusten las imágenes ni las asociaciones de la pornografía, y aunque sea inquietante saber que nuestros adolescentes tienen acceso a ella, debemos distinguir sus mensajes de sus efectos reales. No hay pruebas sólidas de que los mensajes de la pornografía sean más perjudiciales que otros estereotipos abiertos de poder masculino y sumisión femenina. Cuanto más apruebe un adolescente, sea chico o chica, las insidiosas normas masculinas o femeninas, en las que el deseo del chico tiene más importancia que el de la chica, y en las que el deber de la chica es «entender» (comprender y cumplir) las necesidades del chico, más probable será que ese adolescente, sea chico o chica, encuentre aceptable la coacción masculina[4].

---

4 Deborah L. Tolman, Brian R. Davis y Christin P. Bowman (2016), «That's just how it is: A gendered analysis of masculinity and femininity ideology in adolescent girls' and boys' heterosexual relationships», en *Journal of Adolescent Research, 31*(1), pp. 3-31.

Los adolescentes necesitan urgentemente herramientas para gestionar sus experiencias sexuales; pero, como demuestran sus experiencias, les estamos fallando. Los progenitores ¿no hablan con sus hijos adolescentes y les enseñan lo que necesitan saber?, ¿o los adolescentes simplemente no escuchan lo que les dicen sus padres?

Los adolescentes me dicen que valoran la intimidad física amorosa y respetuosa, pero que están confundidos en cuanto a lo que es «normal, en el buen sentido». Admiten que sus ideas y pensamientos sobre el sexo son confusos, pero dicen que es «difícil conseguir información que tenga cierto sentido».

Como los adolescentes saben que no entienden la información que conocen, y como no les gusta enfrentarse a su propia confusión, a menudo se irritan al hablar de sexo con sus padres/madres. En los primeros años de la adolescencia, conservan la respuesta infantil de «¡Qué asco!» ante la idea de que sus padres tengan relaciones sexuales. «¡Eso no se hace de verdad!», piensa un niño al enterarse por primera vez de cómo fue concebido. «¿Cómo pueden hablar después con normalidad?», se preguntan. Unos años más tarde, cuando piensan en el sexo no en términos de lo que hacen los adultos, sino en términos de lo que ellos mismos harán o querrán hacer, sigue existiendo el enigma: «Mis padres ¿lo hacen realmente? ¡Qué asco!», y «Para mí es totalmente diferente». Muchos adolescentes quieren parecer tranquilos con el tema del sexo y de su propia sexualidad. Por ello, cuando los padres dicen: «Los adolescentes de hoy en día son indiferentes a todo esto», estos adolescentes no cuestionan en absoluto esta visión. Miriam está «de acuerdo con que mamá piense que sé lo necesario solo para quitármela de encima y darle un poco de tranquilidad». Es obvio que a su madre le aterra el tema de su niña y el sexo. Al percibir el malestar de su madre, Miriam no quiere aumentar la ansiedad. Ella ya tiene la suya propia.

—Me gusta [mi novio], pero hay momentos en los que me repugna —explica— y no quiero que me toque. Y no sé si es solo entonces, como un sentimiento del tipo «No, gracias, esta noche no», o si es porque no le quiero. Y si alguna vez lo hacemos todo será mucho peor. Porque incluso ahora, cuando simplemente hacemos algunas cosas, me dan ganas de arrancarme la piel.

Su amiga Jemma, de dieciocho años, dos más que Miriam, que sí mantiene relaciones sexuales con su novio, se enfrenta a una serie de preguntas diferentes:

—Se supone que ser «íntimo» es una especie de eufemismo, pero para mí no lo es. Es esta intimidad. Entras en un nuevo nivel de comunicación. Y hay un vínculo. Lo veo y lo siento. Así que no tiene sentido para mí que no lo sea para [su novio]. Es una verdadera decepción. Lo que significa para mí no es nada para él.

Las conversaciones entre padres/madres y adolescentes sobre el sexo siguen siendo importantes, y se vuelven un poco más fáciles, al final de la adolescencia. Cuando pregunto a los jóvenes de veintiún y veintidós años —que, como muestro en el capítulo once, siguen siendo adolescentes, cerebralmente hablando— qué es lo que más aprecian de sus padres, es «que les parezca bien saber lo peor de mí» y «que me ayuden a dejar atrás los problemas». Cuando indago en los ejemplos, estos incluyen: «Tener relaciones sexuales cuando no era mi intención», «Quedar atrapada en un enamoramiento con un chico realmente horrible» y «Ser realmente comprensivos y no enloquecer cuando les dije que era gay».

Las discusiones que los adolescentes anhelan son las que van más allá de los hechos físicos y biológicos, y más allá de los recordatorios de moderación (como «Simplemente di "no"» y «Ten cuidado»). El sexo no es «solo sexo», sino que implica emociones y relaciones profundas.

—En cierto modo esperas que tus padres se hayan dado cuenta de todo esto, o que lo hayan superado —me dijo Jemma—. Así que fue muy bueno escuchar a mi madre hablar de sus sentimientos y de cómo no estaba segura, y de que se había sentido decepcionada por chicos, o por sus propios sentimientos. En cierto modo, me hace sentir menos infravalorada. Como si pudiera meter la pata o sentirme humillada y seguir teniendo respeto por mí misma.

Algunos progenitores y responsables políticos creen que hablar del placer y de los sentimientos sexuales animará a los adolescentes a tener relaciones sexuales con demasiada frecuencia y demasiado pronto. Un hallazgo notable es que los adolescentes que hablan con sus padres sobre el placer y el deseo sexual son más propensos a retrasar las primeras relaciones sexuales. Además, es más probable que estos adolescentes utilicen métodos anticonceptivos, en comparación con los adolescentes cuyos padres se ciñen a «los hechos» y «los peligros»[5]. Además, los adolescentes que hablan con sus padres/madres de la importancia del placer en el sexo —el propio placer personal del adolescente— son mucho menos propensos a decir que el sexo «simplemente sucedió»[6]. Son menos propensos a someterse a la presión de una pareja, y menos propensos a ejercer presión sobre una pareja, porque son conscientes de que no es únicamente el deseo de una persona lo que importa. Están mejor equipados para expresarse ante su pareja, o para oírle decir: «No quiero hacerlo». Cuando tienen relaciones sexuales, es porque ambos lo desean.

---

5 Sharon Thompson (1998), *Going all the way*, Nueva York: Hill and Wang.

6 Thompson (1998). Véase también Jennifer F. Chimielewski, Christin P. Bowman, y Deborah L. Tolman (2020), «Pathways to pleasure and protection: Exploring embodiment, desire and entitlement to pleasure as prediction of Black and White young women's sexual agency», en *Psychology of Women Quarterly, 44*(3), pp. 307-322.

Cuando los padres dejan a un lado su ansiedad por las hormonas de los adolescentes y por los deseos sexuales descontrolados y se centran, en cambio, en la propia sexualidad del adolescente, mostrando respeto por su deseo y su placer, el adolescente recibe el mensaje: «Eres el protagonista de los acontecimientos».

Puede que ese córtex prefrontal aún no esté en su estado de madurez; las redes entre los centros de placer del cerebro y el centro de planificación pueden estar un poco tambaleantes, pero las conversaciones con los padres pueden ayudar a los adolescentes a ser inteligentes, incluso en el fragor de la pasión.

6.4 CÓMO HABLAR DE SEXO, RECHAZO Y CONSENTIMIENTO

Hemos visto en este capítulo pruebas inquietantes de que muchos adolescentes (sobre todo chicas) se sienten coaccionados para tener relaciones sexuales y de que la aparente sabiduría sexual de los adolescentes encubre una profunda ignorancia y una gran confusión. Para los chicos, la cuestión más perturbadora es la falta de sensibilidad ante la reticencia de la su pareja, un umbral bajo para lo que cuenta como consentimiento[7], y la suposición de que su deseo urgente tiene prioridad. Para las chicas, las cuestiones más perturbadoras son su autoculpabilidad cuando se ven obligadas a mantener relaciones sexuales y la creencia arraigada de que su conformidad es lo adecuado.

Explorar y desafiar estas normas de género con tu hijo adolescente no es fácil. Los investigadores han observado que los adolescentes

---

7 Hay algunos signos esperanzadores que revelan que los nuevos enfoques para reducir la gestión del «derecho sexual» en los chicos están teniendo algún efecto. Los informes sobre sexo coercitivo en adolescentes han disminuido de 2012 a 2017. Sin embargo, las pruebas de las experiencias reales de los adolescentes requieren una investigación e interpretación muy cuidadosa.

luchan habitualmente contra las dobles normas sexuales, pero tienen dificultades para identificar y explicar cómo surgen en sus propias relaciones amorosas. Adoptan el principio de la igualdad de género y se quejan de la injusticia que supone que se ponga en la picota a las chicas que tienen muchas relaciones sexuales mientras que a los chicos que las tienen se los glorifica. Sin embargo, en los relatos de las chicas y de los chicos adolescentes sobre sus propias experiencias sexuales infelices, esa crítica astuta y elocuente brilla por su ausencia[8] («Me sentía culpable, así que le seguí la corriente», «Ella no quiere admitir realmente que lo desea»).

Entonces, ¿cómo pueden los padres mantener conversaciones eficaces sobre el sexo?[9]

En primer lugar, asegúrate de ir más allá de la biología. Hablar directamente de los hechos físicos y biológicos del sexo es importante, pero las buenas conversaciones incluyen los riesgos emocionales y los profundos significados personales del sexo. Aprovecha la oportunidad para incluir conversaciones sobre las relaciones, el respeto, el deseo y el placer. Los dos primeros temas (relaciones y respeto) requieren un énfasis en la conversación con los varones adolescentes, mientras que el deseo y el placer deben destacarse en las conversaciones con las hijas adolescentes. Cuando, en la clases de educación sexual (como ocurre en Holanda), se hace hincapié en las relaciones y en el respeto, el índice de relaciones sexuales sin protección entre los adolescentes es bajo, la edad de la primera relación sexual es mayor y menos adolescentes declaran que su primera experiencia sexual fue fruto de la coacción[10].

---

8 Tolman et al. (2020).

9 Estas directrices son una adaptación de un artículo que escribí para *O, The Oprah Magazine*, Terri Apter (2009, mayo), How to talk to your daughter about sex, https://www.oprah.com/relationships/how-to-talk-to-teen-girls-about-sex-dr-terri-apters-advice/all

10 J. Dunn y R. Layard (2009), *The good childhood report: Searching for values in competitive age*, Londres: The Children's Society.

En segundo lugar, asegúrale a tu hijo que la confusión es normal. Cualquiera puede estar confundido por las emociones y el deseo. Evita preguntar al adolescente cómo se siente con respecto al sexo; en su lugar, explícale o reconoce que se necesita tiempo para calibrar las propias necesidades y deseos. Busca oportunidades (en películas, anuncios e Instagram) para concienciar sobre los mensajes contradictorios. Busca los mensajes que señalan a las adolescentes: «Se supone que debes infundir deseo en los demás, pero decir "no" al sexo, no tener deseos sexuales, ser *sexy* pero no sexual». Y ten cuidado con los que señalan a los adolescentes varones: «Se supone que debes dominar/actuar/ser el cazador» o «Las chicas reacias tienen que ser persuadidas».

Cualquier mensaje de este tipo, en cualquier contexto —no solo el sexual—, debe ser cuestionado, porque estas normas socavan tanto la capacidad de las chicas de verse a sí mismas como agentes con derecho a tomar decisiones basadas en sus propios deseos, como la capacidad de los chicos de reconocer la importancia de la resistencia de una chica a tener relaciones sexuales. Los progenitores pueden fomentar una valoración más crítica de las normas de género de muchas maneras; por ejemplo, captando cualquier cosa negativa que un adolescente diga de una chica por ser sexual, ya sea con palabras como «zorra» o «guarra», o con comentarios como «Es fácil» o «Hará lo que sea». También se puede hacer captando cualquier cosa que diga un adolescente, o que se le diga al oído, que presente a los varones como agresores sexuales, como «No puedes luchar contra la testosterona» o «¿A qué esperas? Si se lo ofrecen, lo aceptará».

En tercer lugar, demuestra que te interesa lo que tu hijo adolescente tiene que decir sobre el sexo y el género. En la medida de lo posible, trata al adolescente como a un colaborador y no como a un pupilo. No temas las pausas en la conversación. El adolescente puede necesitar tiempo para escudriñar las palabras, para comprobar qué se puede decir con seguridad, para pensar cuánto quiere revelar y qué prefiere mantener en privado. Sobre todo, evita decir a los adolescentes lo que deben pensar o sentir, y evita sacar conclusiones precipitadas sobre lo que el adolescente piensa o siente.

Ten en cuenta que hablar —en profundidad— suele ser oportuno. Cuando los progenitores inician una conversación, los adolescentes tienden a cerrarse. Sienten que los están «sermoneando» o «regañando». Las conversaciones íntimas suelen tener lugar de manera informal, mientras se hacen otras cosas juntos, ya sea preparando la cena, doblando la ropa, haciendo la compra o de camino al colegio. Pueden prolongarse durante semanas y meses. La mejor opción para el padre/madre es esperar pacientemente a que se abra un espacio de conversación. Recuerda que la paciencia y la voluntad de escuchar demuestran respeto. Y, como muchos padres y madres saben, cuando las conversaciones reales con un adolescente van bien, son una alegría.

7

«Siempre dices lo que no debes»

EL VERDADERO OBJETIVO DE LAS CRÍTICAS DE LOS ADOLESCENTES

—Cada vez que abro la boca, ella arremete. Cada palabra que digo está mal. La cosa más sencilla está mal. «No es un culebrón [de televisión], es una serie de Netflix» o «No es una fiesta, solo estamos pasando el rato. No entiendes nada». Me mira con los ojos como puñales. Es una niña tan dulce, lo sabes, en el fondo... pero realmente me agota.

Vella, madre de Clara, de quince años, expresa una queja que resulta familiar a los padres de adolescentes: «Todo lo que digo está mal».

Kieren dice que su hijo Sam, de quince años, «frunce el ceño cuando intento mantener una conversación con él. Puedes ver el enfado en su cara, y se encrespa hasta que desisto. Lo intento. Le pregunto de qué quiere hablar y me dice: "De nada. No necesito hablar". No creo que quiera hacerme daño. Simplemente no lo puede evitar».

Caleb dice que su hija Mercy, de trece años, «no necesita ninguna razón para encontrar fallos en lo que hago. Puedo morder una manzana, o beber una Coca-Cola, o acomodarme en una silla, y estaré haciendo algo que la ofende sobremanera, aunque no pueda entender el motivo. He dejado de preguntar: "¿Qué diablos te pasa?", porque todo lo que obtengo es "Eres muy pesado". Puede echarse a llorar por ello, y no sé por dónde va ese dolor, si lo siente por mí, porque tengo una hija muy susceptible, o por ella misma, porque tiene un padre que se empeña en incordiarla».

No usar la palabra justa, intentar entablar una conversación o, simplemente, morder una manzana no son motivos razonables para una discusión acalorada. Estos tres progenitores están confundidos, dolidos y también preocupados por sus hijos adolescentes. Lo que muchos padres/madres no saben es que los adolescentes se sienten muy mal, aunque parezcan autosuficientes.

—Sé que papá intenta, digamos, apoyarme, mostrar interés —dice Sam—. Pero esta jovialidad de padre a hijo no le queda bien. No es exactamente falsa. Pero es un poco fingida. Me pongo nervioso cuando lo intenta. Y entonces me siento mal.

También Mercy sabe que es «muy injusta»:

—Supongo que no puede evitar su postura al respecto. Y no sé por qué, pero a veces me dan ganas de llorar. Está en la habitación y no puedo concentrarme en nada, y entonces aparecen esos ruiditos. Me da una rabia horrible.

7.1 PADRES Y MADRES EN LA MENTE DEL ADOLESCENTE

La confusión —comprensible— de los padres y madres surge de la creencia de que la crítica o el enfado del adolescente se dirige a lo que ellos están diciendo o haciendo en ese preciso momento. Pero las intensas respuestas de los adolescentes a sus progenitores están inmersas en una larga historia emocional, una historia que empezó cuando —en la mente del niño— el progenitor siempre tenía razón, cuando la presencia del padre o de la madre llenaba toda la habitación, y la hacía segura y protegida. En la adolescencia, cuando los adolescentes ponen a prueba constantemente su nuevo yo emergente y altamente individual, se sienten ambivalentes respecto a esa comodidad. El padre/madre sigue siendo la persona más poderosa de la casa, pero los adolescentes quieren desafiar ese poder. Mientras presentan una queja tras otra contra su progenitor, su verdadero problema reside en sí mismos. Su irritación se dirige al padre/madre que habita en su propia mente.

Así que el aparente deseo de los adolescentes de extirpar o «expulsar» a su padre/madre no se corresponde exactamente con lo que quieren. Su mensaje es «te equivocas», «vete» y «me siento incómodo contigo», pero también sienten, todavía, el amor y la dependencia de un niño. Se retuercen bajo esa presión, frustrados consigo mismos por su necesidad de la presencia y del amor de un padre/madre. Los adolescentes se desahogan entonces contra ese progenitor, como si su ambivalencia fuera culpa suya. Dicha ambivalencia explica una serie de comportamientos que desconciertan a los padres/madres. Vella dice de su hija adolescente Clara:

—Un día soy la peor madre del mundo y desearía no tener nada que ver conmigo, y a la mañana siguiente es la niña más dulce, y me enseña sus dibujos del colegio y convence [a su hermano pequeño] para que se prepare cuando sabe que es hora de irse. En el coche [de camino al colegio] está llena de novedades y feliz como una perdiz. A veces pienso que tener una hija de quince años es lo más maravilloso, y a veces es como si estuvieras en una situación de aprisionamiento y te equivocaras con cualquier cosa que hicieras. Es lo más confuso.

Vella está describiendo el comportamiento cambiante que muchos padres identifican. A veces los adolescentes son tan adorables y tan abiertamente necesitados y afectuosos como un niño satisfecho. Kieren hace una pausa en su relato sobre lo difícil que puede ser su hijo Sam:

—Llego a un punto en el que pienso: «No hay nada que pueda hacer que funcione con este chico». Pero eso te da una idea equivocada. Porque algunas veces, la mayor parte del tiempo, es el mejor de los compañeros. Ahora puedo hacer mucho más con él. Y me impresiona. Estábamos montando estanterías en la habitación de su hermana, y somos el equipo por excelencia. Hay buen ritmo cuando trabajamos juntos, y tenemos el mismo objetivo. Eso es pura alegría, que solo puedes obtener de un chaval mayor.

Es esta «alegría pura» y este conseguir el ritmo de un equipo sin problemas lo que los adolescentes intentan conseguir incluso cuando critican a un padre o a una madre. Pero, como ocurre a menudo con los adolescentes, sus mensajes están distorsionados. Cuando Clara se queja de que su madre, Vella, «no entiende nada», parece estar diciendo: «No tiene sentido hablar contigo». Pero al escuchar a Clara explicar sus quejas, surge algo muy diferente. Me dice:

—Intento explicarle cosas a mi madre. Realmente lo hago. Como que he decidido cambiar algunas asignaturas el año que viene. Y ella sigue haciendo lo que está haciendo, como guardar los platos o hacer una trenza [a mi hermana pequeña], y ahí está esa postura de su boca, y puedo ver que no le gusta, y espero a que diga algo, y entonces todo lo que obtengo es un «Mmm». Lo odio. ¿Qué se supone que debo hacer con los «Mmm»? ¿Es que no me está escuchando? ¿O es algo así como «De ninguna manera»? Puedo percibir todo tipo de cosas que pasan por su cabeza, pero no me responde nada.

Los adolescentes conocen bien a sus padres. Perciben cada expresión, sonido o cambio de tensión muscular, y adivinan su significado subyacente. Vella intenta procesar los nuevos planes de su hija para las asignaturas del próximo curso. La propuesta —o, como la presenta Clara, la «decisión»— de cambiar la geografía por la historia y el cálculo por la informática hace que surjan multitud de preguntas: ¿Qué está pasando? ¿Cuáles son los motivos? ¿Es por las clases que cursan sus amigos? ¿Es por el horario de las distintas clases? ¿Tiene problemas en sus clases actuales? ¿Qué impacto podría tener este cambio en sus solicitudes universitarias? ¿Ha hablado de ello con un orientador académico?

Clara ha abierto un gran tema, pero quiere un simple «Claro, está bien» de su madre. Eso no va a ocurrir. Clara tiene la impaciencia de los adolescentes por tener las cosas resueltas inmediatamente, de acuerdo con su propuesta impulsiva. Cualquier otra cosa le parece innecesaria y frustrante.

7.2 CÓMO LOS ADOLESCENTES «LEEN» A SUS PADRES

Hay dos ingredientes adicionales en esta mezcla de crítica y ambivalencia de los adolescentes. El primero es la reactividad distintiva de los adolescentes, en la que la ira surge rápidamente y se resuelve con lentitud. Una vez que algo molesta a los adolescentes, estos permanecen en ese estado negativo durante más tiempo que un niño o un adulto. Esto es un subproducto de sus emociones más volátiles, del sistema límbico del cerebro, que se excita con facilidad, y del córtex prefrontal o centro de control, que es menos eficiente.

El segundo ingrediente surge de su larga historia de lectura de la cara y la voz de los progenitores. Antes de que puedan caminar o hablar, o incluso gatear, los bebés comprenden que los diminutos cambios en los músculos faciales tienen un importante significado interpersonal. La cara de los padres refleja tanto quiénes son (buenos o malos) como el mundo en general como seguro o amenazante. Pero alrededor de los doce años, justo cuando comienza la adolescencia, su interpretación de las expresiones emocionales se vuelve menos precisa[1].

---

1 R. F. McGivern, J. Andersen, D. Byrd, K. L. Mutter y J. Reilly (2002), «Cognitive efficiency on a match to sample task decreases at the onset of puberty in children», en *Brain and Cognition, 50*(1), pp. 73-89.

La disminución de la capacidad de lectura de rostros está relacionada con la masa enmarañada de materia gris descrita en el capítulo dos. Hemos visto cómo el cerebro ejecutivo del adolescente (el córtex prefrontal) es menos eficiente para planificar y controlar los impulsos. El cerebro social del adolescente (la red de regiones cerebrales implicadas en la comprensión de los demás) también procesa algunas cosas con menos eficacia y menos fiabilidad. Los científicos han descubierto un error común que los vuelve especialmente sensibles.

Cuando un adulto ve un rostro humano, la parte razonadora del cerebro (el córtex prefrontal) se pone a trabajar en la compleja tarea de interpretar su expresión. Sin embargo, cuando un adolescente ve el mismo rostro, es la parte más primitiva y emocional del cerebro (que incluye la amígdala) la que se activa. La amígdala, cuando se activa, nos pone en alerta máxima. Nuestro corazón late más rápido. Nuestros músculos se preparan para luchar o para huir. Como nuestro cuerpo se comporta como si estuviéramos en peligro, nos sentimos amenazados. Y cuando nos sentimos amenazados, creemos que realmente nos atacan.

El resultado es que los adolescentes suelen interpretar como hostiles, asustadas o enfadadas las mismas expresiones faciales que un niño o un adulto verían como neutrales. Y cuando miran una cara que sí expresa miedo o ira, el cerebro de los adolescentes (en dos regiones del córtex frontal) se vuelve excepcionalmente activo[2]. Como hemos visto, una vez que los adolescentes sienten una emoción fuerte, tardan en calmarse.

Conocer la ciencia del cerebro que hay detrás de la respuesta acalorada del adolescente ante miradas o comentarios neutros puede servir para tranquilizar a los progenitores. «Por eso mi hijo adolescente salta con todo lo que digo. Se enfada porque cree

---

2 Blakemore (2018), p. 131.

que estoy enfadada», o «Ya veo por qué mi hijo adolescente se enfada tan rápidamente. Se pone a la defensiva porque cree que soy hostil». Sarah concluye con alivio: «Así que no es culpa mía. Es la forma en que me ve, y esta crispación se irá, algún día».

Sin embargo, como bien saben la mayoría de los padres/madres, en medio de las discusiones entre ellos y sus hijos, ese «algún día» puede parecer una eternidad. Tras el alivio inicial al descubrir que «las críticas de mi hijo adolescente y mis respuestas no son culpa mía, sino el resultado de cómo procesa la información ese molesto cerebro adolescente», queda la realidad cotidiana de la interacción. En estas interacciones diarias, tanto los adolescentes como los progenitores pueden tranquilizarse —y ayudarse— con una comprensión más profunda del propósito de la crítica adolescente. Al fin y al cabo, la historia del cerebro no lo cuenta todo.

7.3 EL ROSTRO CAMBIANTE DEL AMOR

Una y otra vez, los adolescentes se quejan de lo que un progenitor no «ve», no «aprecia» o no «entiende». Con sus críticas, los adolescentes se esfuerzan por conseguir el apoyo y el reconocimiento del padre/madre para la persona en la que están intentando convertirse. Su impaciencia es, en parte, con sí mismos: «¿Por qué no puedo explicarme para que mi padre lo entienda?». Sin embargo, culpan al padre/madre de ser «tonto», «lento» o «desinteresado».

La esencia de muchas quejas de los adolescentes es: «Me hablas como si pensaras que sigo siendo el niño que crees conocer, pero soy mucho más». Pero ni los propios adolescentes saben quién es esa persona. Ambivalentes respecto a su continua necesidad de reconocimiento por parte de los progenitores, las respuestas de los adolescentes son, a la vez, vehementes y confusas.

Veamos de nuevo la impaciencia de Clara con su madre, Vella. Clara habla con su madre y espera que ella «diga algo... y entonces todo lo que obtengo es un "Mmm". Lo odio. ¿Qué se supone que tengo que hacer con el "Mmm"? ¿Me está escuchando o no?». Clara quiere una respuesta concreta. Quiere que su madre muestre respeto por su decisión y que confíe en ella. Sin embargo, sabe que su madre no entenderá todas las razones —que Clara no puede articular del todo— que avalan su argumento. Clara me confiesa: «Incluso antes de abrir este tema, sabía que me pondría de muy mal humor».

Clara, como muchos adolescentes, quiere desprenderse de su dependencia infantil. Al mismo tiempo, quiere el reconocimiento y la admiración de su madre. Se siente frustrada porque su madre tarda en descubrir quién es ella, aunque no ayuda el hecho de que ella misma no lo sepa. Esta necesidad de reconocimiento surge cuando los adolescentes expresan lo que les frustra de un progenitor: «Mi madre cree que todavía soy una niña. No ve que el amigo que antes me gustaba es ahora un auténtico pelmazo» o «Mi padre quiere dirigir mi vida según su plan». Desde el punto de vista de un adolescente, los progenitores necesitan recordar, una y otra vez, que deben actualizar sus conocimientos sobre «qué es un adolescente». No es que los adolescentes duden de que un padre/madre los quiera; pero, para ellos, cuando no están seguros de quiénes son —y, además, dependen de cómo los ven los demás—, el amor no es suficiente. «¿Cómo puedes amar realmente a alguien si no sabes quién es?», exigen. Los adolescentes quieren la ayuda de sus padres para definirse a sí mismos, igual que en la infancia y en la niñez.

El primer libro que escribí sobre la adolescencia, hace casi treinta años, se titulaba *Altered Loves*. El título procedía de un soneto escrito por Shakespeare en el que el orador reflexiona: «No es amor el amor que cambia cuando una alteración halla». En resumen, el verdadero amor no termina cuando la persona a la que amamos cambia. El soneto se basa en la noción de amor incondicional («Puedes ser y hacer cualquier cosa y te seguiré amando»). Pero, al observar el vínculo adolescente/progenitor, vi que la alteración era necesaria. El propio amor tenía que cambiar para ser eficaz. «Te sigo queriendo» nunca es suficiente. El amor tiene que ser el adecuado. Y a medida que el adolescente cambia, también debe cambiar el amor.

Este es uno de los mayores retos de la educación de los adolescentes. Los psicólogos suelen hablar de tareas de desarrollo. En la infancia, estas implican el desarrollo de habilidades motoras, tanto pequeñas como grandes. Las habilidades motoras más sutiles (pequeñas) implican el control muscular necesario para coger algo, pasarlo de una mano a otra y dibujar una línea o un círculo. Las habilidades motrices mayores implican el equilibrio y el movimiento de las extremidades. Luego están las habilidades verbales de comprensión y adquisición del lenguaje, y las habilidades sociales de interacción con los demás, con el toma y daca de la conversación. Los progenitores también tienen tareas de desarrollo: la tarea de seguir el ritmo de las etapas de sus hijos, proporcionándoles un lenguaje, una interacción y un estímulo que tengan sentido para su hijo en cada fase del desarrollo. Los progenitores están inundados de información sobre cómo realizar las tareas de respuesta a sus hijos. Hasta hace poco, los padres/madres disponían de muy poca información que los apoyara en las tareas de desarrollo necesarias para criar a los adolescentes.

7.4 ESCUCHANDO LOS RECORDATORIOS DE IDENTIDAD

Los rápidos cambios que experimentan los adolescentes se reconocen fácilmente, mientras que los cambios que experimentan los progenitores en respuesta a sus hijos adolescentes son ignorados.

Los padres/madres se deleitan con cada descubrimiento sobre el bebé y el niño pequeño, pero a menudo están preocupados al presenciar los rápidos cambios de su hijo adolescente. Les preocupa lo que el muchacho pueda hacer para poner en peligro su futuro. Temen perder su influencia como guías y protectores. Los adolescentes captan esa inquietud y esa preocupación, y echan de menos la curiosidad omnipresente que los padres/madres les mostraban cuando eran pequeños.

La seguridad que dan los padres («Te quiero, pase lo que pase») es sincera, pero no proporciona lo que los adolescentes necesitan.

—Oh, sé que me quiere —dice Clara, con cierta displicencia—. Pero ¿sabes por qué me quiere? Es porque, primero, no tiene elección, soy su hija. Pero, en segundo lugar, me quiere porque sigo siendo su pequeño bebé. Me quiere por lo que fui, no por lo que soy.

Clara, como muchos adolescentes, no se conforma con ser amada simplemente como hija. Los adolescentes creen que merecen un nuevo tipo de amor y, para conseguirlo, intentan centrar la atención de sus progenitores en su nuevo y más maduro yo. Sam le dice a su padre: «Odio que digas: "Oh, es un gran aficionado a la historia"». Y Philip se queja a su padre: «La historia ya no me interesa. No dejas de decir: "Él piensa esto, y quiere aquello", y realmente no lo sabes. No me escuchas».

A este tipo de comentarios los llamo «recordatorios de identidad». Los intercambios entre adolescentes y progenitores están repletos de ellos: «Esto es lo que soy/intento ser/pienso que puedo ser», «No soy ni el niño que crees conocer ni el extraño al que tanto temes». Las quejas de los adolescentes sobre un padre/madre, y sus críticas rápidas, suelen ser esfuerzos por influir y perfeccionar las respuestas de los progenitores. Estos no suelen comprender los objetivos positivos de sus hijos adolescentes, y suelen interpretar estos esfuerzos que los hijos hacen por reajustar y actualizar la relación como rechazo y hostilidad.

Cuando los progenitores ignoran, desestiman o simplemente no se dejan impresionar por las aportaciones críticas de sus hijos adolescentes, los conflictos se intensifican, y dejan tanto a unos como a otros angustiados y aislados. Clara sabe que le cuesta explicarse:

—Mis ideas sobre lo que quiero decir son enormes, pero a veces salen en pedacitos fragmentados. Es como si una de esas burbujas de discurso llenara mi cerebro, pero solo salen pequeños círculos. O bien me quedo muda o empiezo a gritar. —Clara le echa parte de la culpa a su madre—: Si se sentara y prestara atención, sería más fácil que todo funcionara. Me siento como si hablara con una persona inexistente. Realmente no me escucha.

Sin la atención plena de su madre, sin la seguridad de que sus palabras resuenan en ella, Clara siente que sus propios pensamientos se rompen en «pedacitos». Cree que su elección está entre permanecer en silencio o gritar. Mientras que para un padre/madre tales respuestas parecen desproporcionadas, la adolescente siente indignación moral ante el hecho de que su padre/madre no se comprometa plenamente. Al fin y al cabo, en una relación estrecha, «no escuchar» es una traición.

7.5 ME PARECE QUE TIENEN RAZÓN Y LO DETESTO

Al escuchar a los progenitores y a los adolescentes mientras hablan, bromean y se pelean, queda claro que los adolescentes son muy hábiles a la hora de detectar los puntos débiles de los padres/madres y pincharlos hasta que estos «pierdan los papeles». De este modo, logran transformar al adulto en algo muy parecido a un adolescente reactivo. Cuando el padre de Sam intenta entablar una conversación con él, y luego se queja: «Es difícil hablar contigo», Sam dice: «¿Crees que es difícil hablar conmigo? Mamá dice que tiene que arrastrarte a una habitación y cerrar la puerta antes de conseguir que digas lo que te molesta, o que escuches su problema». Padre e hijo se miran con desprecio. Tras un rato, Kieren dice: «Como he dicho, es difícil hablar contigo». Mientras se aleja, Sam se burla de él: «"Como yo digo..." Ejemplo, papá. Un ejemplo perfecto».

Los adolescentes conocen los defectos y los fallos de sus padres. Cuando se sienten sometidos a un incómodo escrutinio o a una crítica, utilizan este conocimiento para «vengarse» de ellos. Sacan a la luz rasgos que los propios progenitores pueden no admitir, y un padre/madre a la defensiva es probable que sea un padre/madre irracional. El padre de Sam dice que ser padre de un adolescente «requiere un buen par de zapatos». Le pido que se explique. «Es un camino largo y lleno de baches. Tienes que estar preparado para recorrer un largo camino. Y algunas veces es incómodo. Tu ego se ve constantemente zarandeado».

Muchos progenitores me dicen que tener un hijo adolescente erosiona su confianza en sí mismos, no solo como padres/madres, sino también como personas. «He aprendido —me dice Vella— que cualquier cosa relacionada conmigo puede estar de repente equivocada». Lo que sorprende a muchos progenitores es que parte de ese peso distintivo de las críticas de los adolescentes proviene del malestar que los hijos sienten por conservar su confianza ciega en los padres/madres. Las críticas de los adolescentes, aunque parezcan tan vehementes, están envueltas en dudas. Los puntos de vista y las creencias de los padres/madres siguen siendo señales grabadas en su mente. La crítica, aparentemente dirigida al progenitor, se dirige en realidad a ese padre/madre aún poderoso que reside en la mente del adolescente. Sam me dice:

—No hay nada que pueda decirle a mi padre que sea lo suficientemente grande como lo que quiero decir. Es como si mis palabras no le llegaran, a decir verdad. Lo que realmente me enfurece es... lo que realmente me enfurece es lo seguro que está y cómo creo que tiene razón, y eso es algo que detesto.

La crítica que un adolescente hace a su padre/madre se remonta a todas las veces que el adolescente, de niño, aceptó la versión del mundo del progenitor. En cambio, la voz personal del adolescente parece vacilante e incierta. Al criticar al padre/madre, los adolescentes esperan escuchar esa voz que aún no se ha formado del todo dentro de sí mismos. Para corregir este desequilibrio entre lo que perciben como la certeza del progenitor y su propia duda, los adolescentes deciden: «Debo estar en guardia y desafiar siempre lo que hagan o digan». Pero cuando los progenitores demuestran que están dispuestos a escuchar la voz del adolescente —todavía no formada—, alivian esa frustración distintiva de los jóvenes. Cuando sienten que su yo emergente es respetado, los adolescentes ya no tienen que esforzarse tanto para que se los escuche.

7.6 NO SOLO EL ADOLESCENTE ES SUSCEPTIBLE

Como hemos visto, los adolescentes reaccionan rápidamente a las emociones negativas. Es probable que una discusión acalorada se vuelva más acalorada y menos racional. Es difícil para cualquier persona, adolescente o adulto, mantener la calma en compañía de personas cuyas emociones son muy intensas, y la reactividad del cerebro adolescente suele contagiar las respuestas de los progenitores. La excitación emocional es contagiosa.

Los padres y las madres son más sensibles a las críticas y a la hostilidad de sus hijos adolescentes que a las de los niños. Las mismas palabras pronunciadas al mismo nivel de decibelios significarán algo diferente cuando provienen de un adolescente que cuando provienen de un niño. «¡Te odio!», o «Quiero marcharme y no volver a verte», pronunciadas por un niño de cuatro años son arrebatos momentáneos, no declaraciones de sentimientos reales. Cuando el padre/madre de ese niño de cuatro años se encuentra al límite de sus fuerzas, y también pierde la cabeza, puede responder de la misma manera («¡Te odio!»)[3], pero el furor y la furia disminuyen rápidamente en ambas partes y el amor lava todos los malos sentimientos. Cuando Leis, de catorce años, le dice a su madre: «¡Te quiero fuera de mi vida!», y «¡Te odio!», se siente, en muchos sentidos, como una niña de cuatro años[4]. Está frustrada por no poder salirse con la suya: su madre insiste en que no puede quedar con una amiga hasta que no limpie su habitación y haga los deberes; y esa frustración, en ese momento, invade todo su universo. Como una niña de cuatro años, Leis es incapaz de ver más allá de la rabia presente.

Pero la madre de Leis no responde al arrebato de su hija adolescente como lo haría si Leis fuera una niña pequeña. Annette ve ante ella a una hija que, durante el último año, se ha vuelto muy elocuente, y que puede discutir las perspectivas y los valores de otras personas tan bien —si no mejor— como cualquiera de sus propios amigos. Annette escucha las terribles palabras «Te quiero fuera de mi vida» y «¡Te odio!» como si vinieran de una persona que conoce su propia mente. Aturdida y profundamente herida, replica rápida y fríamente: «El sentimiento es mutuo».

Es Leis quien me informa sobre las palabras de Annette:

---

3 Como ocurre en una maravillosa escena entre el padre y el hijo de siete años en la película de 1979 *Kramer contra Kramer*.

4 Presenté este caso por primera vez en T. Apter (1990), *Altered loves: Mothers and daughters during adolescence*, Nueva York: St. Martin's Press, pp. 141-144.

—No podía creer que mi madre me dijera eso. Quiero decir... claro, yo también me enfado —me dijo Leis—. Pero mamá lo sabe. Me he enfadado mucho antes... Sé que puedo decir cosas aún peores. Pero lo que dijo me impactó de verdad. Me frenó en seco. Y estuve a punto de disculparme, pero, ya me entiendes, se necesita un tiempo para llegar a eso. Y entonces ella se marchó. No me habló durante veinticuatro horas. Fue aterrador.

A nadie le gusta oír «te odio», y es especialmente doloroso oírlo de un pariente cercano. Entonces, ¿por qué Leis se sorprende cuando su madre responde con tanta frialdad a sus palabras? El hecho es que Leis sigue viendo a su madre como cuando era niña: fuerte, segura, la que siempre manda. La adolescente a la que se le da bien discutir los puntos de vista de los demás todavía no ve a su madre como a una simple mortal. Leis sigue viendo a su madre magnificada, muchas veces a tamaño natural, a través de la perspectiva de una niña.

Algunos progenitores disimulan su vulnerabilidad ante las críticas de sus hijos adolescentes. «No me importa lo que pienses», dice Vella cuando su hija adolescente Clara «salta sobre cada palabra que sale de mi boca». Razona: «Tengo la obligación de ser la adulta en este asunto. No puedo dejar que vea cómo me afecta. Aquí está esta hija tan querida que una vez pensó que lo sabía todo y ahora me dice que estoy en una situación de desamparo. Como si no supiera nada. No es fácil».

Parece de sentido común fingir indiferencia ante una adolescente irracional y a veces hostil. Pero, en estos asuntos, el sentido común no siempre es una guía segura. Cuando Vella disfraza su vulnerabilidad y finge que no le afectan las críticas de su hija, hace suya la opinión de Clara de que su madre es superfuerte. Clara se convierte entonces en la superagresora. Como señala Vella con pesar: «No quiere dar un paso atrás. Me dice cosas que no diría a nadie cuyos sentimientos le importen».

Clara cree a su madre cuando dice: «No me importa lo que pienses». La respuesta que recibe de estos intercambios es que, por muy enfadada que esté, por muy cruel que sea, no está haciendo daño a su madre. En cambio, el mensaje que Annette transmite a Leis es muy diferente. La sorprendente respuesta de Annette a Leis («El sentimiento es mutuo») pone a progenitora y a adolescente más o menos en igualdad de condiciones. Sus palabras conmocionan a su hija, que se da cuenta de que, después de todo, tiene poder para herir a su madre de una forma que no había tenido antes. «No quería hacerle tanto daño —me dice Leis—. Solo estaba enfadada, y no estaba pensando».

Esto no es una recomendación para «perder el control» cuando tu hijo adolescente también lo pierde. Perder el control no es algo que los progenitores deban ejemplificar. Queremos mostrar a nuestros adolescentes cómo regular incluso los sentimientos difíciles. Las rupturas entre padre/madre y adolescente nos ofrecen oportunidades.

En primer lugar, existe la oportunidad de pedir disculpas a nuestro hijo adolescente. Al hacerlo, admitimos que todos tenemos problemas, a veces, para gestionar las emociones. En segundo lugar, tenemos la oportunidad de explicar por qué hemos perdido los nervios, lo que sentimos en ese momento (quizás nos sentimos traicionados, o terriblemente heridos, porque valoramos el amor de nuestro hijo adolescente). En tercer lugar, tras exponer nuestra perspectiva, podemos invitar al adolescente a hacer lo mismo. Podemos modelar la capacidad de reflexionar sobre nuestras respuestas, de poner el comportamiento en el contexto de los sentimientos y las intenciones y, al hacerlo, colaboramos con las tormentas neuronales del adolescente, o las corregimos.

En el caso de la dinámica adolescente/progenitor representada por Vella y su hija, en la que Clara siente que su madre le falta el respeto al «no escuchar», Vella podría articular su ansiedad y presentarla como un punto de discusión: «Cambiar de asignatura es una gran decisión. ¿Puedes ayudarme a entender por qué quieres hacerlo?». Esto invitaría a Clara a poner al día a su madre sobre sus intereses, y Clara tendría la seguridad de que su madre está dispuesta a escucharla, aunque no se pongan de acuerdo. Si Annette le dijera a Leis: «Me duele mucho oírte decir [que me odias]. Espero que no lo digas en serio, pero saber que lo sientes, aunque sea por un momento, es muy duro porque te quiero mucho», entonces Leis podría asumir el poder que ella misma tiene en la relación y evitar esa dolorosa —aunque temporal— ruptura entre ellas. Al hablar de los sentimientos fuertes, no para atacar al otro, sino para acercarse y conectar, los progenitores ejemplifican formas de reparar los vínculos íntimos cuando estos parecen estar a punto de romperse. En todo vínculo fuerte hay ocasiones de conflicto y rabia. Aprender a reparar estas rupturas es crucial para mantener el vínculo. Además, el conflicto puede profundizar en la relación y aportar una mayor cercanía cuando, tras él, cada uno aclara los sentimientos que sustentan la disputa. Cuando un padre/madre explica su respuesta a su hijo y busca la ayuda del adolescente para comprender su perspectiva, es probable que las discusiones entre ambos consigan el objetivo del adolescente: hacer que su padre/madre mire de otra manera y muestre aprecio por lo que él está haciendo.

7.7 DESAFÍOS MORALES

A los adolescentes les gusta rebatir los puntos de vista familiares que antes daban por sentados. Son críticos con mismas las normas que antes aceptaban y examinan sus principios subyacentes, independientemente de que estas normas sean establecidas por los progenitores, la escuela o el gobierno. Profundizan en conceptos abstractos, como la equidad y la justicia, y se apresuran a cuestionar las nociones familiares de lo que está bien o lo que está mal, lo que importa y lo que no, lo que es superficial o lo que es trascendental. Como observó Shakespeare, los adolescentes muestran «irreverencia hacia sus mayores[5]», y esto puede agotar y exasperar.

Con sus horizontes en expansión, los adolescentes se comprometen con amplias complejidades y cuestiones abstractas. Se cuestionan lo que significa vivir bien y ser justo con los demás. Son ahora capaces de sentir empatía por personas lejanas que se enfrentan a dificultades muy diferentes de las que ellos mismos experimentan, y esta capacidad los enriquece y los desconcierta a la vez. «¿Qué puedo hacer —se preguntan— para que este sea un mundo mejor?».

Orgullosos de su recién adquirida capacidad de razonamiento y pensamiento, los adolescentes ven las cuestiones morales con una claridad prístina. Todavía no saben lo difícil que es conseguir cosas buenas, ni cómo lo que resulta obvio ahora puede no haberlo sido antes, ni cuántos compromisos pueden ser necesarios en el curso de la formación de una vida decente. Disfrutan asumiendo una posición moral elevada para señalar que sus padres han sido imprudentes, que no han pensado en el futuro, que no han asumido la responsabilidad de la contaminación, ni la responsabilidad económica o el compromiso con el cambio climático. Una vez que los adolescentes identifican una solución, creen que conseguir un buen resultado es sencillo. Esto puede darles la férrea energía moral de una Juana de Arco o una Greta Thunberg, pero no facilita las discusiones en la familia.

Otra crítica que los progenitores suelen oír de un adolescente es «Eres un hipócrita». Como Holden Caulfield en *El guardián entre el centeno*, muchos adolescentes ven a los adultos que los rodean como «falsos». Los padres/madres a veces mienten

---

5 Shakespeare, *El cuento de invierno.*

cuando dicen que está mal mentir. Se quejan de la dieta de un adolescente o de su consumo de alcohol pero lamentan su propia tendencia a dejarse tentar por la comida grasienta y la cerveza. Se quejan del tiempo de pantalla del adolescente, pero a menudo están pegados a sus propios móviles.

Los adolescentes son implacables, en parte porque no han sido puestos a prueba por los deberes, las necesidades y los valores que compiten entre sí. ¿Recuerdas cómo aborda el cerebro adolescente los riesgos importantes y las recompensas inminentes? Los adolescentes están tan entusiasmados con las posibles recompensas que el inconveniente de perseguirlas desaparece de su vista. Cuando observan un concepto de gran alcance, como la forma de resolver una crisis de refugiados, el cambio climático o la integridad personal, se imaginan la recompensa de arreglar las cosas. El afán por «hacer algo» surge de su hiperracionalidad[6], según la cual solo se ve el resultado positivo de un reto o un riesgo, y cualquier impacto negativo de la aplicación de una «buena idea» es irrelevante.

Este impulso y este idealismo tienen muchos beneficios, y los progenitores pueden ayudar a los adolescentes a hacer un mejor uso de ellos. Entablar discusiones morales es una oportunidad para desafiar el enfoque —a menudo simplista— de los adolescentes. Pero, para atraer a un adolescente, los padres/madres deben evitar los argumentos simplistas. Deben resistir la tentación de adoptar una posición diametralmente opuesta a la del adolescente. Deben gestionar el acaloramiento de la discusión, ser sutiles y estar dispuestos a colaborar, mostrando su disposición a escuchar y a dejarse conmover por los puntos de vista de su hijo. Mientras que a los progenitores les resultan agotadoras estas discusiones, los adolescentes adquieren una emocionante

6 Véase Siegel (2014).

sensación de protagonismo cuando son capaces de cambiar los puntos de vista de sus padres/madres.

7.8 CÓMO CAPEAR LAS CRÍTICAS DE LOS ADOLESCENTES

Dada la frustración de los adolescentes ante un padre/madre que «no los entiende», «no los comprende», «no los ve», o «no los aprecia», es sorprendente descubrir lo que dicen los adolescentes cuando se les pregunta: «¿Quién te comprende más?».

Cuando planteo esta pregunta a los adolescentes, mencionan a los amigos, a menudo a un amigo especial con el que «siempre pueden hablar», que «nunca habla a mis espaldas» y que «siempre está ahí a mi lado». Los amigos ocupan un lugar destacado en la lista, pero solo aparecen en segundo lugar. Los progenitores ocupan el primer lugar en la lista de personas en las que los adolescentes confían para que estén a su lado y los ayuden a resolver sus problemas personales. La mayoría de los adolescentes dicen que es probable que la madre o el padre los comprenda y que, cuando tienen problemas, es en uno de ellos en quien van a confiar. Y que la persona en la que más confiarían para algo íntimo y «espantoso» es uno de los progenitores[7].

Cuando se pregunta a los padres qué esperan de su relación con el adolescente, es muy probable que digan: «Quiero que confíe en mí», «Quiero que pueda confiar en mí», «Quiero que sienta que puede contarme cualquier cosa», y «Quiero que sepa que siempre estoy ahí a su lado». Mostrar la voluntad de comprometerse con un adolescente, incluso cuando el compromiso te agota, es poderosamente tranquilizador para el adolescente.

---

7 Apter (1990), p. 80; Apter (2019).

Otro concepto que debes tener en cuenta mientras capeas las tormentas de las críticas y los conflictos de los adolescentes es la antifragilidad[8]. Este término describe los sistemas que se fortalecen cuando soportan repetidamente los choques normales. Los huesos, por ejemplo, necesitan la presión y las sacudidas de caminar y de correr para desarrollarse y conservar su densidad. Nuestro sistema inmunitario necesita exponerse a diversos gérmenes y alérgenos para funcionar bien. Algunas vacunas aprovechan esta característica e introducen una pequeña cantidad de un patógeno (como un virus) en un sistema para desencadenar una respuesta inmunitaria. El resultado es un sistema que puede soportar una mayor carga viral sin enfermar.

La antifragilidad proporciona un marco útil para comprender el aspecto positivo de la oposición entre adolescentes y progenitores. En una dinámica conocida como «desajuste y reparación», los adolescentes muestran su insatisfacción con la respuesta de los padres/madres. El progenitor asume que el adolescente sigue siendo el niño pequeño de siempre, y no reconoce cómo han cambiado sus pensamientos, sus necesidades y sus capacidades. Y el adolescente desafía estas suposiciones. El ímpetu de la discusión hace que el progenitor vuelva a ocuparse de los sentimientos y necesidades actuales del adolescente. Estas discusiones, cuando se comprenden y se gestionan, refrescan y revitalizan la relación progenitor-adolescente. Las experiencias repetidas de reparación refuerzan el vínculo, de modo que este ya no se ve amenazado por los inevitables desencuentros.

Sin esta dinámica, un adolescente puede renunciar a obtener un reconocimiento genuino de los padres y, en su lugar, optar por una armonía superficial, presentando una «cara falsa» en casa. Si un

---

8 Nassim Taleb (2014), *Antifragile: Things that gain from disorder*, Nueva York: Random House.

padre/madre no puede tolerar las disputas relacionales con los adolescentes y se cierra a los esfuerzos del hijo por marcar las diferencias entre ellos, el adolescente se enfrentará a un dilema: «¿Suprimo mis necesidades individuales y oculto el conocimiento de mi diferencia para mantener la armonía con mis padres?» o «¿Continúo resistiendo la necesidad de mi padre/madre de que cumpla con su idea actual de lo que soy y permanezco constantemente en desacuerdo con él?». Una relación que pasa por el desencuentro y la reparación muchas veces se fortalece. Una relación que evita los desacuerdos y las disputas, en cambio, sigue siendo frágil.

El conflicto con los que amamos no es agradable; hace que nuestro equilibrio emocional se tambalee. Pero cuando el desajuste se corrige mediante argumentos y explicaciones, la «reparación» resultante tranquiliza tanto al progenitor como al adolescente, que sienten que su vínculo es receptivo y seguro.

7.9 APROVECHAR LAS CRÍTICAS DE LOS ADOLESCENTES

Muchos progenitores insisten: «Nunca dejaría que mi hijo se saliera con la suya al hablarme así» y «No soporto esas faltas de respeto». También preguntan: «¿Dices que debemos aguantar que nos hablen mal y que tengan una mala actitud?». Mi respuesta es: «La mejor manera de cambiar un comportamiento inaceptable es comprender lo que intenta conseguir, y la necesidad subyacente que expresa». Ver las críticas desde la perspectiva de un adolescente ofrece a los progenitores una comprensión más profunda de ese comportamiento que antes se consideraba irrespetuoso u ofensivo. Las palabras «Te equivocas/No entiendes nada» ya no significan rechazo, sino una petición de que se observe al adolescente con detenimiento y curiosidad. La crítica ya no es una prueba de que «mi hijo adolescente es una persona mala/desagradecida/irrespetuosa». Por el contrario, el adolescente está lidiando valientemente con los enormes desafíos de ser un adolescente.

También los adolescentes podrían beneficiarse de la comprensión de las fuerzas motrices que hay detrás de sus constantes críticas. Al reflexionar sobre lo que quieren que un padre/madre «vea», «comprenda» o «aprecie», aprenderán cómo unos «recordatorios de identidad» más eficaces pueden guiar a los progenitores para que estos vean quiénes son, en qué se están convirtiendo y quiénes quieren ser.

Mi enfoque no se basa en la evaluación de si los adolescentes deben o no deben «salirse con la suya», sino en una evaluación, basada en décadas de trabajo con adolescentes y progenitores, de lo que funciona y lo que no. Cuando los progenitores ven el flujo común de las críticas de los adolescentes como un rechazo o una falta de respeto, se sienten heridos y angustiados. Entonces se apresuran a devolver el golpe criticando al adolescente. Señalan el rechazo y se niegan a escuchar lo que este dice. A veces pierden los nervios y comparten las emociones caóticas de su hijo, en lugar de ayudarle a regularlas.

Un consejo habitual que se da a los padres/madres de adolescentes es: «No esperes tener éxito cuando expongas un argumento razonable a un adolescente; no te sorprendas cuando tu hijo te frustre; el problema es que está atrapado en una fase inmadura/irracional/de poca confianza»[9]. Mi enfoque es más desafiante, pero también, según mi experiencia, más útil tanto para el progenitor como para el adolescente. Mi mensaje es: «Intenta ver lo que tu hijo adolescente ve; intenta comprender lo que siente. Los pensamientos, los sentimientos y la perspectiva de tu adolescente tienen un significado genuino».

---

9 A. Wolf y Suzanne Franks (2014), *Get out of my life: The bestseller guide to the 21st century teenager*, Londres: Profile Books.

El duro trabajo de ser un adolescente y de ser padre/madre de un adolescente sirve para un propósito. En el acaloramiento de una discusión, los adolescentes intentan volver a presentarse ante sus progenitores. Cuando estos captan esos «recordatorios de identidad» que salpican las discusiones entre ambos («Sé lo que hago», «Eso ya no me gusta», «Soy capaz de tomar las decisiones por mí mismo», «Me frustra mucho que no confíes en mí») pueden interpretar el significado subyacente del adolescente y ver el objetivo positivo de la discusión. Es difícil escuchar las críticas, pero escuchar las críticas de un adolescente forma parte del reconocimiento del propio adolescente.

Las críticas más amplias de estos jóvenes —sobre las creencias religiosas, políticas y éticas que antes compartían con sus padres— muestran intentos valientes de pensar por sí mismos. Están ejercitando las habilidades que los humanos necesitan para avanzar, y que cada adolescente individualmente necesita para encontrar su camino hacia la edad adulta. Pero por muy seguros que parezcan cuando proclaman que sus propias opiniones son más válidas que las de sus progenitores, una parte de ellos se siente dependiente de la opinión de sus padres. Y aunque los adolescentes desearían ser lo suficientemente fuertes como para que no les importara lo que piense su padre/madre, la realidad es que les importa desesperadamente. Así que cuando los padres escuchan los mensajes más allá de la crítica y la irritabilidad, animan a sus adolescentes a seguir haciendo la tarea fundamental de la adolescencia: remodelar su cerebro y su identidad.

7.10 CRÍTICA A LA PROTECCIÓN

Dado que las críticas, sobre todo las que provienen de alguien a quien queremos, son difíciles de asimilar, puede ser útil tener algunos recordatorios de los verdaderos objetivos del adolescente y algunas herramientas para difuminarlas.

Las críticas de los adolescentes suelen ser un esfuerzo por recalibrar y actualizar la relación. La comprensión de este hecho por parte de los progenitores contribuye, en gran medida, a reducir la actitud defensiva y a poner fin a las discusiones. Los padres/madres pueden utilizar las críticas del adolescente como una oportunidad para explorar qué es lo que el adolescente quiere de ellos. En lugar de responder con «No tiene sentido hablar contigo» o «Crees que todo lo que digo está mal», puedes probar con «Está claro que te estoy molestando. ¿Puedes ayudarme a entender por qué?».

Entonces el adolescente puede responder algo como: «Solo porque sí» o «Porque eres muy pesado». Tu reto es mostrar —observando al adolescente y esperando a que componga una respuesta— que estás dispuesto a escuchar lo que él diga. Si el adolescente dice algo como: «¡Porque nunca escuchas!», puedes demostrar que le escuchas pidiendo una aclaración. Por ejemplo: «Crees que no te escucho. Y es muy grave que tu padre no te escuche. Parece que necesito ayuda en este aspecto. ¿Podemos empezar ahora? Me gustaría que me dieras una oportunidad. ¿Puedes decirme algo que necesite oír ahora? ¿Puedes ayudarme a ser un mejor oyente?».

El adolescente puede necesitar algo de tiempo para reflexionar sobre ello. A veces los adolescentes no saben lo que quieren. Sin embargo, un adolescente puede decir: «Miras el teléfono cuando estoy hablando», o «Te levantas y empiezas a recoger la mesa cuando estoy diciendo algo», o «¡Siempre me interrumpes!».

Ser padre de adolescentes es una tarea de humildad, y es difícil escuchar esas cosas. Pero puedes enseñar a tu hijo a articular la base de la crítica reconociendo sus esfuerzos. «Lo que dices es realmente útil» debe ir seguido de preguntas que se relacionen con lo que el adolescente te ha dicho. Cuando el adolescente se queje de lo que dices o haces, o de lo que pareces sentir, puedes utilizarlo como una oportunidad para reparar el desajuste. Algo como: «Es hiriente, pero no pasa nada. No era consciente de haber hecho estas cosas. Pero veo que parece que no estoy escuchando. Intentaré hacerlo mejor».

Cuando los progenitores aprovechan los entusiasmos morales de sus hijos adolescentes como una oportunidad para elevar el conflicto a una verdadera conversación, hay reglas básicas para mantener la discusión en el buen camino. Una discusión sobre religión, política o cambio climático, por ejemplo, no debe incluir críticas personales ni burlas. Desafíos tan amplios como «No sabes de lo que hablas», «Nunca he oído nada tan estúpido» o «No sabes cómo era en mi época» no tienen cabida en estas discusiones. Recuerda que las opiniones de los progenitores ya tienen un peso añadido, y que la vehemencia del adolescente está formada por la duda y no por la certeza. Cuando un padre/madre se muestra dispuesto a aprender de un adolescente, se rebaja el fragor de la discusión.

8

«No creo que pueda superar esto»

VULNERABILIDAD Y RESILIENCIA

Los adolescentes viven en una montaña rusa emocional, mientras aprenden lo que es desear a otras personas, sentirse decepcionados por ellas y a veces también por sí mismos, y preocuparse apasionadamente por cuestiones sociales y morales. La mayoría de los adolescentes aprenden gradualmente a desenvolverse, gestionar e incluso disfrutar los inevitables picos emocionales. Pero en algunos casos el viaje es demasiado duro. Las cosas van mal y, durante un tiempo, las tareas ordinarias de la vida adolescente (estudiar, socializar, comer y dormir) suponen retos abrumadores.

Cuando hablo con los adolescentes, veo lo despiertos que están, lo curiosos, profundos y lo capaces que son; pero, sin embargo, son muy muy jóvenes. Parecen tan inteligentes, tan orgullosos, tan «juntos»... Pero sé que las cosas pueden parecer muy diferentes desde su perspectiva. «¿Cómo les irá?», me pregunto. «¿Cuántos conseguirán lo que quieren en la vida, y qué vida se convertirá en una serie de compromisos constrictivos? ¿Quiénes prosperarán y quiénes flaquearán?».

La adolescencia es una época de grandes oportunidades. La elevada plasticidad —o potencial de remodelación— del cerebro adolescente permite una rápida adquisición de habilidades y conocimientos. A medida que se fortalece cada circuito cerebral, los cambios químicos repercuten en los circuitos cerebrales cercanos, de modo que el aprendizaje de otros aspectos muy diferentes también resulta más fácil[1]. El crecimiento positivo durante la adolescencia ayuda a dar forma a un cerebro adulto ágil, adaptable y resistente[2]. La energía y la urgencia con la que los adolescentes exploran, reflexionan y desafían nos sirven a todos; necesitamos pensadores originales, fuera de lo común y creativos para abordar los grandes problemas de nuestros días.

Pero, junto con el enorme potencial, aparece la vulnerabilidad. Algunos de los riesgos a los que se enfrentan los adolescentes ya se han tratado en este libro. En este capítulo, examinamos riesgos de otro orden: los riesgos de enfermedad mental. Entre las personas que sufren una enfermedad mental, el 75 por ciento habrá tenido síntomas que surgieron por primera vez en la adolescencia[3]. En este capítulo nos centramos en la señal más común de un adolescente con problemas mentales: la autolesión. Las autolesiones afectan a entre el 10 y el 30 % de los adolescentes[4], y están relacionadas con la depresión, la ansiedad social e incluso

---

1 Laurence Steinberg explica: «Es como si memorizar las capitales de los países europeos también hiciera más fácil recordar las tablas de multiplicar», Steinberg (2015), pp. 161-162.

2 Este efecto se denomina «metaplasticidad», porque el hecho de ejercitar la plasticidad neuronal del adolescente aumenta la plasticidad del cerebro adulto. Steinberg (2015), p. 35.

3 Esto no significa que el 75 % de los adolescentes tengan problemas de salud mental, sino que el 75 % de los adultos que tienen problemas de salud mental experimentaron el inicio de esos problemas en la adolescencia.

4 C. Schmahl (2019, 8 de noviembre), «The Neurobiology of self-harm in borline personality disorder», ACAMH Conference, Londres. Para una visión general de la neurobiología de las autolesiones, véase también Paul L. Plener, Michael Kaess, Christian Schmahl, Stefan Pollak, Jörg M. Fegert y Rebecca C. Brown (2018, enero), «Nonsuicidal self-injury in adolescents», en *Deutsches Ärzteblatt International*, 115(3), pp. 23-30.

el suicidio. Sin embargo, como la mayoría de los retos para el bienestar de los adolescentes, las autolesiones pueden superarse, siempre que comprendamos también los misterios de la resiliencia adolescente.

8.1 LA PARADOJA DE LAS AUTOLESIONES

La mayoría de la gente hace cualquier cosa para evitar el dolor físico. La visión de una herida, por pequeña que sea, envía señales a los nervios que ensanchan nuestros vasos sanguíneos, y nuestra presión arterial se desploma. Los adolescentes, deseosos de mostrar su invulnerabilidad, parecen especialmente propensos a esta reacción vasovagal. Sin embargo, un número muy elevado de adolescentes se inflige deliberadamente lesiones en el cuerpo golpeándose, cortándose o quemándose. El daño real en el tejido corporal suele ser menor, pero la preocupación va mucho más allá de las propias lesiones, porque las autolesiones son el factor de predicción más significativo del suicidio[5].

Las autolesiones se diagnostican cuando «en el último año, el individuo se ha autoinfligido intencionadamente daños en su cuerpo durante cinco o más días». Los progenitores pueden tardar muchos años en darse cuenta de esta inquietante práctica. Toby, que ahora tiene dieciséis años, empezó a autolesionarse cuando tenía catorce. Empezó con pequeños cortes en la parte interior de los muslos, zonas que normalmente quedan ocultas a la vista. Las cicatrices y las heridas recientes se extienden ahora a lo largo de sus brazos, formando patrones entrecruzados, casi

---

5 Entre el cuarenta y el cincuenta por ciento de las personas que mueren como consecuencia de un suicidio tienen un historial previo de autolesiones. K. Hawton, S. Hall, S. Simkin, E. Bale, A. Bond, S. Codd y A. Stewart (2003), Deliberate self-harm in adolescence: A study of characteristics and trends in Oxford, 1990-2000, *Journal of Child Psychology and Psychiatry and Allied Disciplines, 44,* pp. 1191-1198.

como un juego de tres en raya. El dolor y la visión de la sangre, que en la mayoría de las personas intensificarían la ansiedad o la tristeza, producen sentimientos muy diferentes en Toby.

—El dolor —explica Toby— me calma. Siento un alivio, pero es más que eso. Es paz, realmente siento paz. Solo con ver mi sangre. Es un poco tranquilizador: mostrar que soy real, después de todo.

En los adolescentes que se autolesionan habitualmente, el dolor se convierte en un método para regular el torbellino de emociones, sobre todo la autoconciencia y la ansiedad social[6]. Cuando los adolescentes como Toby se clavan un cuchillo en el muslo o se aplican una cerilla encendida en el interior del brazo, dejan atrás la preocupación constante de que los critiquen, rechacen, excluyan o ridiculicen. El dolor detiene su interminable cavilación sobre si está decepcionando y agobiando a sus padres o sobre si está perdiendo amigos. «La vergüenza de ser yo desaparece», dice Toby. Pero ¿de dónde viene esta vergüenza? ¿Cómo puede un adolescente tan amado, inteligente y sano como Toby avergonzarse de ser él mismo?

En el capítulo uno aprendimos sobre el yo ajeno del adolescente. Esto se debe en parte a los rápidos cambios físicos de la pubertad y la adolescencia, cuando el cuerpo que antes se daba por sentado se siente extraño y sus defectos son demasiado evidentes. Al mismo tiempo, los adolescentes dan un salto adelante en su capacidad de mentalización, es decir, de ver el comportamiento de otras personas en el contexto de sus pensamientos, sentimientos, intenciones y motivos. Los psicólogos que trabajan en la vanguardia de este comportamiento adolescente común, inquietante y desconcertante, creen que la autolesión subyacente

---

6 C. Schmahl (2019, 8 de noviembre), «Neurobiology of self-harm in borderline personality disorder», ACAMH Conference, Londres. Para una visión general de la neurobiología de la autolesión, véase también T. Apter (2020, marzo-abril), «The pain paradox», en *Psychology Today*, pp. 50-52.

es una forma de mentalización que se descontrola[7]. La duda y la autoconciencia llevan a pensar demasiado en cada situación, en un proceso conocido como hipermentalización. En este caso, la mente investigadora de los adolescentes se convierte en su enemigo, y genera suposiciones descabelladas y normalmente negativas sobre la mente de los demás.

Cuando su amigo interrumpe una conversación en el pasillo del colegio, Toby concluye: «No quiere hablar conmigo. Cree que no valgo nada». Toby no se plantea: «Puede que ocurra algo más. Esto podría no tener nada que ver conmigo». Cuando se enfada, las interpretaciones negativas aumentan. En lugar de encogerse de hombros («Estas cosas pasan» o «Ya tendré ocasión de tener una conversación mejor más adelante»), ve este único incidente como una experiencia global: «Arruino todas las relaciones. No sirvo para nada».

Con el tiempo, estas conjeturas negativas forman una creencia central sobre quién es realmente el adolescente: alguien que no vale nada y que repele a los demás. Como explica Trudie Rossouw, psiquiatra infantil y de adolescentes, «la experiencia interna del yo extraño es similar a la experiencia de un atormentador interior. Es la experiencia constante de la crítica interna, el odio a uno mismo, la falta de validación interna y la expectativa al fracaso»[8].

Cargado de expectativas negativas, el mundo interpersonal de los adolescentes parece hostil e ingobernable. Es poco probable que los adolescentes que se autolesionan hablen de sus sentimientos porque no creen que los demás sean comprensivos o útiles. Las

---

7 T. Rossouw (2002), «Self-harm in young people: Is MBT the answer?», en P. Fonagy, G. Gergely, E. Jurist & M. Target (Eds.), *Minding the child: Mentalization-based interventions with children, young people and teens*, Nueva York: Other Press, pp. 131-144. Véase también P. Fonagy, G. Gergely, E. Jurist y M. Target (2002), *Affect regulation, mentalization and the development of the self*, Nueva York: Other Press.

8 Rossouw (2002), pp. 134-135.

técnicas ordinarias para reducir la ansiedad y resolver los problemas —como hablar con los amigos o con los padres— se les escapan. En su lugar, los adolescentes como Toby se retraen, y el aislamiento refuerza su sensación de exclusión. Toby se vuelve cada vez más irritable y hostil. Anticipando el rechazo o el desprecio, rechaza a los demás. «Estoy bien», le dice Toby a un amigo que le llama por teléfono para preguntarle cómo está. «¿Y a ti qué te importa?». El yo extraño instiga respuestas en los demás que confirman la creencia central: «Nadie me comprende/quiere ayudarme/cree que valgo».

8.2 ¿QUÉ PELIGROS ENTRAÑAN LAS AUTOLESIONES?

Los progenitores se horrorizan al ver que su hija o su hijo, en el que invierten tanto amor y tanto cuidado, daña voluntariamente el cuerpo que están destinados a proteger. No hay nada más aterrador que ver a un adolescente contrarrestar deliberadamente todo instinto de autoconservación.

Una gran preocupación es que las autolesiones parecen estar a un solo paso del suicidio, que es la causa más común de muerte de los adolescentes después de los accidentes (generalmente imprudentes). Desgraciadamente, tanto el suicidio adolescente como las autolesiones han aumentado en la última década. Pero la mayoría de los adolescentes que se autolesionan no están pensando en el suicidio. Buscan algún tipo de alivio de los pensamientos autocastigadores y autorreforzantes. Buscan la distracción y el extraño sentimiento de calma que, para ellos, se produce tras el dolor.

Una creencia común y contraproducente es que los adolescentes que se autolesionan buscan llamar la atención. Pero nada más lejos de la realidad. Intentan ocultar sus heridas, y se avergüenzan cuando estas quedan al descubierto. Interpretan cualquier pregunta sobre los cortes o las ampollas como un ataque. «No es nada», «Déjame en paz» o «¡No es asunto tuyo!» son respuestas habituales que reciben las personas que muestran preocupación.

«¿Cuál es el desencadenante de las autolesiones?», suelen preguntar los padres. «¿Cómo podemos prevenir a nuestro hijo adolescente de ello?». Lo desconcertante es que cualquier interacción social puede generar autodesprecio y ansiedad en un adolescente que interpreta incluso las experiencias mundanas como una prueba del ser extraño que lleva dentro. Una amistad cercana puede estropearse, y el adolescente ve en ese hecho la confirmación de su falta de valía general. El conflicto con los padres convence al adolescente de que es una decepción, un problema, una carga para todos. El adolescente llega a la conclusión de que nadie está ahí a su lado, de que no hay nadie que le ayude a gestionar su confusión interior.

A veces las autolesiones empiezan como un acto puntual de autocastigo o de ira. Pero cuando el cuchillo se clava en la carne o la cerilla encendida quema la piel, se produce una oleada de alivio, y el adolescente concluye: «Sí, esto es maravilloso. Esta es la respuesta». Las respuestas neurológicas que en la mayoría de las personas provocarían una alarma interna, producen calma[9] y un alivio temporal del autotormento[10]. Todavía no entendemos por qué algunos adolescentes experimentan esta respuesta neurológica tan peculiar tanto al dolor como a la visión de la sangre, pero —como se comenta al final de este capítulo— los progenitores pueden enseñar a cualquier adolescente a gestionar el dolor emocional de forma más adaptativa.

---

9 Schmahl (2019).

10 Fonagy, Gergely, Jurist y Target (2002).

8.3 REDES SOCIALES: CAUSA O COINCIDENCIA

Las autolesiones y el suicidio en adolescentes disminuyeron durante la última década del siglo XX; pero, alrededor de 2008, el mismo año en que se introdujo la primera generación de teléfonos inteligentes, los casos empezaron a aumentar de forma sistemática[11]. Ahora que el 95 % de los adolescentes de quince años miran las redes sociales a diario, a menudo durante varias horas, la posible relación entre este aumento de la tasa de autolesiones y suicidios y las redes sociales es una cuestión común.

Cuando Ian Russell encontró a su hija de catorce años, Molly, muerta en su habitación, le invadió la rabia y el dolor. Insistió en que Molly no había mostrado ningún signo de problemas de salud mental, y culpó a los contenidos de las redes sociales[12]. Molly había estado mirando sitios que fomentaban la autolesión y el suicidio. Fue ese contenido, concluyó el afligido padre, el que había empujado a su hija a quitarse la vida.

Hemos visto cómo las redes sociales ofrecieron cierta seguridad en el bienestar de los adolescentes durante los encierros de la pandemia. Sin las redes sociales, los adolescentes se habrían visto aún más afectados por la soledad, el aburrimiento y la frustración. Pero, como también hemos visto, las redes sociales ofrecen un espacio para la crítica, la burla, el rechazo y la intimidación, que son enormes factores de estrés para los adolescentes, que son muy sensibles a la opinión de los demás. El problema se ve agravado por el famoso «efecto negativo» de las redes sociales, por el que los desprecios y las burlas brutales atraen más atención

---

11 Pew Research Center (2019, 20 de febrero), «La mayoría de los adolescentes estadounidenses ven la ansiedad y la depresión como un problema importante entre sus compañeros», https:// www.pewresearch.org/social-trends/2019/02/20/most-u-s-teens-see-anxiety-and-depression-as-a-major-problem-among-their-peers/

12 Angus Crawford (2019, 22 de enero), «Instagram "helped kill my daughter"», BBC News, https://www.bbc.com/news/av/ uk-46966009

que los mensajes de apoyo[13]. La brevedad y la rapidez de los mensajes de las redes sociales promueven los valores superficiales, y hacen hincapié en la apariencia por encima del carácter y en el brillo por encima de la esencia; aunque también hemos visto cómo pequeñas modificaciones, como añadir perfiles positivos a sus seguidores, pueden mejorar la salud de los adolescentes en las redes sociales.

La promesa inicial de las redes sociales era que facilitarían las conexiones de apoyo, y a veces lo hacen. Philip (presentado en el capítulo tres) es sordo y, aunque es capaz de desenvolverse académicamente en una escuela ordinaria, disfruta chateando con otros adolescentes sordos de todo el país. «¿Cómo se chatea con una chica que no es sorda?», es una de las preguntas que Philip puede hacer a los demás. «¿Qué actitudes de tus padres te incomodan?» es otra de ellas. Otros temas de conversación son los consejos sobre la lectura de labios y los argumentos a favor de persuadir a familia y amigos para que aprendan el lenguaje de signos.

Pero algunos intereses compartidos ocultan una cara oscura. Algunas adolescentes anoréxicas encuentran sitios que ofrecen técnicas para engañar los esfuerzos de los progenitores y de los médicos para que coman. Algunos sitios ofrecen a los bulímicos consejos sobre técnicas para purgarse después de comer. También hay sitios donde los adolescentes deprimidos pueden reforzar su opinión de que la vida no merece la pena, que nunca encontrarán la plenitud y que el único alivio está en la muerte. Estos sitios también muestran los pasos para un «suicidio eficaz», e invitan a un adolescente angustiado a dar la peor respuesta posible a su problema.

---

13 R. Baumeister, E. Bratslasky y C. Finkenhaur (2001), «Bad is stronger than good», en *Review of General Psychology,* 5(4), pp. 323-370.

Muchos padres creen que las redes sociales son la causa de esa angustia y ese desastre. Es cierto que algunos investigadores afirman haber encontrado una relación causal entre el aumento de las autolesiones y el suicidio entre los adolescentes, en la última década, y un mayor uso de las redes sociales[14]. Pero el análisis más exhaustivo y minucioso de toda la información disponible no encuentra pruebas de que las redes sociales provoquen suicidios en los adolescentes, ni siquiera de que aumenten su ansiedad y su infelicidad. Las mejores investigaciones muestran que, aunque el auge de las redes sociales coincide con el aumento de los casos de autolesiones y suicidios de adolescentes, cualquier relación causal es compleja[15]. Los adolescentes deprimidos y con ansiedad suelen recurrir a las redes sociales en busca de compañeros de infortunio.

Sin embargo, este comedido argumento va en contra de los sentimientos viscerales de los progenitores de que las redes sociales son responsables de la infelicidad de sus hijos adolescentes. Insisten en que, antes de mirar estos sitios, su hijo no mostraba ningún signo de sufrimiento mental. Pero los adolescentes son sorprendentemente buenos ocultando su infelicidad. Aunque a veces parecen decididos a extender su miseria por toda la casa, los adolescentes suelen querer evitar que sus progenitores se preocupen. Creen que la ansiedad de los padres no hará más que agravar sus problemas. Sunetra, de dieciséis años, explica que no quiere hablar con ellos sobre la «oscuridad» que hay en su interior: «Se desanimarían y lo empeoraría todo».

---

14 Twenge (2018).

15 Informe parlamentario: The best quality research is by Andrew Przybylski & Netta Weinstein (2017), «Large scale test of the goldilocks hypothesis: quantifying the relations between digital screen use and the mental well-being of adolescents«, en *Psychological Science, 28*, pp. 204-215.

Los progenitores insisten en que el material oscuro disponible en los hilos de Reddit o en ciertos *hashtags* «provoca depresión» o «incita a los adolescentes a autolesionarse». Pero son los propios adolescentes quienes buscan esos espacios porque ya están deprimidos o ya piensan en autolesionarse. El peligro es que estas comunidades *online* amplifican y normalizan sus sentimientos negativos, y los algoritmos adoptados por estas plataformas para «servir» a los intereses del usuario atraen a los adolescentes angustiados hacia más material inquietante. El adolescente se olvida del amigo con el que va a quedar, o del trabajo que está a punto de terminar de escribir. Su miseria en el momento eclipsa todo lo demás.

Aunque las redes sociales pueden rebajar el estado de ánimo de los adolescentes, también puede hacerlo la mirada amargada de un amigo, una discusión con uno de sus padres o una película que, por alguna razón, confirma la sensación de que el adolescente está sobrepasado. Además, los adolescentes que piensan en autolesionarse y que tienen pensamientos suicidas tienden a tener un estrecho círculo de amigos. Buscan a sus amigos como compañeros de miseria, y se refuerzan mutuamente en su desesperanza. Las burbujas peligrosas no se producen únicamente en las redes sociales[16].

Lo que a veces ocurre, trágicamente, es que los adolescentes, ya sea en una sección de comentarios *online*, en conversaciones privadas con un amigo o en aislamiento, pierden de vista todo lo que no sea la tristeza del momento. Como explicó Toby: «No sirve de nada decirme que las cosas irán mejor el mes que viene o el año que viene. Lo que me preocupa, cuando estoy en ese estado, es cómo voy a sobrevivir los próximos cinco minutos».

---

16 Dennis Ougrin, Troy Hannah, Eleanor Leigh, Lucy Taylor y Joan Rosenbaum Asarnow (2012), Revisión del practicante: «Self-harm in adolescents», en *Journal of Child Psychology and Psychiatry, 53*(4), 337-350.

Con la tendencia de su cerebro adolescente a dejarse cautivar por la emoción del momento, olvida las muchas cosas que le proporcionan placer, interés y satisfacción.

Esto es lo que hace que sea tan difícil para los padres, amigos o profesores «verlo venir». Incluso los profesionales que han trabajado durante décadas con adolescentes problemáticos se esfuerzan por evaluar si la infelicidad de un adolescente supone un riesgo significativo[17]. Pero la mayoría de los adolescentes sobreviven, a pesar de esa incapacidad de ver más allá de los próximos cinco minutos. Y cuando comprendemos las fuentes de resiliencia de los adolescentes, podemos guiarlos hacia la estabilidad.

8.4 VULNERABILIDAD GENÉTICA Y RESILIENCIA GENÉTICA

La nueva comprensión de la vulnerabilidad y de la resiliencia de los adolescentes ha provocado un cambio significativo en el enfoque de su salud mental. En lugar de preguntarse: «¿Por qué este adolescente ha caído presa de una enfermedad mental?», los psicólogos ahora se preguntan: «¿Por qué, dado que el entorno normal de los adolescentes es tan desafiante, tantos adolescentes salen adelante?»[18]. En lugar de buscar las causas de todas y cada una de las enfermedades mentales, los psicólogos se centran hoy en una misteriosa cualidad: la resiliencia, la capacidad de superar la adversidad. ¿Por qué algunos adolescentes superan las presiones de la amistad, las incertidumbres de su futuro, las

---

17 Existe un nuevo enfoque que sustituye las evaluaciones de riesgo por la evaluación de las asociaciones implícitas entre el yo y la muerte. Brian O'Shea, Jeffrey Glenn, Alexander Milner, Bethany Teachman y Matthew Nock (2020, 20 de julio), «Decomposing implicit associations about life and death improves our understanding of suicidal behavior», en *Suicide and Life-Threatening Behavior*, 50(5), pp. 1065-1074.

18 Fonagy (2019).

exigentes expectativas (a veces irrazonablemente altas, a veces insultantemente bajas) de progenitores y profesores? ¿Por qué tantos adolescentes experimentan experiencias adversas en la infancia (interrupción e inestabilidad familiar, prejuicios, estrés, agitación social o incluso violencia) y, sin embargo, salen adelante? ¿Cuál es el secreto de la resiliencia adolescente y cómo podemos fomentarla?

En décadas anteriores, los psicólogos recurrieron a una de las dos explicaciones existentes sobre la salud y la enfermedad mental en la adolescencia. La primera se basaba, a grandes rasgos, en la pregunta: «¿En qué medida es adecuado el entorno familiar?». Una serie de experiencias adversas en el entorno familiar (violencia, abuso, negligencia, muerte de los padres, inestabilidad mental, adicción a sustancias) se consideraban predictores de las dificultades de los adolescentes. En segundo lugar, intrigados por el descubrimiento de que algunos genes específicos estaban relacionados con el alcoholismo, la depresión o la esquizofrenia, los psicólogos estudiaron la estructura genética. También parecía haber marcadores genéticos para la resiliencia, y se hizo popular el concepto de un niño «diente de león» frente a un niño «orquídea». Los genes del diente de león —denominados así por la flor resistente— permitían a los niños y adolescentes recuperarse de la adversidad; los genes de la orquídea —denominados así por una flor que solo prospera en un entorno cuidadosamente controlado— exponían a los niños y adolescentes a mayores riesgos de padecer trastornos mentales[19].

---

19 La diferencia tiene que ver con la longitud de los alelos del gen transportador de la serotonina (el gen 5-HTT). Las personas con al menos un gen 5-HTT corto son más propensas a la enfermedad depresiva. Se cree que esto está relacionado con la diferente receptividad, o captación, de la serotonina por parte de los genes de diferente longitud. T. E. Moffitt (2003), «Life-course-persistent and adolescence-limited antisocial behavior: A 10-year research review and a research agenda», B. B. Lahey, T. E. Moffitt & A. Caspi (Eds.), en *Causes of conduct disorder and juvenile delinquency*, Nueva York: Guilford Press, pp. 49-75.

Este modelo genético de resiliencia sugiere una dotación absoluta o una privación absoluta, como si dijera: «Algunos adolescentes son resilientes y otros no». Afortunadamente, la ciencia del desarrollo humano se ha alejado de este modelo. En primer lugar, se descubrió que los niños orquídea suelen conservar una buena salud mental. Solo cuando son maltratados en la infancia, normalmente mediante abusos o negligencia, tienen un mayor riesgo de desarrollar depresión[20]. Los científicos se dieron cuenta de que el elemento clave de las orquídeas no era la fuerza o la debilidad, sino una mayor sensibilidad al entorno. Por tanto, los adolescentes orquídea pueden correr más riesgo que los adolescentes diente de león cuando su entorno se ve comprometido; a la vez, se benefician más que los adolescentes diente de león cuando están rodeados de influencias positivas. En determinado entorno, el gen de los orquídea planteaba problemas, pero en otro entorno proporcionaba beneficios.

Los nuevos descubrimientos sobre cómo cambian los genes en respuesta al entorno mostraron que la interacción entre la naturaleza y la educación es tan estrecha que hace que ambos factores sean indistinguibles. Aunque a lo largo de nuestra vida conservamos el mismo ADN que teníamos al nacer, muchos genes se activan y se desactivan según nuestras experiencias. La pobreza, la guerra o el dolor pueden activar un gen de la enfermedad, la depresión o la violencia. Una amistad fuerte, un profesor inspirador, un concierto o una partida de ajedrez a la que asistimos por casualidad pueden activar un gen que contribuye al talento o desactivar otro gen que contribuye a la agresividad.

Además, un solo gen —o incluso un solo grupo de genes— no determina un rasgo u otro. En cambio, se interconectan de formas muy difíciles de predecir. Estos «genes de la resiliencia» son tan

---

20 Moffitt (2003).

variables que la mayoría de los jóvenes se sitúan en un campo intermedio, al que se le ha dado la etiqueta de «tulipán». Ni tan delicados como las orquídeas ni tan robustos como los dientes de león, su indeterminada resiliencia muestra la variabilidad entre los jóvenes con genes similares. Si los adolescentes con genes de diente de león crecen en circunstancias adversas, también son más propensos a verse afectados negativamente por el estrés adicional; y si los adolescentes con genes de orquídea viven en un entorno solidario y estimulante, son tan robustos como los nacidos con genes de diente de león[21]. Los rasgos que surgen de genes específicos dependen tanto de cómo estos se conectan con otros genes como de si un gen está activado o desactivado.

Los secretos de la resiliencia adolescente se revelan más claramente en los adolescentes que muestran resiliencia incluso cuando tanto su entorno como sus genes los hacen vulnerables. Cuando vemos cómo incluso estos adolescentes pueden prosperar, obtenemos pautas claras para fomentar la resiliencia de nuestros jóvenes, independientemente de su composición genética y de las experiencias adversas que puedan sufrir.

8.5 RESILIENCIA CONTRA LAS ADVERSIDADES GENÉTICAS

Aproximadamente la mitad de las poblaciones en las que se ha estudiado la resiliencia genética tienen al menos un gen de la orquídea, y el 17 % tienen dos de esos genes (lo que los convierte en orquídeas de raza pura). Estos son precisamente los adolescentes de los que se esperaría que tuvieran un riesgo elevado de sufrir dificultades a lo largo de su vida, sobre todo cuando

---

21 Michael Pluess, Elham Assary, Francesca Lionetti, Kathryn Lester, Eva Krapohl, Elaine N Aron y Arthur Aron (2018), «Environmental sensitivity in children: Development of the highly sensitive child scale and identification of sensitivity groups», en *Developmental Psychology, 54*(1), pp. 51-70.

carecen de una familia que los apoye y cuando padecen estrés y contratiempos.

Entonces, ¿por qué algunos adolescentes que son genéticamente vulnerables a las enfermedades mentales, que carecen de una familia que los apoye y que experimentan adversidades son, sin embargo, resilientes? ¿Cómo se recuperan los adolescentes de entornos muy difíciles y genéticamente vulnerables a las enfermedades mentales? ¿Qué fortalezas pueden adquirir los adolescentes orquídea para reconvertir sus mentes problemáticas en mentes sanas? ¿Cómo pueden las personas que los cuidan descubrir las habilidades que preservan su vida y que, en su entorno caótico o amenazante, quedan relegadas? ¿Cómo se puede devolver al niño su vitalidad frustrada?

El estudio de las enfermedades mentales en los adolescentes se complica por el hecho de que los propios adolescentes sanos pueden parecer perturbados. Irritables, sensibles al rechazo y a la vez necesitados, con una imagen negativa de sí mismos y propensos a arrebatos inexplicables, los adolescentes sanos presentan muchos de los rasgos diagnósticos fundamentales de varias enfermedades mentales. El bajo estado de ánimo, el desconsuelo, la irritabilidad y los trastornos del sueño también son habituales en los adolescentes, pero pueden ser síntomas propios de una enfermedad mental. Distinguir las crisis habituales de los adolescentes de aquellos síntomas que probablemente no se resuelvan sin una intervención especial supone un reto para los investigadores.

Este reto fue superado brillantemente por un grupo de psicólogos que siguieron la transición de sesenta y siete adolescentes que habían sufrido una enfermedad mental tan grave que habían sido recluidos en los pabellones de un hospital psiquiátrico residencial[22].

---

22 Stuart Hauser, Joseph Allen y Eve Golden (2006), *Out of the woods: Tales of resilient teens*, Cambridge, MA: Harvard University Press.

El entorno familiar de todos estos adolescentes había sido difícil y caótico. La mayoría había sido objeto de diversos tipos de abusos y negligencias. No se necesitaron pruebas genéticas para saber que se trataba de adolescentes vulnerables: la prueba estaba en la gravedad de sus condiciones.

La tasa de recuperación de estos adolescentes no era alta. Doce años después de su hospitalización, la mayoría —más del 86 %— seguía teniendo problemas y era profundamente infeliz. Pero nueve jóvenes —más del 13 % del grupo— se recuperaron y se convirtieron en adultos capaces, confiados y exitosos.

¿Qué era diferente en estos nueve adolescentes resilientes? ¿Cuál era su fuerza secreta? Las tensiones vitales que habían sufrido, en forma de abandono o de abuso, eran similares en todos los casos. Las enfermedades mentales que sufrieron en su primera adolescencia fueron tan graves como las de aquellos que siguieron teniendo problemas. ¿Por qué algunos de estos adolescentes fueron capaces de sortear la adversidad y llegar a prosperar?

Los científicos del desarrollo se inclinaron, en un principio, por profundizar en los genes o en el modo en que la adversidad en la adolescencia podía alterar el cerebro. Pero cuando estudiaron detenidamente las entrevistas realizadas durante la hospitalización de los adolescentes y su posterior atención, encontraron lo que buscaban. Las diferencias fundamentales radicaban en el modo en que los dos grupos de adolescentes —el grupo de nueve que se recuperó y el grupo mayor que no lo hizo— contaban las historias de sus vidas.

Cuando los adolescentes cuyas dificultades persistían hablaban de sus vidas y reflexionaban sobre por qué hacían algo o por qué otras personas se comportaban como lo hacían, perdían el hilo. Sus descripciones eran inconexas y sus relatos divagaban. Se encogían de hombros cuando se les pedían más detalles. Las cosas «simplemente ocurrieron». La gente «simplemente hacía cosas». Cuando se les preguntaba por sus propios sentimientos, se ponían nerviosos, se distraían o se sumían en un silencio malhumorado.

Los nueve adolescentes que recuperaron la salud y llevaron una vida positiva como adultos hablaron de sí mismos y de los demás de forma muy diferente. Reflexionaron sobre sus cambios de vida y sus relaciones. Destacaban la importancia de los sentimientos y las necesidades de los demás. Respondían a las opiniones e intenciones de los demás. También veían su propio comportamiento en el contexto de sus necesidades y esperanzas. Sus relatos densos y complejos contrastaban con las historias simples, planas o desorbitadas del otro grupo.

Los adolescentes resilientes no siempre empezaron con relatos matizados y coherentes, pero mostraban la voluntad de comprender sus sentimientos, así como los sentimientos, pensamientos y motivos de los demás. Aquí tenemos a Rachel, de dieciséis años, que se aleja de un relato vago de su familia: «más o menos como una familia, pero no realmente, solo como una familia establecida, más o menos». Rachel persiste en sus esfuerzos por aclarar su punto de vista y pronto comprende la importancia de entender a las personas a través de sus pensamientos: «Están enfadados, en realidad no sé cómo se sienten si no dicen nada; simplemente se enfadan»[23]. Rachel aún no entiende por qué se enfadan, pero comprende la importancia de la pregunta: «¿Qué sienten y por qué se sienten así?».

A los catorce años, Pete robó una pistola y la llevó al colegio. Al principio se encogía de hombros y daba golpecitos con el pie cuando le preguntaban por qué lo había hecho. Poco a poco, las preguntas del terapeuta le llevaron a precisar su motivo: «Si solo te sientes seguro cuando la gente te tiene miedo, es posible que

---

23 Hauser, Allen y Golden (2006), pp. 120-160.

no quieran estar cerca». Una vez que comprende por qué quiere un arma (para asustar a los demás y poder sentirse seguro), reflexiona sobre cómo, incluso sin un arma, podría evitar a las personas que le hacen sentir poco seguro. Se da cuenta de que es un sujeto que puede elegir a otras personas con las que pasar el rato.

Los adolescentes que aprendieron a contar una historia sobre por qué hicieron lo que hicieron, que prestaron atención al contexto y que luego pudieron reflexionar sobre sus motivos y los de los demás, lograron prosperar. En cambio, los adolescentes que no se recuperaron no sabían explicar por qué habían hecho las cosas. Se irritaban cuando se cuestionaban sus motivos. Tenían un estrecho repertorio de respuestas, la mayoría de ellas de carácter contraproducente. Veían el peligro cuando no lo había y reaccionaban a comentarios inocuos y amistosos con una actitud defensiva o agresiva inapropiada. Parecían incapaces de aprender que su entorno podía ser diferente del difícil entorno que experimentaron en la infancia.

También, entre los adolescentes que entrevisté, cuando las respuestas rígidas, estrechas y negativas daban paso a la comprensión reflexiva, se producía la resiliencia. Mel, de diecisiete años, cuyas lesiones autoinfligidas requirieron puntos de sutura y antibióticos, se resistió inicialmente a la información nueva y se mostró hostil a cualquier petición de explicación de su comportamiento. Cuando nos conocimos, primero negó que las heridas fueran autoinfligidas, luego negó que «significaran algo», y terminó diciendo: «Simplemente lo hice. ¿De acuerdo? ¿Qué más quieres?». Se encogió de hombros ante las preguntas sobre sus sentimientos. ¿Estaba enfadada? «¿Por qué iba a estarlo?». ¿Estaba ansiosa? «En realidad, no». ¿Estaba triste? «¿Qué sentido tiene eso?».

La siguiente vez que nos vimos había vuelto a la escuela, estaba preparando los exámenes y estaba agradecida a su familia.

—Estaba muy enfadada [en aquella época] y pensaba que todo el mundo era un inútil. Odiaba ver a cualquiera, y todo lo que decían me hacía sentir peor. Creo que mi madre no podía hablar conmigo... Es que era muy difícil. El único momento en que me sentía en una zona segura era cuando me cortaba. Mamá llora cuando hablamos de ello. Dice que estaba muerta de miedo. Ahora intento no asustarla[24].

No hay nada de cómodo o predecible en las estrategias de los adolescentes resilientes. Sus primeros esfuerzos fracasan, cometen muchos errores y sufren muchos contratiempos autogenerados; pero con narrativas personales fuertes, o historias que dan sentido y significado a sus vidas, están mejor equipados para afrontar los inevitables retos de la adolescencia. Cuando los adolescentes son capaces de nombrar sus sentimientos más oscuros, cuando comprenden la adversidad o el maltrato, pueden situar las experiencias dolorosas en un contexto amplio, un contexto en el que las cosas buenas también son posibles. Adquieren la capacidad de sobrellevar situaciones estresantes o hirientes y de examinar sus elecciones para poder hacerlo mejor en el futuro.

La resiliencia es más que la ausencia de enfermedad. Es la capacidad de seguir teniendo confianza y entereza frente a la decepción, el dolor o el estrés. Los adolescentes resilientes ven el comportamiento —tanto el suyo como el de los demás— a través de la lente de las emociones, los pensamientos y las intenciones[25]. Comprenden cómo su propio comportamiento afecta a los demás, y son capaces de ajustar sus acciones en consecuencia, lo que les da capacidad de acción en su mundo interpersonal. Están preparados para reparar los fallos que se producen en todas las

---

24 Hauser, Allen y Golden (2006), pp. 76-115.

25 Peter Fonagy y E. Allison (2014), «The role of mentalizing and epistemic trust in the therapeutic relationship», en *Psychotherapy, 51*(3), pp. 372-380.

relaciones. Están abiertos a la retroalimentación de los demás, y son lo suficientemente flexibles como para modificar sus creencias sobre los sentimientos y motivos de los demás. Desarrollan la granularidad emocional, es decir, la capacidad de nombrar y de ver los matices de una serie de emociones. En el capítulo tres se explica cómo la reflexión y la granularidad emocional afectan al cerebro y al cuerpo. Se ven a sí mismos como agentes que hacen elecciones, construyen planes y deciden cómo comportarse.

Todas estas habilidades están integradas en la forma de mentalizar. Este modo fundamental de comprensión ayuda a los adolescentes a formar las estrechas relaciones que los apoyan. Cuando los adolescentes entienden las acciones de los demás en términos de sus sentimientos, intenciones y deseos, y cuando entienden que su comportamiento afecta a los sentimientos e intenciones de los demás, hacen y conservan amigos más fácilmente. Cuando los adolescentes pueden nombrar y reflexionar sobre los sentimientos negativos (como la ansiedad, la decepción y la tristeza), es más probable que reflexionen sobre sus emociones y que no las expresen golpeando a alguien[26]. Este autocontrol básico aumenta los intercambios positivos con los demás, que pueden ofrecerles comprensión y aprecio.

La capacidad de reflexionar, como hemos visto, se aprende. Inicialmente se aprende en la infancia, pero en los rápidos cambios mentales de la adolescencia, la necesaria expansión y perfeccionamiento de esta capacidad puede fracasar. También se puede volver a aprender en una relación terapéutica[27]. Sin embargo, los adolescentes también siguen desarrollando su capacidad de comprensión dentro de las relaciones estrechas, siempre que

26 J. Fritz, J. Stochl, E. I. Fried et al. (2019), «Unraveling the complex nature of resiliente factors and their changes between early and later adolescence», en *BMC Med, 17*, p. 203.

27 Fonagy y Allison (2014).

las personas a las que quieren los tengan en cuenta, los escuchen, se comprometan con ellos y apoyen esos circuitos cerebrales en rápido desarrollo.

8.6 REVISIÓN Y ACTIVIDADES

Los progenitores quieren entender a sus hijos adolescentes. Sienten empatía por las luchas de los adolescentes. Pero cuando intentan hablar con ellos, a menudo se les acusa de «entrometerse». O, cuando preguntan a un adolescente qué le pasa y cómo se siente (porque quieren entender y ayudar), la respuesta suele ser «No lo sé».

Aunque los adolescentes no quieren que sus padres/madres lo sepan todo sobre ellos (valoran la privacidad) ni que hagan suposiciones sobre ellos, sí quieren sentirse comprendidos. Uno de los objetivos de este libro es recordar a los progenitores que, a pesar de las señales de incomodidad de los adolescentes, estos quieren apoyo. Otro objetivo es ayudar a los padres y madres a detectar los mensajes de «conóceme mejor»: los recordatorios de identidad, la impaciencia ante los malentendidos de los padres y la presunción de los adolescentes de reconocer y corregir sus malentendidos.

Cuando la comunicación se bloquea, cuando te sientes alejado de tu hijo adolescente, hay pasos adicionales que puedes dar para mostrar tu voluntad de «estar ahí» con él.

Un paso sencillo es asegurarte de que saludas a tu hijo adolescente cuando tú y él entráis y salís. Una mirada ecuánime y una mirada interesada envían el mensaje básico de que quieres conocer al adolescente. Las preguntas «¿Cómo te ha ido el día?» y «¿Estás bien?» a veces le parecen superficiales al adolescente, que responde con un simple murmullo. Pero recuerda la importancia del lenguaje corporal: miembros relajados pero quietos, una mirada firme y neutra, y una respiración regular para indicar: «Tengo tiempo para escucharte, seré paciente mientras hablas, y estoy lo suficientemente tranquilo para asimilar lo que me digas». A veces, la tarea de un padre/madre no es iniciar una conversación profunda de inmediato, sino estar atento a una invitación o apertura.

Cuando hables con el adolescente, asegúrate de que la conversación no se centra únicamente en tu planificación. La agenda de los progenitores incluye recordatorios de lo que crees que deben hacer, cuál debe ser su actitud y cuáles crees que deben ser sus prioridades. Cuando la comunicación es difícil, lo mejor es que esta agenda quede en espera. Si el adolescente no confía en que, en principio, eres receptivo a sus ideas, es poco probable que cumpla tu planificación[28].

Evita los comentarios negativos (incluidas las preguntas) sobre el estado de ánimo, el temperamento, el carácter o la naturaleza del adolescente, como «¿Por qué estás tan nervioso siempre?» o «¿Por qué no te animas/vas a ver a tus amigos/haces más ejercicio?». Incluso cuando esas preguntas son auténticas, el adolescente las ve como una crítica, y se siente profundamente herido o irritado por «ser juzgado» por sus padres. En lugar de eso, intenta involucrarte en sus intereses, actividades y pensamientos. Si, cuando le preguntas: «¿Qué podemos hacer juntos?», «¿Cómo te sientes?» o «¿Por qué has hecho eso?», la respuesta que obtienes es «¡No lo sé!», tienes que hacer o más o menos preguntas.

El objetivo es sacarles una historia. Si preguntas por sus sentimientos, puedes sugerir un menú de posibles emociones: «¿Estás

---

28 Para los casos en los que un adolescente se rinde ante la necesidad de ver un reflejo positivo y receptivo en el padre, véase T. Apter (2012), *Difficult mothers: Understanding and overcoming their power*, Nueva York: W. W. Norton.

triste/enfadado/alegre/relajado/frustrado?»>. A partir de ahí, puedes preguntar sobre el contexto o el acontecimiento en el que surgió el sentimiento. Puedes empezar con algo que no sea controvertido, como un informe escolar positivo, una primera clase de conducción, una salida con los amigos o un evento deportivo. El objetivo no es, inicialmente, obtener información, sino restablecer una conversación en la que el adolescente se sienta capaz de expresar sus pensamientos, opiniones y sentimientos.

También es importante que analices tu propio comportamiento y tus propios sentimientos. ¿Demuestras que estás escuchando? ¿Planteas preguntas de seguimiento y te refieres a la información que te ha dado? ¿Te muestras a veces inquieto o enfadado cuando oyes lo que quiere hacer o cómo se siente?

No niegues lo que sientes, pero céntrate en tus sentimientos en lugar de culpar al muchacho por «hacerte» sentir así. Luego puedes contar la historia de por qué estás preocupado («Tenía una amiga en la universidad que era infeliz porque nunca quería hacer nada. Intenté ayudarla, pero creo que no lo conseguí. Hoy está bien y somos amigas, pero recuerdo lo impotente que me sentía entonces. Puede que eso influya en cómo me siento ahora»). Puedes explicar por qué te has enfadado («Cuando no quieres hablar conmigo, a veces siento que me rechazas a mí o que rechazas mi amor. Sé que eso es solo mi interpretación, y puede que no sea correcta, pero por eso te he gritado. Me he sentido herida»). De este modo, modelas cómo reflexionar sobre los sentimientos y el comportamiento.

Si un adolescente se autolesiona o piensa en el suicidio, los progenitores necesitan un plan de crisis. Este plan incluye a una lista de profesionales a los que llamar y ubicaciones de centros de emergencia, y también incluye una lista de cosas que se pueden hacer para garantizar la seguridad del adolescente a corto plazo, como dormir en su habitación.

Aunque los adolescentes que se autolesionan necesitan orientación y supervisión profesional, la poderosa relación progenitor/adolescente desempeña un papel fundamental en la recuperación y en la resiliencia. Como hemos visto, las autolesiones surgen de una psicología alterada[29], en la que el adolescente observa un panorama interpersonal de humillación y rechazo. Los padres pueden ayudar a los adolescentes a dar sentido a sus propios pensamientos e intenciones y a los de los demás.

Durante los episodios en los que sientas que el bienestar de tu hijo adolescente está en grave peligro, tendrás que escuchar los pensamientos oscuros del adolescente, lo cual es una petición muy difícil para un padre/madre. A algunos progenitores les preocupa que, si un adolescente habla de pensamientos muy negativos, aumente su riesgo de autolesión grave. Pero no es así. Hablar de estos pensamientos (a veces llamados «ideación suicida») y reconocer los sentimientos del adolescente reduce la intensidad y la urgencia del impulso de autolesionarse. Estar a su lado y escucharlos, digan lo que digan, es probable que los tranquilice y los calme.

Después de escuchar pacientemente los pensamientos negativos del adolescente, pídele que hable de algo que le guste hacer. ¿Tiene previsto quedar con un amigo o amiga esa misma semana? ¿Hay algo nuevo que quiera probar? Intenta encontrar alguna forma de recordarle al adolescente esos diferentes momentos en los que está comprometido y se divierte.

Poco a poco, las vulnerabilidades de la adolescencia dan paso a la resiliencia. Las demandas de comprensión y aprecio, de escucha

---

29 Se ha comprobado que la intervención basada en la mentalización es más eficaz que otras terapias psicosociales a la hora de prevenir la recurrencia de las autolesiones. K. Hawton, K. Witt et al. (2015, diciembre), «Interventions for self-harm in children and adolescents», en *Cochrane Database Systematic Review, 12*, https://doi.org/10.1002/14651858.CD012013.

atenta y empatía, no terminan, pero son más fáciles de satisfacer. A medida que el cerebro del adolescente toma su forma adulta, controlar sus propios impulsos y comunicar sus necesidades será mucho más fácil. Hasta entonces, el duro trabajo de los progenitores debe continuar.

9

«No sé cómo hablar contigo, pero escucha mi cuerpo»

ROMPECABEZAS DE LA MENTE Y EL CUERPO

Los adolescentes están aprendiendo a expresar nuevas emociones y a interpretar las sensaciones de sus cambios corporales. Al mismo tiempo, intentan descifrar tanto quiénes son como qué aspecto tienen para los demás. Sus mentes y sus cuerpos están estrechamente vinculados, pero a veces los mensajes de uno a otro aumentan su confusión sobre lo que sienten, sobre quiénes son y sobre quiénes deberían ser. Es en el contexto de estos rompecabezas de la mente y el cuerpo donde surgen los problemas habituales de los adolescentes. Entre ellos se encuentran actitudes peligrosamente insanas respecto a la alimentación, ataques de pánico y síntomas como el dolor o la apatía —que parecen no tener explicación médica—. Estas condiciones son profundamente perturbadoras para los progenitores, que se sienten culpables («¿Qué he hecho yo para causar el problema de mi hijo adolescente?»), impotentes («No sé qué hacer»), y con una profunda tristeza, al concluir erróneamente que el adolescente está «dañado», «destrozado» o que «siempre estará en peligro». Sin embargo, los adolescentes que tienen a sus progenitores a su lado tienen muchas probabilidades de recuperarse plenamente.

9.1 TRASTORNOS ALIMENTARIOS: EL PROBLEMA NO ES MI MENTE, ES MI CUERPO

Justo cuando los adolescentes están más acomplejados y son más propensos a sentirse insatisfechos con su aspecto, la aceptación y la admiración de sus compañeros son de suma importancia. Llenos de dudas sobre sí mismos, se preguntan: «¿Qué puedo hacer para que la gente que me gusta y admiro me encuentre atractivo?». Su yo de espejo oscurece su aspecto real. Cuando se miran al espejo, no se preguntan: «¿Qué veo yo?», sino «¿Qué ven los demás?». No pueden evaluar la evidencia de sus propios ojos, y buscan los defectos que otros podrían detectar.

Los adolescentes no parecen saber qué aspecto tiene un cuerpo adolescente normal. Su medida de lo que «deberían parecer» incluye elementos de la infancia tardía (prepubertad) y un cuerpo ideado envuelto en una piel suave como si fuera de plástico. Para evaluar hasta qué punto son realistas —o lo contrario— los adolescentes respecto al desarrollo físico normal, pedí a un grupo de adolescentes de catorce años que adivinaran la edad de otros adolescentes a partir de una serie de fotografías. A la edad de catorce años, tanto las chicas como los chicos creyeron que las fotos que mostraban a adolescentes de doce años representaban a adolescentes de quince, y que las fotos que mostraban a jóvenes de quince años representaban a jóvenes de dieciocho.

A continuación, mostré a grupos de dieciocho chicas adolescentes cuatro versiones de una foto de ellas mismas[1]. La primera foto estaba sin retocar; una segunda foto se modificó para que parecieran un 5 % más ligeras de peso; una tercera se modificó para mostrarlas con un 5 % más de peso; y la última foto se modificó para que parecieran tener un 10 % más de peso del que tenían

---

[1] Partes de este taller televisado se emitieron en el programa de Channel 4 *Jo Frost: Extreme parental guidance*, el 23 de febrero de 2010.

en realidad. Más de la mitad de las chicas, cuando se les preguntó «¿Qué foto tuya es la más precisa?», seleccionaron una foto en la que aparecían más pesadas de lo que realmente eran. Solo ocho de los grupos de dieciocho chicas identificaron la foto no modificada como la imagen más exacta, y solo cinco eligieron su imagen no modificada frente a las demás. El 42 % de las chicas querían estar más delgadas y creían tener más peso del que realmente tenían.

Las preguntas que más preocupan a muchos padres y madres son: «¿Cómo puedo asegurarle a mi hija adolescente que es preciosa?», y «¿Cómo puedo proteger a mi hija adolescente de la persistente preocupación por su aspecto?». Los progenitores han presionado, con un éxito limitado, para que los anunciantes utilicen modelos de dimensiones normales[2], y para que se etiqueten las fotos retocadas a mano, con la esperanza de que una etiqueta «Esta foto está retocada a mano» emita la advertencia: «No creas que lo que ves es real».

Muchos progenitores llevan esta misión a su casa. Algunos padres/madres prohíben las muñecas con modelos poco realistas (como la clásica muñeca Barbie). Cuando oyen a una adolescente quejarse de su cuerpo, intentan contrarrestar las dudas con cumplidos. Al mismo tiempo, no quieren respaldar el mensaje de que la apariencia es importante. «Le digo que es preciosa —dice la madre de Liba—. Pero también lo mantengo en un tono bajo. No quiero que ser guapa sea su gran éxito». Y la madre de Gavin dice: «Insisto en que mis dos adolescentes (hijo e hija) hagan mucho deporte para recordarles lo que sus cuerpos son capaces de

2 «Eating Disorders, Body Image and the Media» (2000, 5 de junio), Parlamento del Reino Unido.

209

hacer»[3]. Pero pocos progenitores consideran que sus esfuerzos sean suficientes.

—La presión es excesiva —me dice la madre de Liba—. Recuerdo ese horrible deseo de esculpirme un cuerpo nuevo, pero al menos podía cerrar la puerta y ser lo que era para mi familia, que estaba bien con mi aspecto. Mi pobre hija tiene el teléfono a todas horas, donde se ven fotos retocadas en Instagram que ella intenta igualar. Me rompe el corazón que quiera convertirse en una belleza aburrida sin sentido.

Los ideales físicos sesgados se han arraigado cada vez más en nuestra cultura, insensible a las voces de progenitores y profesores que gritan: «¡Esto no es saludable y no es real!». Es este entorno el que favorece la anorexia y otros trastornos alimentarios. Aunque solo el 1 o el 2 por ciento de la población adolescente de Estados Unidos está diagnosticada de un trastorno alimentario[4], se calcula que el 10 por ciento de las adolescentes tienen problemas con la dieta y con su imagen corporal[5], y que un número cada vez mayor de chicos (las estimaciones varían entre el 2 y el 3 por ciento) utilizan medios poco saludables para controlar su peso. Muchos más, igualmente impulsados por la insatisfacción con su cuerpo, hacen ejercicio en exceso o experimentan con esteroides para alcanzar los cuerpos musculosos que consideran

---

3 Rachel Hoise (2017, 13 de diciembre), «Missguided lanza una campaña sin retoques para defender la positividad corporal», en *Independent*, https:// www.independent. co.uk/life-style/fashion/missguided-body-positivity-unretouched-photoshop-size-imperfections-fashion-shoot-a8107216.html

4 Otros trastornos (como la bulimia) tienen una incidencia un poco más alta, pero también baja: alrededor del 2 %; y los atracones afectan a un 3% de la población.

5 Cynthia Bulik (2012), *The woman in the mirror: How to stop confusing what you look like with who you are*, Nueva York: Walker Books.

el ideal. Entre los adolescentes que se sienten incómodos con su género asignado, la insatisfacción corporal es aún mayor[6].

Se cree que la diferencia entre el 1 o 2 por ciento de los adolescentes con un diagnóstico clínico de trastorno alimentario y el grupo más numeroso del 10 por ciento es atribuible a los genes y al metabolismo[7]. Sin embargo, las cargas emocionales de una imagen corporal sesgada negativamente y la obsesión por los defectos de su apariencia están en su raíz, y se extienden mucho más allá de los que tienen un diagnóstico clínico de trastorno alimentario o dismorfia corporal.

A pesar de todos los cambios que se han producido en la perspectiva y las oportunidades de las adolescentes, la importancia del aspecto y de las limitaciones de lo que se ve bien persisten. Cuando exploro las perspectivas de las propias adolescentes, rara vez preguntan: «¿Cómo puedo resistirme a la presión cultural malsana?». Es más probable que pregunten: «¿Cómo puedo cumplir los ideales culturales?». Los adolescentes que sufren anorexia y bulimia —el 90 % de los cuales son chicas— dicen: «Lo que usted llama mi trastorno alimentario no es realmente un problema. Es una solución a mi problema».

Cuando Georgie, de quince años, mira su cuerpo —ya sea la cintura, las piernas, las caderas o los brazos— ve cualquier parte de grasa, cualquier indicio de grasa, como algo feo. Las curvas, la forma o la piel regordeta que otros admiraron en su día, le resultan repulsivas, y está decidida a eliminar la grasa de su cuerpo. Mientras los progenitores y los vecinos se estremecen ante el contorno esquelético de sus costillas y sus mejillas encogidas,

---

6 Stephen Feder, Leanna Isserlin, Emily Seale, Nicole Hammond y Mark L. Norris (2017), «Exploring the association between eating disorders and gender dysphoria in youth», en Eating Disorders, 25(4), pp. 310-317.

7. Bulik (2012).

Georgie ve su cuerpo demacrado como un logro. Un año antes, a los catorce, Georgie no parecía estar en riesgo de anorexia. Correcta y musculosa, mostraba menos preocupación por su aspecto que muchas de sus amigas.

—Nunca me insistió para que le comprara ropa elegante o zapatillas de diseño, y parecía muy feliz con el tipo de ropa que llevaba de niña —me dice su madre, Laurel—. Algo ocurrió, y no sé qué, cuando cumplió los quince años, y de repente se puso a comer pepino y apio y nada más. Me devano los sesos para darle sentido a esto. Georgie siempre fue una comedora despreocupada. Nunca vi a Georgie hacer dieta. No hacía dieta. Algunas de sus amigas... Bueno, tiene una amiga que estoy segura de que es bulímica. Dios mío, me enfado mucho cuando pienso en ella. Es una comedora muy astuta. Toda la comida que hay desaparece cuando ella está cerca. Y en las fiestas, donde hay tarta y demás, se atiborra. En cierto modo, culpo a esta Sian de muchos de los problemas de Georgie. Me refiero a que estos problemas son contagiosos.

Suena extraño hablar de un problema mental como «contagioso». El contagio se refiere a la propagación de gérmenes de una persona a otra, y la enfermedad mental no está causada por ningún tipo de germen. Pero Laurel toca una característica importante y desconcertante: los trastornos alimentarios (como la anorexia, la bulimia y los atracones) suelen producirse de forma colectiva, como una enfermedad contagiosa. Para explorar la mentalidad que subyace en este grupo concreto, me pongo a hablar con Sian, la amiga «inadecuada» de la que se sospecha que tiene bulimia.

Sé que esta entrevista no será fácil. Los bulímicos se dan atracones y luego se purgan, normalmente vomitando lo que acaban de comer. Saben que los demás lo encontrarán repugnante, y por ello intentan ocultar lo que a menudo se convierte en un hábito tan compulsivo como cualquier adicción. Sin embargo, Sian me sorprende con su franqueza.

Cuando le pregunto por su apetito y por su peso, me dice con orgullo que se «atiborra», tal y como Laurel ha descrito, pero se jacta de ser una experta en «deshacerse de ello». Puede satisfacer sus «asquerosos» apetitos, explica, sin afrontar ninguna «consecuencia».

Ni Georgie ni Sian se ven a sí mismas como un problema. En opinión de Georgie, la autoinanición es una prueba de su «fuerza». Se encoge de hombros cuando expreso mi preocupación. «El hambre puede darte un subidón. Tengo más energía que nunca. Estoy como conectada». Pienso en esa palabra: «conectada». Ahora parece que está hecha de cables, que tiene la energía agitada y la concentración férrea que se asocian a los significados más amplios de «conectado».

Nos sentamos juntas durante un rato, y charlamos de otras cosas neutras antes de que Georgie vuelva a hablar de lo que llama «comer controlado». Dibuja un patrón en la alfombra con la punta de su zapato, y habla en voz baja.

—A mí también me gusta tener esta altura. Antes estaba en la media. Ahora mis amigos se han disparado, y yo sigo siendo menuda. —Sonríe y gira la cabeza, todavía inclinada hacia el suelo, y me observa atentamente. Siento que está a punto de revelar algo más profundo. Le devuelvo la mirada, intentando ser neutral pero interesada—. Soy como un elfo entre la gente que tiene que vivir en el sucio mundo real, una especie de Ariel —dice. Y, después de un rato, añade—: Y ya no me viene la regla. No tengo nada de ese jaleo. Me escapo de ese sistema.

Ese «sistema» es el desarrollo físico normal. Georgie, cuya condición de riesgo vital está a la vista, se siente más segura físicamente que las adolescentes sanas, que también se sienten inseguras y con ansiedad sobre cómo ven los demás su cuerpo en desarrollo. Aunque su enfermedad debilita su sistema inmunitario, atrofia su crecimiento y anula su ciclo menstrual natural, Georgie se siente «fuerte». Sian, cuya enfermedad desequilibra su metabolismo, destroza sus dientes y deteriora su esófago, declara con orgullo que ha perfeccionado una técnica para mantenerse delgada a la vez que satisface un apetito desbocado.

Los progenitores, sobre todo las madres, se sienten culpables cuando ven a su hija adolescente practicar este tipo de autolesiones. La historia de la psicología ha culpado tradicionalmente a las madres de los desórdenes alimentarios de las adolescentes. Algunos psicólogos consideraban que el hecho de reprimir el apetito y el deseo era un intento de la adolescente de rechazar el control de la madre. Otros sostenían que los trastornos alimentarios eran el resultado de la intolerancia de la madre a los apetitos y deseos de la adolescente. Se pensaba que una chica anoréxica tenía siempre una madre que no respondía a sus necesidades; como resultado, la adolescente se avergonzaba de sus propias necesidades y las rechazaba. También se argumentaba que una chica bulímica quería desafiar a la madre que intentaba controlar sus apetitos, y que por ello borraba las «pruebas» de su indulgencia. Bajo el paraguas de estas teorías, los trastornos alimentarios eran presentados como medios a través de los cuales una adolescente intentaba o bien cumplir o bien desafiar los deseos de su madre[8].

En la mayoría de los casos, las teorías que culpan a la madre son tremendamente desacertadas. Los progenitores me dicen que ellos mismos sienten «angustia», que cada día es «como caminar sobre cristales rotos», que «harían cualquier cosa para ayudar» a su hija adolescente. El reto al que se enfrentan es que

---

8 «Theories of eating disorders are discussed», en *Apter* (1990), pp. 43-50.

los adolescentes como Georgie y Sian no quieren «mejorar». La perspectiva de «perder» su enfermedad los asusta. Sian me dice: «No hay nada peor que comer una comida abundante y luego descubrir que no hay forma de deshacerse de ella. Por ejemplo, si se trata de una cena importante, o en un restaurante, y no puedo levantarme. Me siento atrapada. Es horrible». Y Georgie dice: «A veces hay una voz amable y orgullosa dentro de mí, que me dice que soy maravillosa. Puedes aguantar cualquier punzada de hambre con esa voz que te arrulla. Pero si como algo, ¡vaya!, la voz se vuelve malvada. Puede ser realmente cruel. No quiero decir esas palabras. Son palabras horribles. La voz quiere hacerme pedazos. Así que cuando mamá me persuade para que coma, o empieza a presionarme al respecto, me asusto».

El trastorno alimentario de cada adolescente surge de una combinación única de necesidad personal, deseo, historia emocional y composición genética. Es un hecho complejo, y ni «toda la culpa de los padres» ni «toda la culpa de la sociedad». Los atracones, acompañados de un rápido aumento de peso, se activan a veces por el deseo de ser repulsivo y disuadir los acercamientos sexuales. Un caso trágico que puede ejemplificar lo que acabamos de explicar es el de una niña de trece años que había sufrido abusos sexuales por parte de un hermanastro, a la que le gustaba la forma en que su estómago agrandado se plegaba sobre sus genitales: «Si no puedo verlos, no forman parte de mí», explicó. La autora feminista Roxane Gay relató en sus memorias, *Hunger*, cómo utilizó la obesidad para evitar ser señalada como víctima sexual. Después de ser violada por unos «compañeros de la escuela», quiso convertirse en una chica que no tuviera el aspecto de alguien apetecible sexualmente[9]. «La obesidad es una cuestión feminista», señaló Susie Orbach, al descubrir que muchas de

---

9 Roxane Gay (2018), *Hunger: a memoir of (my) body*, Nueva York: Corsair.

sus pacientes utilizaban la obesidad para escapar de las brutales consecuencias de la sexualidad femenina[10].

Aunque los trastornos alimentarios no suelen estar causados por la dinámica familiar, esta los complica. A los adolescentes les molesta que sus padres/madres se preocupen por su enfermedad. Tachan esa preocupación de «intromisión» y «control». La ansiedad de los progenitores aumenta la ansiedad del adolescente, con lo que es más probable que la enfermedad se «mantenga»[11]. Como explicó un terapeuta con mucha experiencia, en las familias «los sentimientos intensos pueden escalar rápidamente... dando lugar a más acaloramiento que claridad... El escenario está preparado a diario para interacciones que potencialmente estimulan una pérdida de [equilibrio y comprensión] para uno o varios miembros de la familia»[12].

Los adolescentes que sufren un trastorno alimentario necesitan la intervención de un profesional de la salud mental cualificado[13]. Cuando un padre/madre intenta «arreglar» el problema, la relación adolescente/progenitor se centra en el trastorno alimentario. «Es lo único de lo que habla. Es lo único que le importa», dice Georgie. Mientras que Sian reflexiona: «Cuando mis padres me ven, lo único que ven es un problema».

---

10 Susie Orbach (2016, reedición), *Fat is a feminist issue*, Londres: Arrow.

11 Profesora Janet Treasure, directora de la Unidad de Trastornos Alimentarios del Hospital Bethlem Royal, del South London and Maudsley NHS Foundation Trust, citada en Charlotte Philby (2009, 14 de marzo), «One milliion Britons suffer from eating disorders-so why is so little being done to help?», en *Independent*, https://www.independent.co.uk/life-style/health-and-families/healthy-living/one-million-britons-suffer-from-eating-disorders-so-why-is-so-little-being-done-to-help-1642775.html

12 C. Grimes (2019, 3 de marzo), «Mentalization-based family therapy with adolescents and family», en *GAP Call-in Series on Youth, Early Prevention and Intervention of BPD* [podcast], NEABPD.

13 Un muy buen punto de partida es este consejo del NHS del Reino Unido: https://www.nhs.uk/conditions/eating-disorders/advice-for-parents.

Sin embargo, los adolescentes, incluso cuando necesitan una intervención profesional, siguen necesitando el compromiso, el aprecio y el interés de los progenitores. Así que el mejor consejo es que el progenitor deje la afección en manos del adolescente y del experto, mientras sigue comprometiéndose con otros aspectos de la vida de su hijo. El padre/madre puede seguir preguntando: «¿Qué te ha gustado hoy?», «¿Cómo están tus amigos?», «¿Podemos elegir un color para tus cortinas?» o «¿Podemos pasear al perro juntos esta tarde?». Un progenitor que se ríe de los chistes del adolescente, que se deleita con su opinión sobre una película o un tema de actualidad, y que lo invita a compartir actividades ordinarias, lo que hace es recordar a ambos que hay mucho más en ese adolescente que su trastorno alimentario.

9.2 ATAQUES DE PÁNICO: CUANDO LA MENTE Y EL CUERPO ENTRAN EN UNA ESPIRAL DESCENDENTE

Los adolescentes se preocupan. Se preocupan por su aspecto. Se preocupan por la opinión de sus amigos. Les preocupa parecer estúpidos o engreídos. Se preocupan de si han dicho lo correcto. Para muchos adolescentes, estas preocupaciones diarias van y vienen.

El paseo en bicicleta hasta el colegio consume la adrenalina que llena su torrente sanguíneo cuando se mira en el espejo y se preocupa de si está demasiado gordo o de si su ropa es la adecuada. Un amigo lo saluda con entusiasmo, y la voz en la sombra que murmuraba «Ya no le gustas» se dispersa. Se sienta en la clase de matemáticas y, de repente, descubre cómo resolver una ecuación, y se le levanta el ánimo. Cuando entra en la cafetería de la escuela, se reúne con confianza con sus amigos. La conversación fluye. Las risas se extienden entre el grupo. Los problemas de la mañana se olvidan.

Pero, a veces, las preocupaciones comunes del día de un adolescente no desaparecen. Kevin, de quince años, se mira en el espejo y observa que sus orejas sobresalen, que su pecho parece cóncavo y sus pies demasiado grandes con los zapatos nuevos que le compró su madre. Cuando llega a la escuela, la preocupación por su aspecto ocupa el centro de su mente. Ese inconfundible yo de cristal, impulsado por la duda, absorbe toda su atención. Camina hacia la entrada de la escuela, pasando entre grupos de adolescentes que se demoran para disfrutar de los últimos minutos de respiro antes del comienzo de las clases, y está convencido de que otras personas están observando críticamente su aspecto, al igual que él. Cuando un amigo lo saluda con una sonrisa, Kevin se pregunta: «¿Se estará riendo de mí? ¿Habrán hablado los demás de mí a mis espaldas?». Se sienta en clase de geografía, o de química, o de inglés, y las palabras del profesor no tienen sentido. Conoce el significado de cada palabra, pero no puede seguir la instrucción, la explicación o el argumento. Cuando sus compañeros levantan la mano y hablan, se siente desconcertado por su capacidad para dar sentido a la clase y contribuir a ella. «Soy tan diferente a ellos —piensa—. Ellos viven en un mundo despreocupado. No tienen que preocuparse de sus orejas, ni de la forma de su pecho, ni del tamaño de sus pies. Pueden pensar en otras cosas. Son inteligentes. Tienen confianza en su futuro. Soy el único aquí que no saca sobresalientes». Kevin concluye: «Hay algo malo en mí. Voy a fracasar. Mis padres estarán destrozados. Harán que mi vida sea una vida aún más miserable. No entraré en la universidad. No conseguiré un trabajo. Me quedaré atrapado en casa para siempre. Cada día me recordarán el fracasado que soy».

Cuando entra en la cafetería de la escuela y coge su bandeja del almuerzo, se queda paralizado. No hay ningún lugar en ninguna mesa en el que se sienta seguro. Sabe que parece ridículo, de pie y sin moverse, con su bandeja de comida, mientras los demás niños ya están apilando las suyas, después de haber terminado el almuerzo.

De todos modos, no puede comer. Su estómago se revuelve. Está sudando. Su corazón palpita con fuerza. Sabe que su cara debe de estar roja. No puede inhalar suficiente aire en sus pulmones. El sonido de una risa compartida suena en algún lugar del pasillo, y está seguro de que va dirigida a él. Grita y se encoge contra el suelo.

La capacidad de los adolescentes para mentalizarse —explorar su propio mundo interno y el de los demás— normalmente mejora su comunicación y la conexión; pero cuando los adolescentes se hipermentalizan, y analizan en exceso cada expresión facial o cada comentario, se sienten como si estuvieran aislados en una tierra hostil. Kevin hace una serie de suposiciones sobre lo que piensan los demás y llega a la conclusión de que todo el mundo alberga pensamientos negativos y burlones hacia él. Detrás de cada palabra y de cada mirada percibe una amenaza. Su cuerpo responde como debería responder a una amenaza real: preparando sus músculos para luchar o huir.

Pero el peligro que percibe Kevin no es algo que pueda abordar, porque no es real. La adrenalina liberada por su sistema nervioso no se consume, como ocurriría si se enfrentara a un peligro físico real, huyendo o luchando. En este caso, la adrenalina permanece en su sistema, señalando la presencia de una amenaza que no puede nombrar y de la que no puede escapar. Así que entra en pánico.

El pánico es una respuesta fisiológica a la percepción mental del peligro. Las respuestas fisiológicas (temblores, sudoración, contracción del estómago e incapacidad para respirar con normalidad) indican a la mente: «Estás amenazado. No tienes el control. Está a punto de ocurrir algo horrible».

Los sentimientos relacionados con el pánico —como la ansiedad— son habituales, pero normalmente aprendemos a calmar las señales de angustia del cuerpo lo suficiente como para que la mente vuelva a evaluar la situación. Cuando nos damos cuenta de que «las personas que me miran no van a matarme» y de que «suspender un examen no es el fin del mundo», nuestro ritmo cardíaco se ralentiza, nuestra respiración se estabiliza y la sudoración se detiene. El ritmo fisiológico moderado confirma la evaluación de la mente de que no hay peligro inminente.

Pero, a veces, como en el caso de Kevin, el cuerpo y la mente quedan atrapados en una espiral descendente. Cuando algo va mal (cuando alguien le desprecia, o cuando le cuesta un ejercicio de comprensión lectora) Kevin «catastrofiza». Esto significa que imagina el peor resultado posible. Cree que una mirada poco amistosa demuestra que no le gusta a nadie. Cree que la dificultad que tiene con una serie de preguntas no solo significa que suspenderá la asignatura, sino que arruinará toda su vida. Cuando entra en la cafetería y se pregunta dónde sentarse, la pequeña decisión parece una cuestión de vida o muerte. Por muy seguro que sea su entorno, ve el peligro en todas partes. Cuando es incapaz de reducir el lado fisiológico de la ansiedad, su mente permanece en alerta máxima, y razona que «si mi cuerpo está tan asustado, debe haber un peligro real».

La enfermera del colegio ayuda a Kevin a calmar su respiración, y su ataque de pánico se alivia. Pero más tarde, esa misma noche, siente la boca reseca, el estómago agitado, la falta de aire y ese terror que interpreta como una amenaza para la vida. Pide ayuda.

—¡Algo va mal en mi cuerpo! —insiste—. Tengo que ir al hospital.

—No —dice su madre, Rosa—. Estás bien. Intenta calmarte. Respira profundamente, como te ha enseñado la enfermera.

—No me escuchas —insiste él—. No te preocupes por mí. Creo que voy a morir, ¡y a ti no te importa!

Y así, el rompecabezas mente/cuerpo se convierte en una ruptura adolescente/progenitor, que solo puede curarse —como se muestra en la sección final de este capítulo— escuchando el discurso del cuerpo.

9.3 SÍNTOMAS MÉDICAMENTE INEXPLICABLES: CUANDO EL «NO PASA NADA» ES PREOCUPANTE

Sandy, de dieciséis años, es muy aplicada en matemáticas. Mientras camina por los pasillos de la escuela, se concentra en la reciente lección de cálculo, en la que acaba de aprender a realizar una función derivada. Se imagina los números y las gráficas en colores, «como tiernas mariposas». Estas imágenes la protegen de los retos sociales, como pasar al lado de otras personas, con sus sonrisas despreocupadas y sus modales fáciles. A veces se pregunta cómo es iniciar una conversación, e imagina que puede seguir esas peculiares reglas. Se pregunta sobre «ese otro universo en el que se visten». No puede comprender cómo las demás chicas eligen su ropa, cómo saben en qué tienda entrar, a qué sitio hay que ir para acceder a sus elegantes tops y faldas.

Sin embargo, está claro que Sandy es una chica muy apreciada. Otras chicas la saludan y no parece importarles que responda con una tímida sonrisa, como si rehuyera el contacto. Muchos de los chicos con los que se cruza la saludan o asienten con la cabeza (saludos de poca importancia que son amistosos pero que solo requieren un reconocimiento mínimo). Cuando se acerca a las pesadas puertas contra incendios del pasillo, siempre hay alguien que se apresura a abrirlas por ella.

Sandy tiene dolor y debilidad constante en el brazo izquierdo. Solía tocar el piano y, según me han dicho, tenía el potencial suficiente como para que progenitores y profesores le sugirieran que se planteara una carrera profesional. Cuando empezó el dolor, su padre, Manuel, la llevó a urgencias, donde le dieron el alta rápidamente. «No hay nada roto. Ni siquiera una distensión», les dijeron. «Entonces ¿qué es?», preguntó Manuel. El médico se encogió de hombros: «Fatiga, quizá un nervio pinzado. Debería resolverse solo. Si no lo hiciera, llévela a su médico de cabecera». Manuel llevó a Sandy a la pediatra que la había atendido desde su infancia. Ella había guiado a la familia hasta el diagnóstico de trastorno del espectro autista (TEA).

—No puedo expresar el alivio que sentimos cuando nos dieron ese diagnóstico —me dice Manuel—. Explicó muchas cosas y facilitó muchas otras. Puede ser muy testaruda, como sabes, y, vaya, muy quisquillosa con los sonidos fuertes y los cambios bruscos. Solía enfadarse mucho. Y los profesores, los vecinos, todos nuestros amigos y familiares pensaban que estaba siendo maliciosa. Nos culpaban a nosotros, como si estuviéramos, digamos, permitiendo que fuera una persona complicada. Así que oír lo que era, con el nombre y una especie de explicación, fue realmente útil.

Conseguir un diagnóstico útil para el dolor y la debilidad del brazo de Sandy no fue tan fácil. El pediatra no encontró nada y sugirió que, aunque sus reflejos estaban «bien», podría haber un nervio dañado que «se curaría con el tiempo». Le sugirió a Sandy que tomara pastillas analgésicas, con moderación. Cuando Sandy volvió un mes después, llorando, y diciendo: «Esto ni siquiera mengua el dolor», el médico le recetó analgésicos opiáceos, «pero solo durante cinco días». Al no remitir el dolor ni siquiera con estos analgésicos, Manuel llevó a Sandy a una serie de especialistas: reumatólogo, osteópata e internista. Las articulaciones y los huesos recibieron su visto bueno, así como los músculos y, por último, las vías nerviosas entre el brazo y el cerebro. Entonces Sandy probó la fisioterapia. Cuando eso no ayudó, probó la acupuntura. El dolor era a veces más intenso y otras veces menos, pero, en general, tras dieciocho meses de diversos tratamientos, no hubo ninguna mejora.

Manuel llevó entonces a Sandy a su pediatra. «Se lo expuse directamente. "Aquí pasa algo", le dije. Si no puedes solucionarlo, danos el nombre de alguien que pueda hacerlo. Hemos estado dando vueltas y seguimos en el punto de partida. O te interesa o no te interesa. ¿Qué es?».

La respuesta de la pediatra fue: «El neurólogo (el especialista que exploró la posibilidad de un daño nervioso o una afección neurológica) aconsejó que el siguiente paso fuera la derivación a un psiquiatra. Estaría encantado de remitirte. No podemos encontrar nada médicamente anormal».

«Pensé: "Ya está. Hemos terminado ya con esta doctora". —Manuel hace una pausa. Su respiración es agitada y sus ojos se llenan de lágrimas—. Llevamos diez años acudiendo a ella. Y así es como nos trata. Es inútil».

En la mayoría de los casos, la noticia de que «no hay nada malo físicamente» es tranquilizadora. ¿No se sentiría un padre aliviado si le dijeran que a su hijo adolescente no le pasa nada físicamente? Pero la indignación como la de Manuel es muy común, y comprensible, dado que la mayoría de la gente entiende el dolor como una señal de que algo va mal físicamente. Manuel y Sandy se sienten insultados, menospreciados y abandonados. Oyen las palabras del pediatra y entienden: «El dolor no es real. O está imaginando cosas, o está fingiendo». Pero el dolor es mucho más complicado de lo que la mayoría de las personas creen.

Los llamados «trastornos por síntomas somáticos» son muy comunes y están, lamentablemente, poco estudiados. El informe más reciente de la Organización Mundial de la Salud ha descubierto que el 20 % de las personas experimentan, al menos, seis síntomas sin explicación médica a lo largo de su vida[14]. Los adolescentes, que son novatos en la interpretación de las señales interoceptivas (las sensaciones internas que constantemente interpretamos como positivas o negativas), y que luchan por nombrar y domar las emociones, son especialmente vulnerables

---

14 C. Nimnuan, M. Hotopf y S. Wessley (2001, julio), «Medically unexplained symptoms: an epidemiological study in seven specialties», *Journal of Psychosomatic Research*, 51(1), pp. 361-367.

al dolor, la inmovilidad, las náuseas o la fatiga para los que no se encuentra ninguna explicación médica.

A veces, si no hay explicación médica, se interpreta que «todo está en tu cabeza»[15]. Pero, ¿qué significa eso? Todo el dolor se genera en el cerebro. Las células nerviosas envían mensajes al cerebro para señalar el problema: tu piel está peligrosamente cerca del fuego, tu pie está atrapado, tu hueso está roto, tu estómago no puede hacer frente a lo que has comido. Sea cual sea la lesión, sin el cerebro no experimentaríamos dolor. Así que, en cierto sentido, el dolor siempre está en la cabeza. La diferencia es que, en el caso de Sandy, parece que no hay ninguna lesión, ningún daño tisular ni óseo, ningún mal funcionamiento fisiológico que explique la debilidad del brazo ni su dolor. Pero el cerebro experimenta el dolor por muchas vías diferentes.

Consideremos por un momento cómo el estrés, la tristeza o la soledad generan a veces un dolor tan real como el de cualquier hueso roto. En el capítulo tres vimos cómo las emociones afectan a las funciones corporales y cómo las sensaciones corporales también afectan a las emociones. Cuando estamos estresados o nos sentimos miserables, producimos una hormona llamada cortisol. Normalmente, esto reduce la inflamación (la respuesta del cuerpo a una lesión o enfermedad; por eso las personas con las articulaciones hinchadas se inyectan cortisona, y las cremas de hidrocortisona reducen el prurito y el enrojecimiento de la piel). Cuando permanecemos estresados, abatidos o asustados, nuestro cuerpo se mantiene en alerta, con altos niveles de cortisol. Al cabo de un tiempo, estos niveles elevados de cortisol provocan más —y no menos— inflamación (por eso la cortisona suele recetarse solo para un uso muy limitado). La inflamación

---

15 Este es el desafortunado y engañoso título del excelente libro de Suzanne O'Sullivan. Suzanne O'Sullivan (2015), *It's all in your head: Stories from the frontline of psychosomatic illness*, Nueva York: Vintage.

persistente nos hace sentir cansados. Nos cuesta más concentrarnos. Nos cuesta recordar cosas. También corremos un riesgo mucho mayor de enfermar, porque la inflamación prolongada reduce la eficacia de nuestro sistema inmunitario.

Los científicos comprenden ahora que los problemas de la inflamación no acaban ahí. Hace unos diez años se hizo el asombroso descubrimiento de que unas pequeñas proteínas liberadas por el estrés, llamadas citoquinas proinflamatorias, pueden pasar del cuerpo al cerebro[16]. Estas diminutas proteínas interfieren en todas esas conexiones neuronales que remodelan el cerebro adolescente. Inducen sentimientos de fatiga o desasosiego. La fatiga y el malestar envían al cerebro el mensaje de que «Algo va mal». El sistema de alarma del cuerpo permanece activado, y llena todo el sistema de cortisol y citoquinas, como si el cuerpo estuviera realmente enfermo[17]. El cerebro se comporta como si el cuerpo estuviera lesionado, y los nervios, que se comunican entre sí, producen dolor. Esto es muy diferente de la simulación, o de fingir el dolor. Tampoco se trata de un dolor imaginario. Este dolor es real[18].

Como el de muchos adolescentes, el entorno diario de Sandy está plagado de estrés y, por tanto, de desencadenantes de cortisol. El estrés de los encuentros sociales, las dudas sobre uno mismo y las tareas escolares son motivos de estrés para cualquier adolescente; pero tener un TEA intensifica estas ansiedades.

---

16 Andrew Miller, Ebrahim Haroon, Charles Raison y Jennifer Felfer (2013), «Cytokine targets in the brain: Impact on neurotransmitters and neurocircuits», en *Depression and Anxiety,30*(4), pp. 297-306.

17 Lisa Feldman Barrett (2018), *How emotions are made: The secret life of the brain*, Nueva York: Pan Books, p. 202.

18 Barrett (2018), p. 207; Tor Wager y Lauren Atlas (2015), «The neuroscience of placebo effects: Connecting context, learning and health», en *Nature Reviews Neuroscience,16*(7): pp. 403-418.

Cada encuentro social está lleno de incertidumbre. Mientras que muchos adolescentes se ponen nerviosos por cómo los ven los demás, Sandy se siente en clara desventaja a la hora de leer las señales sociales. «¿Por qué —se pregunta— ha cambiado de repente la expresión facial de esa chica?», o «Ese sonido [que otros reconocerían inmediatamente como risa] ¿es de ira o es de burla?».

Además, la exterocepción de Sandy (la conciencia de los estímulos externos, como el sonido, el movimiento y el tacto) está incrementada. El golpe de una puerta, una tos o un destello de luz pueden desorientarla. «Es como si toda su geografía cambiara, y pasara de un lugar familiar a otro que no reconoce», me dice Manuel.

Las interacciones en la vida real, me explica Sandy, ocurren «demasiado rápido». Otras personas comprenden su ritmo y su flujo, pero ella las experimenta como una serie de instantáneas inconexas, que pasan a toda velocidad antes de que pueda procesarlas. No está segura de cómo saludar a la gente o de cómo unirse a un grupo. Una sonrisa amistosa la alarma si piensa que se espera algo de ella a cambio (y ni siquiera sabe qué se espera). Sin embargo, como la mayoría de los adolescentes, Sandy también quiere caer bien a los demás.

El colegio de Sandy ha hecho un buen trabajo explicando el TEA a sus compañeros. Disfrutan contándome cómo es la vida social para ella.

—No puedes contarle chistes —explica Leilah, de dieciséis años—. Ella entiende las cosas literalmente. Tienes que decir justo lo que quieres decir. Tienes que tener cuidado con el sarcasmo, porque no lo entiende.

Sandy depende de sus amigos íntimos para poder desenvolverse en su día a día. Para ella son «exploradores que se adelantan y me muestran el camino». Sin el constante consuelo de las personas que le muestran el camino, se siente perdida, estresada y alarmada.

Estos son problemas a los que se enfrentan muchos adolescentes con TEA, pero la mayoría de ellos no desarrollan un dolor o una parálisis médicamente inexplicables. Como cualquier rompecabezas mente/cuerpo en cualquier adolescente, la explicación se encuentra en las necesidades, los miedos y las expectativas de cada uno de ellos. Puede ser que Sandy haya tenido una lesión en el brazo que haya establecido un circuito de dolor. Sandy siente el dolor antes de mover el brazo para abrir la puerta. Hace una mueca de dolor y se agarra el codo cuando, simplemente, ve la puerta delante de ella, igual que lo haría si tuviera el brazo roto. Como la gente responde a ella como se responde ante alguien que siente dolor, el dolor y un brazo débil pasan a formar parte de su «autoesquema», es decir, de cómo se ve a sí misma, tanto social como físicamente.

El cerebro es un órgano altamente predictivo. Todo lo que hacemos implica predicciones, desde levantarnos por la mañana y poner los pies en el suelo hasta meternos en la cama por la noche. Cada acción, por sencilla que sea, implica predicciones sobre lo que hacen los objetos físicos, incluido nuestro cuerpo. El suelo nos proporcionará una base de apoyo cuando nos pongamos de pie, la cuchara sostendrá los cereales o removerá una bebida, la cama ofrecerá un cierto tipo de comodidad. Nuestras sensaciones corporales también proceden de la rápida computación del cerebro, basada en predicciones sobre lo que hay en el mundo y sobre lo que ocurre en nuestro interior. Se trata de micropredicciones, calculadas cuando millones de neuronas «se comunican» entre sí. Lisa Feldman Barrett explica, en *How Emotions Are Made*, que «estas conversaciones neuronales intentan anticipar cada fragmento de vista, sonido, olor, sabor y tacto que experimentarás, y cada acción que realizarás. Estas predicciones son las mejores conjeturas de tu cerebro sobre lo que ocurre en el mundo que te rodea, y sobre cómo afrontarlo para mantenerte vivo»[19].

Sentimos las molestias antes de que la aguja toque nuestra piel. Si sufrimos migrañas, nuestra cabeza empieza a palpitar, aunque el dolor sea inicialmente leve. Si asociamos el estrés con las náuseas, una de estas sensaciones predice la otra. A veces damos significado a las sensaciones asociadas a una emoción, como dolor, fatiga, parálisis o ceguera. La profesora de psicología Tamar Pincus señala: «Después de un tiempo, ves las cosas revestidas de dolor... Puedes experimentar un dolor más intenso simplemente porque lo esperas»[20].

Sentirse deprimido también aumenta el dolor. Cuando estamos emocionalmente deprimidos, las áreas del dolor del cerebro están más activas, por lo que el dolor parece más intenso. Los adolescentes, que experimentan más estrés social que los niños o los adultos, que son más propensos a sufrir cambios de humor y cuyo reloj corporal los hace especialmente vulnerables a la fatiga, corren un mayor riesgo de padecer un dolor y una fatiga que no parecen tener una causa física.

Otro misterio sobre el dolor surge de cómo, a veces, sirve para un propósito especial. Tal vez el dolor, la parálisis o la enfermedad traigan la ayuda que necesitamos. Tal vez el dolor nos proporcione un espacio para descansar. Quizá nuestro dolor recuerde a los demás que no deben esperar mucho de nosotros. Si una adolescente como Sandy sufre estrés social a diario, pero descubre que tener dolor o estar débil provoca respuestas que la ayudan a enfrentarse a emociones muy difíciles, su dolor, aunque real, no se debe a ninguna lesión. Esta estrategia inconsciente se denomina

19 Barrett (2018).

20 Clare Wilson (2019, 3 de abril), «The illnesses caused by a disconnect between brain and mind», *New Scientist*, https://www.newscientist.com/article/mg24232240-100-the-illnesses-caused-by-una-desconexión-entre-cerebro-y-mente/

a veces trastorno neurológico funcional, lo que indica que el sistema nervioso no funciona correctamente. El cerebro convierte un problema emocional en dolor, parálisis o fatiga. Aunque los síntomas físicos pueden servir para algo (por ejemplo, para aliviar la presión de las expectativas de los demás, o para asegurar la atención de los demás), presentan problemas propios, al limitar las actividades y las oportunidades. Además, el dolor físico oculta los problemas psicológicos subyacentes e impide que se aborden.

Cuando se remite a un adolescente a un psiquiatra en lugar de a un reumatólogo, un internista o un neurólogo debido al dolor, la parálisis o la fatiga crónica, no significa que el adolescente sea un «hipocondríaco» o un «malintencionado». Significa que la emoción, la sensación y el cuerpo están intrincadamente conectados, y que a veces las conexiones se enredan. Se necesita a un experto para apoyar al adolescente mientras desenreda los nudos.

«Todo está en la mente» es una frase que se utiliza a menudo para descartar el dolor. Esto es extraño porque hay muchas afecciones que están en la mente, pero son muy diferentes de las que tienen el estigma de «solo en la mente» o «psicosomáticas». La depresión, por ejemplo, está en la mente, pero no es psicosomática; es una afección real, para la que existen tratamientos eficaces. Si no se trata, esta afección de la mente, junto con el estrés y la ansiedad, provoca una inflamación persistente que convierte los sentimientos negativos en enfermedad física. La esquizofrenia está «en la mente» y, aunque los investigadores aún no han concretado ninguna explicación fisiológica de la enfermedad, nadie la considera psicosomática. La brecha entre las afecciones sin explicación médica y las explicadas médicamente no es tan marcada como se supone[21].

El largo viaje hacia la recuperación implica una especie de superreducción en la granularidad emocional y nuevas técnicas de

---

21 Véase Richard Holton (2018), *Illness and the social self*, Ueehiro Lectures, Oxford.

resolución de problemas, a menudo con apoyo profesional. Este viaje sigue el curso que ya hemos visto, que incluye la importancia de la granularidad emocional y de nombrar las emociones para activar el córtex prefrontal, que luego realiza una comprobación de la realidad y calma el cuerpo[22]. Al desconectarse el sistema de alarma del cuerpo, puede abordarse el problema subyacente y puede resolverse el rompecabezas mente/cuerpo[23].

9.4 REVISIÓN Y ACTIVIDADES

El rompecabezas mente/cuerpo abarca una serie de problemas habituales en los adolescentes. Entre ellos se encuentran los trastornos alimentarios, los ataques de pánico y los síntomas no explicados médicamente.

El 53 % de las chicas de trece años están descontentas con su cuerpo, y esta cifra se eleva al 78 % entre las de diecisiete años[24]. Aunque la insatisfacción corporal es menos común entre los chicos, el 30 % dice que le gustaría cambiar la forma de su cuerpo[25]. Un número pequeño pero creciente de adolescentes

22 G. Tabibnia, M. D. Lieberman y M. G. Craske (2008), «The lasting effect of words on feelings: The words may facilitate exposure effects to threatening images», en *Emotion*, 8(3), pp. 307-317.

23 T. Hoyt y K. D. Renshaw (2014), «Emotional disclosure and posttraumatic stress symptoms: Veteran and spouse reports», en *International Journal of Stress Management*, *21*(2), pp. 186-206, https:// doi.org/10.1037/a0035162.

24 H. Gallivan (2014, mayo) «Teens, social media and body image», Park Nicollet Melrose Center, https://www.macmh.org/wp-content/uploads/2014/05/18_Gallivan_ Teens-social-media-body-image-presentation-H-Gallivan-Spring-2014.pdf

25 D. A. Hargreaves & M. Tiggemann (2004), «Idealized media images and adolescent body image: "Comparing" boys and girls», en *Body Image, 1*(4), pp. 351-361; M. Lawler & E. Nixon (2011), «Body dissatisfaction among adolescent boys and girls: The effects of body mass, peer appearance culture, and internalization of appearance ideals», en *Journal of Youth and Adolescence, 40*(1), pp. 59-71.

(el 0.6 % de las mujeres y el 0.2 % de los chicos) sienten que su género es incongruente con su cuerpo biológico, y quieren eliminar o cambiar sus características sexuales[26].

Un tercio de todos los adolescentes, de todos los sexos, entre los trece y los dieciocho años, experimentan ansiedad aguda, incluidos ataques de pánico[27].

La incidencia de los síntomas médicamente inexplicables es difícil de evaluar, pero los psiquiatras estiman que una cuarta parte de las personas que acuden a un médico de atención primaria tienen al menos un síntoma de este tipo[28].

Estos trastornos suelen necesitar apoyo profesional, pero el duro trabajo hacia la recuperación lo tienen que hacer los propios adolescentes. Como siempre, el apoyo de los progenitores es inestimable, y la recuperación es más eficaz cuando los padres y madres también entienden algunas técnicas para gestionar los problemas mente/cuerpo, especialmente la ansiedad aguda y los ataques de pánico.

Como hemos visto, una parte importante de la gestión de las emociones negativas —incluida la ansiedad— es reconocerlas y nombrarlas. En cambio, cuando los adolescentes temen e intentan evitar una emoción, perpetúan la ansiedad con un ciclo de

---

26 J. Arcelus, W. P. Bouman, w. Van Den Noortgate, L. Claes, G. Witcomb y F. Fernández-Aranda (2015), «Systematic review and metaanalysis of prevalence studies in transsexualism», en *European Psychiatry, 30*(6), pp. 807-815; K. L. Zucker (2017), «Epidemiology of gender dysphoria and transgender identity», en Sex Health, 14(5), pp. 404-411.

27 National Survey of Children's Health (2018, octubre), «Maternal and Child Health», Health Resources and Services Administration.

28 *Medically Unexplained Symptoms* (2015, noviembre), Londres: Royal College of Psychiatrists. Véase también F. Creed, P. Hennisen y P. Fink, eds. (2011), *Medically unexplained symptoms, somatisation and bodily distress: Developing better clinical services*, Cambridge, Reino Unido: Cambridge University Press.

miedo-adrenalina-miedo[29]. El miedo (o la ansiedad o la tristeza o la ira o la vergüenza) bombea adrenalina por todo el cuerpo. Esta afluencia de adrenalina va acompañada de una respiración rápida y de un ritmo cardíaco acelerado. Si un adolescente llega a temer esa respuesta, surge un miedo secundario: el miedo a sentir miedo. Este miedo secundario viene acompañado de su propia y poderosa fisiología, que el adolescente también teme, y que libera otra respuesta de miedo. Este ciclo, que parece interminable para quienes lo padecen, es lo que provoca ese pánico del «fin del mundo».

Los adolescentes que sufren ataques de pánico necesitan un kit de herramientas para el autocontrol. Cada vez que superan el pánico por sí mismos, refuerzan las conexiones neuronales que los llevan del pánico a la seguridad.

El primer paso en un ataque de pánico es calmar el ataque fisiológico (los latidos del corazón y la respiración superficial, la respuesta al estrés), que bloquea el pensamiento y desvía la sangre del cerebro hacia los músculos, que se preparan para luchar o para huir del peligro. Unos sencillos pasos pueden ser eficaces para calmar la fisiología, de modo que la mente también pueda tranquilizarse.

Doblar los brazos sobre el pecho y presionarlos, con una mano apoyada en el corazón que late, es una técnica útil. Curiosamente, para algunas personas es más eficaz cruzar el brazo derecho sobre el izquierdo, mientras que otras prefieren el brazo izquierdo sobre el derecho. Al mismo tiempo que el adolescente adopta esta postura de «barrera» (los dos brazos cruzados sobre el pecho), necesita regular la respiración.

---

29 Claire Weekes (2015), *Self help for your nerves*, Nueva York: Harper-Collins. Véase también Hayes et al. (2016).

Cuando nos entra el pánico, tendemos a respirar rápida y superficialmente por la boca, pero lo que necesitamos son respiraciones lentas y profundas por la nariz. Cuando hacemos esto, y se restablece el oxígeno, la tormenta neuroquímica que señala el peligro inminente cesa, y el adolescente está ahora preparado para pensar. Entonces puede comenzar la conversación y la resolución de problemas.

A veces un padre/madre está tan preocupado por el problema de un adolescente que su propia ansiedad amplifica la de su hijo. En lugar de centrarse en la pregunta: «¿Qué le pasa a mi hijo adolescente?», puede ser más eficaz preguntarse: «¿Cómo puedo tranquilizar, apoyar y comprender a mi hijo adolescente?».

La mejor manera de responder a esta pregunta es preguntar al adolescente: «¿Qué hago yo para que te sientas peor?». Si el adolescente describe algo «que haces que me hace sentir peor», puedes sugerirle que dé un nombre especial a ese tipo de interacción. Georgie sugiere a su madre, Laurel, que sus conflictos sobre la comida podrían llamarse «el escenario de "haz eso"». Sandy tiene ganas de encogerse cuando su padre se desahoga sobre el diagnóstico médico, y lo llama «el momento de gritar al médico». Cuando Kevin tiene un ataque de pánico, dice que la cara de su madre revela la secuencia «ahí va otra vez».

Una vez que la dinámica tiene un nombre y tanto el adolescente como el progenitor son capaces de reconocerla, el padre/madre puede decir al hijo: «¿Puedes ayudarme en este aspecto? Cuando te digo que comas/te quejas de los médicos/te digo que todo está en tu cabeza, estoy intentando ayudarte. ¿Cómo es desde tu punto de vista? ¿Cómo lo ves? ¿Qué sientes?».

Kevin podría decir: «Siento que todo el mundo está decepcionado conmigo», «Siento que estoy molestando a la gente», o «Siento que me estoy ahogando y que no me están prestando atención».

En respuesta, el progenitor puede hacer una pausa y reflexionar. «Estoy preocupado por ti y me solidarizo contigo. Pero me han dicho que no te lleve al hospital porque este ataque de pánico no es peligroso. Sé que te sientes fatal, pero lo superarás». Tras esta explicación, el padre/madre debe volver a centrarse en el hijo adolescente: «¿Cómo te sientes?».

«Me siento como si me estuviera muriendo», puede decir Kevin. «Y que a ti no te importa».

«Eso debe de ser terrible», podría decir su madre, centrándose en lo que el adolescente está diciendo sobre sus sentimientos, no en la acusación implícita («No te importa»). «Quiero ayudar. ¿Se te ocurre cómo podría ayudarte, sin que implique llevarte al hospital?».

«Tal vez sentándote conmigo. Respirar conmigo. Hasta que se acabe. Eso me gustaría. Me ayudaría a sentirme más cercano a ti».

Rosa podría mostrarle su gratitud a Kevin por explicarse y por ofrecerle la oportunidad de ayudarle. Esto le daría la oportunidad a Rosa de enseñarle a su hijo las sencillas técnicas de cruzar los brazos cerca del pecho y regular la respiración. Podría respirar junto a él y sugerirle la técnica de respiración 4-7-8, según la cual primero se exhala completamente por la boca, luego se inspira por la nariz, contando hasta 4, y luego se retiene la respiración mientras se cuenta hasta 7. A continuación, se exhala lentamente mientras se cuenta hasta 8. Cinco ciclos de respiración 4-7-8 son suficientes para restablecer un estado de «reposo y asimilación», en el que el cuerpo funciona con normalidad y el estómago ya no «se revuelve» ni alberga «mariposas». Los progenitores pueden ayudar a los adolescentes a practicar este método cuando estén tranquilos, para que se familiaricen con la estrategia cuando la necesiten. Durante un ataque de pánico, es difícil aprender cosas nuevas. Una vez que Kevin «entienda» que Rosa quiere que le enseñe a ayudarle, es más probable que acepte seguir conversando. Rosa podría preguntar: «¿Hay otras veces en las que no te escucho?», o «¿Qué otras cosas me faltan?».

Entonces Kevin podría decir: «Creo que no entiendes cómo me cuesta la escuela. Voy a ser una gran decepción».

En lugar de decir: «¡Qué ridículo!», que enviaría el mensaje: «Lo que sientes/piensas/te asusta es ridículo», Rosa podría decir: «No lo entiendo. ¿En qué sentido me decepcionaría tu dificultad con las tareas escolares?».

Esto daría a Kevin la oportunidad de decir: «Voy a suspender esta asignatura. Puede que ni siquiera me gradúe. Nunca conseguiré un trabajo. Nunca podré llegar a nada».

Una vez expresado este escenario de desastre, la irracionalidad puede abordarse mediante un proceso llamado «descatastrofización». Rosa podría decir: «Vale, quizá suspendas un examen. Quizá incluso suspendas el curso. Eso sería un revés, seguro. Todos estaríamos disgustados. Pero lo superaríamos. Recuerda que todo el mundo tiene contratiempos. Tu vida no se acaba con una sola decepción. No esperamos que todo sea coser y cantar».

El siguiente paso implica la resolución de problemas. «¿Qué podemos hacer para ayudar con las tareas escolares? Seguro que es difícil. A mí también me costó, ¿sabes? ¿Podemos decírselo a alguien del colegio? Todos necesitamos ayuda adicional con algunas cosas».

Y, por supuesto, el consuelo y el aprecio siempre ayudan: «Siento que tengas dificultades en clase. Siempre estaremos aquí para ayudarte. Estoy muy orgullosa de ti por haber pensado en esto».

Estas conversaciones no son fáciles. El padre/madre tiene que acallar su propia actitud defensiva y su dolor por ser tan incomprendido por un adolescente que dice: «Siento que me estoy muriendo y encima me ignoráis». Al progenitor se le pide que sea humilde y paciente, pero eso es lo que a veces tenemos que ser, al interpretar las necesidades de nuestro hijo adolescente.

Los retos son mayores, pero no totalmente distintos, para los padres de adolescentes con TEA. En este caso, el padre/madre ya estará en contacto con profesionales y con grupos de apoyo que le orientarán. Aquí simplemente añado que, para las personas con TEA, la adolescencia requiere una resistencia especial. La necesidad de tener amigos, el anhelo de aceptación y la presión de leer las emociones de los demás que sienten todos los adolescentes pueden ser especialmente difíciles para los adolescentes con TEA. Junto con los consejos que te darán los expertos, te ofrezco el recordatorio de que tu adolescente se beneficia de los mismos intercambios que benefician a otros adolescentes.

Con el TEA, un adolescente se pone nervioso más rápidamente, en parte porque su mundo interpersonal es un rompecabezas constante. Los adolescentes con TEA también son muy sensibles a los estímulos externos (como los sonidos, los olores, el movimiento, la luz y el tacto), pero pueden ser más lentos a la hora de leer las señales fisiológicas internas de ansiedad, y no procesarlas hasta que son agobiantes. Los ejercicios de respiración y las rutinas corporales que normalmente alivian un ataque de pánico también pueden ayudar a un adolescente abrumado por el ruido de fondo y los cambios repentinos, pero será necesario un mayor esfuerzo por parte de los padres para ayudar al adolescente a rebajar la ansiedad hasta un punto en el que pueda adoptar una rutina tranquilizadora. Los ejercicios para expresar las emociones que ayudan a una amplia gama de adolescentes son especialmente importantes para los adolescentes con TEA. Los libros que leen, los programas que ven, las fotos que miran juntos... todo ello presenta oportunidades para reflexionar juntos sobre los mundos interiores, tanto el suyo como el de los demás. Existe una creencia común y muy equivocada de que los adolescentes con TEA no se interesan por las mentes de los demás. Sí se interesan, pero no tienen la comprensión intuitiva que tienen muchos otros, por lo que necesitan indicaciones, señales y consejos. Esto no se aplica solo a los sentimientos negativos. Es útil hacer hincapié en los sentimientos y contextos asociados a las emociones positivas, como la felicidad, la excitación y el amor. De este modo ayudas a normalizar los sentimientos fuertes y aseguras a tu hijo adolescente que una emoción puede ser poderosa sin ser negativa.

Lo que he dicho en otro lugar sobre que el castigo coercitivo es contraproducente en la adolescencia es especialmente importante en el caso de los adolescentes con TEA. La mayoría de los adolescentes se centran en los elementos emocionales del entorno y son incapaces de procesar cualquier argumento racional si va acompañado de gritos. Los adolescentes con TEA experimentan rápidamente una sobrecarga sensorial y tienen especial dificultad con esto.

Lo que complica cualquier consejo a los progenitores sobre la renuncia a la ira y a los gritos es que los adolescentes, tengan o no TEA, son menos obedientes que cuando eran niños y pueden ser terriblemente obstinados. Los progenitores a veces pierden los nervios y pueden mostrar la falta de control emocional más típica de los adolescentes. Sin embargo, los adolescentes no necesitan padres perfectos —como se analizará en el próximo capítulo—, pero sí necesitan progenitores dispuestos, la mayor parte del tiempo, a comprometerse con sus retos evolutivos.

10

«Tú tampoco eres tan perfecto»

LOS PADRES TAMBIÉN COMETEN ERRORES

Cuando un padre mira a los ojos del niño pequeño, lo hace con una especie de oración y promesa moral: «Cuidaré de ti. Haré cualquier cosa para darte lo que necesitas. Siempre te antepondré a cualquier otra cosa, incluso a mí mismo y a mis propias necesidades».

Pero la vida toma caminos inesperados. Hay sobresaltos —sociales, financieros, personales— que no podemos controlar, y que infligen efectos no deseados a toda la familia. Perdemos nuestro trabajo, nuestros ahorros, nuestra casa, y lo que esperábamos dar a nuestro hijo ya no es nuestro. A veces tomamos una decisión que, según nuestro hijo adolescente, «destroza» su vida. Aceptamos un trabajo en otra ciudad cuando, desde el punto de vista del adolescente, dejar la escuela y el grupo de amigos que le son familiares es un cambio brutal. Nos damos cuenta de que nuestra pareja, que podría seguir siendo un padre/madre entrañable, ya no es alguien con quien podamos convivir. La unidad familiar que el adolescente da por sentada se rompe. Luego están los errores que no vemos. Sin darnos cuenta, restringimos los horizontes de nuestro hijo adolescente con nuestros propios prejuicios. Intentamos aumentar la confianza del adolescente, pero descubrimos que estamos sembrando la duda. Intentamos celebrar la identidad de nuestro adolescente, pero descubrimos que la limitamos. En este capítulo, examino los retos más comunes que los progenitores presentan sin saberlo a sus hijos adolescentes. Algunos son el resultado de las inevitables dificultades que pueden ocurrirle a cualquiera, otros provienen de mitos habituales sobre lo que necesitan los adolescentes. Este capítulo explica cómo pueden gestionarse los primeros y cómo pueden corregirse los segundos.

10.1 DIVORCIO

Uno de los principales pensamientos de un padre/madre al considerar el divorcio es: «¿Cómo afectará esto a mi hijo?». Sin embargo, los adolescentes parecen estar tan metidos en sí mismos y en sus amigos que los progenitores pueden creer que su divorcio significará muy poco.

—De todas formas, Tim nunca habla con nosotros. No parece darse cuenta de si su padre está o no. No le gusta hacer nada con nosotros. Parece pensar que incluso sentarse a comer con nosotros es un fastidio. Separarnos habría sido duro para él hace diez años, y creo que fue entonces cuando me di cuenta de que dejaría este matrimonio tarde o temprano, simplemente era cuestión de encontrar el momento. Pero ¿cómo se le puede explicar eso a un niño de seis años? Ahora puedo explicarle las cosas, si quiere escucharlas. Creo que se encogerá de hombros. Y también mi felicidad es importante».

Jasmin comparte con muchos progenitores la creencia de que cuando un hijo o hija es lo suficientemente mayor para entender el divorcio, este no será tan doloroso. También comparte con muchos progenitores la creencia de que el malhumor o la hostilidad de su hijo o hija es una señal de falta de necesidad de cohesión familiar. Y también cree que su hijo adolescente está demasiado ensimismado como para preocuparse por la ruptura de sus de padres. La decisión de Jasmin de pedir el divorcio puede estar justificada de muchas maneras, pero su decisión seguirá afectando enormemente a su hijo adolescente.

El objetivo de este debate no es disuadir a nadie de separarse de una pareja inadecuada, sino mostrar lo que la separación de los padres significa para los adolescentes. Así, un padre/madre puede ofrecer apoyo y empatía durante el largo proceso que llamamos divorcio. Los adolescentes suelen ocultar su tristeza bajo un manto de irritabilidad e indiferencia. A pesar de su aparente falta de interés, se preocupan por sus progenitores y quieren ayudarlos. Una de las formas en que a veces intentan ayudar es «no armando un escándalo» o «simplemente siguiendo la corriente». La aparente despreocupación de Tim, de dieciséis años, ante la noticia de que sus padres se van a separar revela un profundo sentimiento de pérdida y confusión:

—Cuando lo oí, pensé: «Sí, sabía que esto iba a pasar». Supongo que mi primer pensamiento fue: «¿Qué va a significar para mí?». Mamá me dijo que seguiríamos viviendo aquí y que todo seguiría igual, pero eso es una mentira descarada. Sí, no tengo que marcharme a un lugar extraño, pero tengo que pasar tiempo en casa de mi padre y seguir con mis cosas, y cada vez que me disponga a ver a mis amigos o a ir a una reunión, tendré que averiguar cuál será mi origen y mi destino. Mi madre no deja de preguntarme si quiero hablar, y eso es algo estúpido. Como si fuera tan sabia, pero no puede solucionarlo con papá. Yo digo que estoy bien, que depende de ellos. Simplemente fingir que no me molesta.

Un adolescente puede «fingir que no me molesta», cosa que un niño pequeño nunca haría. Un niño cree que sus apasionados deseos tienen poder para cambiar el mundo. La esperanza de que «papá/mamá vuelva» conforma sus expectativas. Cada uno de los pasos o toques en la puerta renueva esa esperanza. Cuando los deseos resultan impotentes, las rabietas asumen el control. La aparente «aceptación» del niño suele ser mero agotamiento por mantener la ilusión o la rabia. Cuando el niño llega a la adolescencia, la frontera entre el deseo y la realidad está más firmemente establecida. Los adolescentes se afligen como un niño, pero saben (como no lo sabe el niño) que su dolor es inútil.

La infundada reputación que tienen los adolescentes de estar totalmente ensimismados lleva a muchos progenitores a creer que sus propios problemas, su infelicidad, su propio sentimiento de pérdida no le importarán realmente a su hijo adolescente. Incluso cuando, al final de la adolescencia, el adolescente puede «dejar el hogar» para ir a la universidad o viajar o trabajar, la ruptura de un padre/madre es profundamente perturbadora.

El hecho más importante para los progenitores es que el divorcio afecta profundamente a los adolescentes. Se ha demostrado que los adolescentes experimentan, tras el divorcio de sus padres, un mayor reto para su bienestar que los niños más pequeños[1]. Sin embargo, el único consejo que se desprende de este hecho difícil es «ser consciente» y «ofrecer consuelo». El segundo momento difícil es que los adolescentes son muy sensibles a las emociones de sus padres y madres. La mayoría de los padres intentan proteger al adolescente de su propia angustia, pero los adolescentes, con su elevado nivel de atención emocional, son supersensibles a la soledad, la amargura, la ira y el dolor de los progenitores,

---

1 Emla Fitzsimmons y Aase Villadsen (2019, febrero), «Father departure and children's mental health: How does timing matter?», en *Social Science & Medicine, 222*, pp. 349-358. Véase también A. O'Quigley (2000), *Listening to children's views: The findings and recommendations of recent research*, Layerthorpe, York: York Publishing Services; M. J. Lawrence y S. Fife (2018), «The impact of parent divorce: The relationship between social support and confident levels in young adults», en *Journal of Divorce and Remarriage, 59*(2), pp. 123-140; R. Rosnati, et al. (2014), «Adolescents and parent separation or divorce», en *Procedia: Social and Behavioral Sciences, 140*, pp. 186-191.

y pueden ver a través de una fachada alegre. Cuando un padre/madre adopta una actitud despreocupada e insiste en que todo está bien, los adolescentes pueden sentirse excluidos en lugar de protegidos.

Los adolescentes tienen fuertes códigos morales sobre las relaciones y la honestidad. En una relación estrecha, no hablar parece tan engañoso como decir mentiras. Al igual que otros investigadores que trabajan con adolescentes[2], escucho a adolescentes como Mandy, de dieciséis años, decir:

—Mi madre se queja de que no le cuento nada y de que no sabe lo que me pasa. Pero ¿qué sentido tiene hablar con ella, cuando dice que las cosas le van «bien» y que mi padre está «bien»? Ella finge que no ha pasado nada en realidad, y que el divorcio es algo que se produce y se olvida al día siguiente. Es como si me mintiera todo el tiempo. Entonces, ¿por qué debería contarle algo sobre mí? Me está cerrando la puerta en la cara todo el tiempo sonriendo y diciendo: «Por supuesto que mi puerta está siempre abierta». Toda esa charla sobre ser honesto y abierto es una farsa.

La honestidad, en el léxico moral del adolescente, tiene que ser mutua. Si una persona —ya sea el padre, la madre o un amigo— no es abierta, no tiene sentido serlo con ella. Si, en lugar de intentar proteger al adolescente ocultando sus verdaderos sentimientos, un padre/madre consigue alcanzar ese difícil equilibrio entre abrirse sobre su situación, su contexto y sus problemas, y ofrecer al adolescente la seguridad de que los progenitores pueden gestionar su propio dolor, se obtienen importantes beneficios. Como me dijo una joven de diecisiete años: «Lo único bueno del horrible divorcio de mis padres es que ahora tengo conversaciones reales con ellos».

---

2 Véase Lyn Mikel Brown y Carol Gilligan (1992), *Meeting at the crossroads: Women's psychology and girls' development*, Cambridge, MA: Harvard University Press.

Un tercer hecho importante sobre el divorcio es que este cambio significativo en la vida de los padres puede cambiar la forma en que tratan a su hijo adolescente. Jazmin intenta asegurar a Tim que «nada cambiará», pero, en el fragor del momento, le dice: «Oh, te estás convirtiendo en tu padre». En otro tiempo, ese comentario podría haberse percibido como afectuoso, cálido o divertido. Ahora Tim cree que, desde el punto de vista de su madre, es hostil.

—Sé que está enfadada con papá, y puede estallar cuando está enfadada conmigo. Cuando dijo eso fue como si me hubiera dado un puñetazo. Fue una cosa cruel, pero sentí: «Vale, soy como mi padre. ¿Y qué? ¿Quieres eliminarme porque ya no te gusta papá y yo soy como él?». Hay muchas cosas buenas en mi padre y no me importa ser como él. —Tim hace una pausa. Su pesada respiración se vuelve más regular—. Es una discusión complicada. No es, ya sabes, gritarse el uno al otro. Es lento, y hay tiempo para pensar. Yo digo: «No puedes usar esto en mi contra. Yo también tengo derecho a estar enfadado. Y tengo derecho a admirar a mi padre». Y ella dice: «¿De verdad?», como si estuviera dispuesta a odiarme también.

La mayoría de los padres se proponen ser justos y razonables, pero el estrés pasa factura. Antes, durante y después del divorcio, algunos adolescentes son testigos de fuertes discusiones, llamadas telefónicas airadas y mensajes de texto desagradables. Es aterrador para los adolescentes —que siguen necesitando a un padre/madre como colaborador en su propia regulación emocional— ver a los padres fuera de control. «Si me comportara así, me castigarían durante un mes», reflexiona Tim.

A lo largo de este libro me he centrado en el limitado autocontrol de los adolescentes. El córtex prefrontal del cerebro en la adolescencia aún no tiene la robustez que adquiere en la edad adulta. La información, las sensaciones y los deseos se cortocircuitan fácilmente, dejando todo el sistema de procesamiento sin interruptores de control. Pero el cortocircuito de los centros de control del cerebro también puede producirse en el cerebro adulto. Los padres pueden «perder la cabeza» y, en este estado, su prioridad ya no es «¿Cómo puedo ser razonable?» o incluso «¿Cómo puedo evitar hacer daño a alguien a quien quiero?», sino desahogar el caos interior.

Un padre/madre que arremete contra un adolescente y rompe sus propias reglas de juego limpio suele sentirse avergonzado. Un efecto positivo de la vergüenza es que reconocemos el daño que hemos causado y tratamos de enmendarlo. Un efecto negativo es que, avergonzados por nuestro comportamiento, podemos ponernos a la defensiva. Negamos que nos hayamos equivocado. Arremetemos contra los que han sido testigos de nuestros errores. «¿Crees que eres tan perfecto? ¿Crees que nunca me gritas? ¿Crees que está bien hacerme daño, pero me censuras si digo algo que no te gusta?». A veces intentamos justificar nuestras acciones hirientes. «Tenía que decirte cómo es realmente tu padre», le dice Jasmin a Tim. Pero veinte minutos después hunde la cabeza entre las manos y le dice a Tim: «No puedo creer que haya dicho eso. Lo siento mucho».

A veces, lo mejor que podemos hacer es utilizar nuestros arrebatos como una oportunidad para decir: «Puedo equivocarme». A veces, admitir que no eres el padre/madre que te hubiera gustado ser es suficiente para convertirte en el padre/madre que tu hijo adolescente necesita.

10.2 ELOGIOS CONTRAPRODUCENTES

Si pregunto a los progenitores qué rasgo es el más importante para inculcar a un adolescente, a menudo me dicen la autoestima o confianza. Leah dice de su hijo Jason: «Quiero que sepa lo grande que es. Quiero que tenga confianza en que puede hacer muchas cosas». Judy dice de su hija Kirsty: «No se trata tanto de cómo me trata. Es cómo esta irritabilidad cae también sobre sí misma, como si no tuviera ningún valor». Y Pete, cuya hija adolescente Luanne recorrió las peligrosas dunas de nieve del lago Michigan, dice: «Quiero que valore su vida, que vea quién puede ser y, ya sabes, que no pierda todo eso por un estúpido impulso». Pero los progenitores suelen calcular mal el impacto de sus esfuerzos.

Muchos comparten la creencia de que, para reforzar la confianza, hay que alimentar a los adolescentes con una dieta constante de elogios[3]. Se supone que entonces los adolescentes «se sentirán bien consigo mismos» y, si se sienten bien consigo mismos, creerán que pueden triunfar y, si creen que pueden triunfar, lo harán. Hay tres problemas importantes en este enfoque.

El primer problema es que en los años de la adolescencia los elogios de los padres pueden parecer rancios, anticuados y condescendientes. Los adolescentes valoran la buena opinión de sus padres, pero, como hemos visto, quieren influir en la opinión que estos tienen de ellos, para asegurarse de que se ajusta a lo que ellos quieren ser. A menudo rechazan los elogios de los padres (como tener un aspecto «dulce» o «aseado»), y se quejan de que son «inútiles» o «tontos».

El segundo problema es que los elogios constantes son confusos, sobre todo cuando están desenfocados. «Eres maravilloso», «Eres inteligente», «Puedes hacer cualquier cosa» y «Eres estupendo» se dicen con la buena intención de aumentar su confianza. Pero cuando los adolescentes están acostumbrados a que se

---

3 Para un análisis exhaustivo de los elogios de los padres, véase T. Apter (2007), *The confident child*, Nueva York: W. W. Norton; T. Apter (2018), *Passing judgment: praise and blame in everyday life*, Nueva York: W. W. Norton.

les diga que todo lo que hacen es «maravilloso», no tienen claro qué es lo que se elogia. ¿Son siempre maravillosos, independientemente de lo que hagan? ¿Y qué pasa si ven que sus esfuerzos se han quedado cortos? ¿Es entonces inaceptable admitir que no lo han hecho bien? Cuando los padres insisten con «Eres genial» y «Eres muy inteligente», los adolescentes se sienten sin apoyo para afrontar sus inevitables fracasos. ¿Los progenitores no se dan cuenta de ello? ¿Los dejan de lado porque no importan, o porque no quieren admitir que han fracasado? ¿Se esconde el adolescente tras una fachada, como un impostor? ¿Qué ocurrirá cuando se revele que no siempre son inteligentes o talentosos o maravillosos?

El tercer problema de los elogios constantes es que no consiguen su objetivo de fomentar la confianza en uno mismo. Nuevas investigaciones han hecho saltar por los aires las viejas suposiciones sobre el tipo de elogio que fomenta la confianza. Un joven que cree que la inteligencia y los talentos son cualidades que posee tiene menos probabilidades de mantener la confianza que un joven que ve su inteligencia y sus talentos y capacidades generales como cualidades que pueden crecer[4]. Cuando los jóvenes ven la inteligencia y el talento como rasgos que se desarrollan gradualmente mediante su esfuerzo —en lugar de rasgos que tienen o no tienen— demuestran más confianza, sobre todo cuando se enfrentan a tareas difíciles y desafiantes. Si al principio fracasan, en lugar de llegar a la conclusión de que «no soy inteligente, después de todo», es más probable que digan: «Tengo que trabajar mucho para mejorar en esto»[5].

---

4 C. S. Dweck, C. Chiu e Y. Hong (1995), «Implicit theories and their role on judgments and reasons: A world from two perspectives», en *Psychological Inquiry, 6*, pp. 267-285.

5 C. S. Dweck (1999), *Self theories: Their role in motivation, personality and development*, Philadelphia: Psychology Press; C. S. Dweck (2006), *Mindset: the psychology of success*, Nueva York: Random House.

Supongamos que pedimos a los adolescentes que evalúen su capacidad matemática. Los que dicen: «Se me dan muy bien las matemáticas» o «Tengo talento para las matemáticas» son los que se hunden cuando la asignatura se pone más difícil. Los que dicen: «Tengo que trabajar mucho para aprender estas cosas» son más propensos a seguir con un problema difícil hasta resolverlo. La adolescente que cree que tiene un talento innato para el arte, la escritura, la natación o el canto puede concluir, cuando el trabajo se hace más difícil: «Estaba equivocada. Después de todo, no tengo tanto talento». El adolescente que cree que el talento y la habilidad son cualidades que se pueden conseguir con el tiempo no se desanimará tanto cuando las tareas se vuelvan más exigentes.

Supongamos ahora que otro grupo de adolescentes tiene dificultades en la escuela. Algunos pueden llegar a la conclusión de que «soy estúpido» o «no sirvo para la escuela». ¿Cómo podemos ayudarlos a ganar confianza? ¿Debemos alimentarleos con una dieta constante de elogios y decirles que todo lo que hacen es genial? ¿Debemos convencerlos de que tienen capacidad limitando lo que les pedimos?

Este enfoque —permitirles experimentar el éxito limitándolo a tareas muy fáciles— puede animarlos inicialmente y aumentar su estado de ánimo. Sin embargo, este impulso solo dura mientras las tareas en las que trabajan siguen siendo fáciles. En cuanto las tareas se vuelven más difíciles, los adolescentes vuelven a su mentalidad desmoralizada, en la que concluyen: «No sirvo para esto».

Sin embargo, si a los adolescentes con dificultades y desmotivados se les asignan tareas cada vez más difíciles y se les ofrece apoyo y observaciones específicas mientras trabajan en ellas, su motivación se mantiene. Este proceso se denomina «refuerzo»: durante un periodo de tiempo, se muestra a los adolescentes cómo hacer algo, y se les explica cada paso del proceso. Luego, cuando los adolescentes abordan la tarea por sí mismos, se les da información paso a paso, hasta que demuestran que pueden avanzar por sí mismos. Por último, se les pide que reflexionen sobre cómo, a través de la perseverancia, mejoraron sus habilidades. Estas son las experiencias que mantienen su confianza[6].

Los progenitores tienen buenas intenciones cuando alaban la inteligencia innata o la capacidad natural, pero los elogios pueden ser fácilmente contraproducentes. «Eres muy inteligente» envía con demasiada frecuencia el mensaje: «Serás capaz de hacer cualquier cosa sin tener que esforzarte». En cambio, esperar que el trabajo intenso sea necesario hace que un reto sea menos desalentador. Sugiere que mediante tu esfuerzo puedes aumentar tu capacidad en matemáticas, lengua o fútbol. El trabajo duro y los fracasos ocasionales forman parte de un largo proceso de aprendizaje.

Lo que los adolescentes necesitan no es protección contra el fracaso, sino orientación para evaluar críticamente su trabajo y desarrollar estrategias de mejora. Un mensaje mejor es: «A todo el mundo le resultan difíciles algunas cosas. No tengas miedo cuando las cosas sean difíciles. Aprende a disfrutar de los retos».

El modelo de elogio que incluye la persistencia y el refuerzo tiene repercusiones mucho más allá del aula. Los padres/madres pueden utilizar este modelo cuando los adolescentes desarrollan otras cualidades, como la responsabilidad, la conciencia y la consideración por los demás. Los adolescentes necesitan un tipo especial de elogio en espera que, para muchos rasgos, aborde lo que podrían llegar a ser, en lugar de lo que son ahora. Todavía no están preparados para ser tan responsables, concienciados o considerados como a los padres les gustaría que fueran, o como

---

6 C. S. Dweck (1986), «Motivational processes affecting learning», en *American Psychologist, 41*, pp. 1040-1048.

los adolescentes a veces creen que ya son. Necesitan un refuerzo paterno que los mantenga firmes incluso cuando meten la pata[7], que haga un seguimiento de su capacidad para dar el siguiente paso hacia adelante y que les proporcione retroalimentación, a veces en forma de elogio y a veces en forma de corrección, a medida que avanzan.

10.3 EL SESGO INCONSCIENTE

Desde el nacimiento, el anuncio «¡Es una niña!» o «¡Es un niño!» configura las expectativas de los padres sobre su hijo. En generaciones anteriores, estas expectativas eran claras e incuestionables. Se pensaba que a los niños les gustaba jugar a lo bruto, y que no mostraban «debilidad». Se pensaba que las niñas eran obedientes, tranquilas y cariñosas. La ambición podía fomentarse en los chicos, pero la ambición en las chicas era por representación de sus hermanos o maridos o hijos. Los chicos eran más inteligentes que las chicas, aunque no siempre lo parecieran, y las chicas eran buenas en las tareas del hogar, pero no en las ciencias ni en las matemáticas ni en la física ni en la ingeniería ni en las habilidades de navegación. El reino de las chicas era el hogar y la familia; los chicos salían al mundo. En el pasado, muchos padres/madres imponían estos roles de género porque creían que sus hijos e hijas debían cumplirlos para tener una buena vida como adultos.

La mayoría de los progenitores actuales ya no se adhieren a esta división de roles y talentos. Se celebra la inteligencia de las niñas y se fomenta su ambición, igual que con los niños. Oigo a los padres protestar por los estereotipos de género que ven en la música, en los ídolos sociales y en la moda de los adolescentes. También los oigo decir a sus hijos adolescentes, sean varones o

---

7 Steinberg (2015), p. 35.

mujeres: «Puedes alcanzar cualquier meta digna. No importa si eres una chica o un chico».

Pero los prejuicios persisten sin ser vistos, y dan forma encubierta a nuestras palabras y expectativas. Mientras que los prejuicios manifiestos de ayer se reducen considerablemente en muchas culturas, los prejuicios implícitos escapan a nuestro control. Los prejuicios implícitos surgen de las asociaciones que hacemos, a menudo de forma inconsciente, sobre qué tipo de cosas puede hacer, ser o conseguir una persona de un determinado grupo (como un hombre o una mujer)[8]. Un padre dice, con toda sinceridad: «Creo que mi hija adolescente puede tener éxito en todo lo que quiera hacer» o «No se me ocurriría desanimar a mi hija adolescente. Para ella, el cielo es el límite». Sin embargo, cuando Rachel, de quince años, oye esto, se burla: «Mi hermano no saca tan buenos resultados como yo en los exámenes, pero mis padres están seguros de que es él quien tiene verdadero talento».

Escucha atentamente cómo tú, o cualquier padre/madre, habla con un hijo y con una hija, y es muy posible que oigas más palabras de «logro» con un hijo (como «orgulloso», «superior», «as» y «ganador»[9]). Como señala Rachel, sus padres necesitan muy pocas pruebas antes de declarar que su hermano es un «as de las ciencias». Sin embargo, antes de aplaudir su capacidad, necesitan ver premios y elogios. Los adolescentes, que detectan rápidamente la incoherencia de los progenitores, se indignan ante la injusticia. Cuando los progenitores tienen suerte, su hijo confiado y franco les pedirá cuentas por tales errores. Pero a veces, ante esta situación, sienten que se avecina otra terrible batalla.

---

8 Véase también R. S. Jessen y K. Roen (2019), «Balancing the margins of gender», en *Journal of Psychology and Sexuality, 10*(2), pp. 119-131.

9 Véase, por ejemplo, Jennifer Mascaro, Kelly Rentscher, Patrick Hackett, Matthias Mehl y James Rilling (2017), «Child gender influences parental behavior, language and brain function», en *Behavioral Neuroscience, 131*(3), pp. 262-273.

Una de las cosas más duras de las críticas de los adolescentes es que a menudo tienen razón. Pero como hay más peso emocional que articulación en sus críticas, se sienten mal. «Rachel se pone muy nerviosa con las cosas —explica su padre, Paul—. ¡Como si alguna vez la hubiéramos tratado peor que a su hermano!».

Pero entonces le enseño los resultados del análisis de palabras que —con su permiso— hemos hecho durante la semana pasada. Ve, resaltadas en las transcripciones de sus conversaciones, la cantidad de palabras de logro (magistral, sublime, ganó, triunfo, éxito, *tour de force*...) que utilizaba cuando estaba con su hijo adolescente, y las compara con los elogios menos impactantes que dedica a su hija adolescente (genial, encantador, maravilloso, bonito, guay...). Se siente avergonzado, pero también agradecido. «Caramba, esto es una revelación».

Paul está deseoso de corregir sus prejuicios, pero a veces los padres insisten en que tienen razón incluso cuando son prejuiciosos. Mientras que al hermano de Kirsty se le da más libertad para salir «porque ya tiene quince años», cuando ella cumple los quince, a Kirsty se le advierte de los peligros «ahí fuera» y se la somete a mayores restricciones. A los quince años se le exige que la acompañen al menos dos amigos cuando sale por la noche, y se vigila cuidadosamente su vestuario. «Así son las cosas —protesta Judy cuando Kirsty le señala lo que a ella le parece injusto—. No es muy seguro ir por ahí vestida así. Te estoy protegiendo, no castigando». Kirsty se rebela contra los temores de su madre porque ella misma no quiere tener miedo. Disfruta de la sensación de invulnerabilidad de los adolescentes. Disfruta de su indiferencia ante el peligro. La precaución de su madre la irrita y quiere demostrar que está equivocada. «Mira, no ha ocurrido nada. No ha habido ningún desastre. Te he desobedecido y estoy bien», quiere decir cuando rompe las reglas de su madre. Judy, en un esfuerzo por recuperar el control, detalla los peligros de la rebeldía de Kirsty. «¡Si sales así, te violarán!». Kirsty replica que su madre es «machista e hipócrita». Insiste en que su hermano Mike «se sale con la suya. Sale hasta tarde y no recibe ninguna condena». Judy se encoge de hombros: «Bueno, hay que hacer concesiones a los chicos. Toda esa testosterona y esas cosas».

El sesgo de la testosterona, que parece conceder más privilegios a los adolescentes varones, en realidad los perjudica a largo plazo. No hay pruebas fehacientes de que la testosterona realmente obligue a los adolescentes a desahogarse o a correr más riesgos[10]. Así que cuando los progenitores creen que un hijo adolescente es, por naturaleza, agresivo, impulsivo o propenso a correr riesgos, no solo envían el mensaje de que ese comportamiento está bien, sino que también renuncian al refuerzo que lo ayudaría a practicar la contención y el respeto.

Muchos adolescentes expresan su impaciencia con los «padres dinosaurio». Algunos se sienten incómodos con la idea de que su identidad de género (su sentido interno de ser mujer, hombre o ninguna de las dos cosas) sea diferente de cómo los ven los demás. «¡Oh, es solo una fase!», insiste Caroline cuando escucha a su hija Alice, de quince años, decir que quiere cambiar su nombre por el de Ali, y que se refieran a ella como «ellos», en lugar de «él» o «ella». «¿Por qué tengo que seguir ninguna moda? Lo hace solo para provocarme». Pero, mientras habla, parece más angustiada que provocada. Suspira: «Es mi niña querida. ¿Cómo puede quitarme eso?». Nos sentamos juntas durante varios momentos, sin hablar. Luego reflexiona: «Vale, deja que me mentalice. No quiero que esto sea una gran discusión. Ellos, bueno, tal vez no sea tan malo, es una buena chica. Lo solucionaremos».

---

10 M. Gutmann (2019), *Are men animals?: How modern masculinity sells men short*, Nueva York: Basic Books; R. Jordan-Young y K. Karkazis (2019), *Testosterone: An unauthorized biography*, Cambridge, MA: Harvard University Press.

Por muy incómodo que sea enterarse de que tu hijo adolescente adopta una nueva identidad de género, por mucho que esto parezca devaluar tu propio sentido de lo que son, la aceptación de los progenitores sigue siendo importante para los adolescentes. En un estudio reciente sobre jóvenes que se identifican con una gama de géneros, la sensación de aceptación que tenían de sus progenitores era crucial para su bienestar general, incluso hasta los veinte años[11].

Erradicar nuestros propios prejuicios de género es una tarea difícil, exigente e importante. Todo el mundo —incluidos los promotores más bienintencionados de la igualdad— lucha contra los prejuicios implícitos de género[12]. Por ello, tanto para los progenitores como para los adolescentes, este será un trabajo en curso. Esto significa que tenemos que escuchar el desplante de nuestra hija adolescente cuando señala nuestros errores. También significa admitir que nosotros también estamos infectados por prejuicios que se insertan en nuestro lenguaje y en nuestra cultura.

A veces, como hemos visto, lo mejor que podemos hacer es asegurar a nuestros adolescentes que queremos aprender a hacerlo mejor. Podemos animar a nuestros hijos a que cuando nosotros, sin saberlo, revelemos prejuicios, nos lo indiquen y nos lo señalen. Podemos recordarles que todo el mundo, a veces, muestra los efectos de estos prejuicios. Podemos invitarlos a considerar si los prejuicios surgen en la escuela, en los programas de televisión o en las conversaciones con los amigos. Rachel aprecia la

---

11 S. Franklin y E. Sandler (2021), «Out at Cambridge: A new report on LGBTQ+ experiences», Department of Sociology, University of Cambridge.

12 Véase, por ejemplo, Caroline Criado Pérez (2019), *Invisible women: Exposing bias in a world designed for men*, Londres: Chatto and Windus; Gina Rippon (2019), *The gendered brain: The new neuroscience that shatters the myth of the female brain*, Londres: Bodley Head; Cordelia Fine (2011), *Delusions of gender: the real science behind sex differences*, Londres: Icon Books.

humilde respuesta de su padre: «Eso también me abrió los ojos». «Verle admitir que no lo sabe todo, y estar dispuesto a, ya sabes, aprender... fue como, bueno, ¿conoces esa sensación de "Grrgh"? Bueno, eso se desconectó y quise abrazarle».

Los adolescentes nos demuestran que nuestros pasos en falso pueden ser oportunidades para volver a involucrarse, en beneficio tanto del adolescente como del progenitor.

10.4 EL SESGO EGOÍSTA

El amor de los progenitores se describe a veces como «desinteresado». «Haría cualquier cosa por mi hijo», suelen decir los padres/madres. Es un sentimiento que describe lo que suelen sentir. Al mismo tiempo, son personas y, como todas las personas, se ponen a la defensiva cuando alguien los critica. En el séptimo capítulo, expliqué cómo las críticas de los adolescentes suelen ser un intento de corregir los puntos de vista de los padres/madres y de volver a captar su atención. Pero, a veces, las críticas de los adolescentes son justo lo que parecen. Ponen de manifiesto el verdadero defecto o déficit de un padre/madre. Cuando nos critican, la respuesta por defecto es defendernos. «¡No lo hago!», insistimos, convencidos de que la acusación es falsa. Podemos contraatacar con, por ejemplo, «Eres tú quien es irresponsable/irrespetuoso/desconsiderado». Esta respuesta se activa por defecto, incluso cuando la crítica proviene de alguien a quien queremos «desinteresadamente».

Nuestros hijos adolescentes son expertos en captar esta respuesta por defecto y en utilizarla en nuestra contra.

—Deja el teléfono. Estamos comiendo. No mires el teléfono. Guárdalo ahora. —Tracey, de 15 años, imita las palabras de su madre—. Me dice que no mire mi teléfono, pero ella está con el suyo todo el tiempo. Lo que realmente me molesta es que finge que me está escuchando cuando lo que realmente está haciendo es leer mensajes de texto o buscar algo. Mmm... —Tracey vuelve a imitar a su madre–. Dice: «Sí, sí», pero es obvio que su mente está en otra parte. También podría llevar un cartel que dijera: «Mi teléfono es mucho más importante que tú».

Puedo hacer coincidir las quejas de los progenitores sobre un adolescente («No escucha», «Vive en su propio mundo») con las quejas de los adolescentes sobre los progenitores («No le interesa», «Nunca escucha» o «Siempre están con el teléfono»).

Muchas de las quejas de los adolescentes son del instante, del momento adolescente, parte de una lucha por gestionar su propio apego alterado por un padre/madre. Pero a veces los adolescentes necesitan que los progenitores reconozcan sus propios déficits, y no que desestimen la queja con un «Soy humano, así que acúsame», o «Sí, ponlo en la lista»; o que contraataquen con un «Tú sí que hablas». Necesitan que los padres admitan que pueden ser desconsiderados y que pueden no tener cuidado. Podemos hacer un buen uso de nuestras imperfecciones dando a nuestro hijo adolescente una idea de lo que es ser padre/madre de un adolescente.

Uno de los principios más importantes de la buena educación de los progenitores es el concepto de Donald Winnicott del padre/ madre «suficientemente bueno». A menudo se considera que esto significa que los progenitores no tienen que hacerlo todo bien, sino que simplemente tienen que hacer las cosas bien con la suficiente frecuencia, lo que significa acertar aproximadamente en una de cada tres interacciones[13].

Pero el principio «suficientemente bueno» de Winnicott va más allá de asegurar a los progenitores que no necesitan ser perfectos.

---

13 Ed Tronick y Marjorie Beeghly (2011), «Infants' meaning-making and the development of mental health problems», en *American Psychologist, 66*(2), pp. 107-119.

El principio incluye el mensaje de que un padre/madre perfecto no sería un buen padre/madre. Con un progenitor perfecto (que siempre sea razonable y comedido, coherente y proporcionado, que nunca pierda los papeles y que siempre tenga razón), el niño se perdería experiencias importantes. Entre ellas están las experiencias de ruptura y reparación, cuando las relaciones parecen romperse en el acaloramiento del momento y luego se restauran, sin dejar ninguna cicatriz. La «perfección» descartaría las importantes lecciones que aprenden los adolescentes y sus progenitores cuando los sentimientos, las necesidades y las respuestas desiguales hacen que cada uno actualice su visión del otro.

Los adolescentes tienen que aprender que las personas, y las relaciones con las personas, no son perfectas. A menudo se emocionan al observar los defectos de sus progenitores. Pero sus propios descubrimientos no son suficientes. Necesitan que sus padres confirmen lo que ven. Por muy seguros que parezcan, aún no se sienten seguros de su crítica, a menos que el adulto la vea también. Por eso, las quejas de los adolescentes se intensifican ante la negación de los padres. Frases como «Nunca he hecho eso» o «Estás diciendo tonterías» pueden, en el momento, proteger el orgullo de un padre/madre, pero, en última instancia, aumentan la queja del adolescente, que piensa: «No me escuchas», «No respetas mi opinión ni mis sentimientos». Por el contrario, cuando un padre/madre cambia de opinión en respuesta a la perspectiva del adolescente y reconoce su queja legítima, el resentimiento se disuelve. Los progenitores nunca deben subestimar el poder reconfortante de su comprensión y de su voluntad de compartir la perspectiva del adolescente.

10.5 REVISIÓN Y EJERCICIOS

Los adolescentes no necesitan padres y madres perfectos. De hecho, necesitan progenitores que les muestren lo que es ser un humano que comete errores, que a veces se equivoca y que a veces juzga mal los efectos de sus acciones. Los errores de un padre/madre permiten al adolescente ver que la vida que le espera requiere resiliencia (capacidad para levantarse después de caerse, para reparar una relación dañada y para corregir una visión equivocada).

Hay que reconocer el dolor de un adolescente tras el divorcio de sus padres. Al mismo tiempo, los progenitores deben dejar espacio para que el adolescente exprese sus sentimientos. Un enfoque podría ser: «Sé que esto es duro para ti. Pero no sé lo que sientes. Me ayudaría saber qué es lo más difícil. Quizá podamos hacer una lluvia de ideas para encontrar formas de hacer las cosas un poco más fáciles».

Algunos adolescentes se sienten angustiados por tener que mostrar lealtad a ambos progenitores. Pueden insistir en pasar exactamente el mismo tiempo con cada uno y medir obsesivamente cada hora. A algunos les resulta muy molesto pasar de una casa a otra, y les agobia tener que controlar sus cosas y sus horarios (algunos progenitores lo solucionan cambiando ellos mismos de casa, mientras los adolescentes se quedan siempre en el mismo sitio).

Hablar mal de una expareja es algo muy duro de oír para el adolescente. La mayoría de los progenitores intentan mostrar respeto por su expareja o, al menos, intentan evitar ser groseros con ella, pero no siempre lo consiguen. Si te das cuenta de que has criticado al otro progenitor del adolescente, admítelo y explícale que la crítica proviene de tus sentimientos: «A veces me enfado y me siento herido. Y entonces llego a ser injusto. Me alegro de que quieras y respetes a tu [otro padre]». Luego, intenta hacerlo mejor y encuentra cosas buenas que decir sobre tu ex.

Al mismo tiempo que explicas tus sentimientos, asegura a tu hijo adolescente que puedes controlarlos: «A veces me enfado/estoy triste/temeroso, pero se me pasa, y seguiré adelante». El mejor equilibrio es permitir que el adolescente sea consciente de algunos de tus sentimientos, sin que se sienta agobiado por ellos.

La mayoría de los progenitores de hoy en día quieren evitar los prejuicios de género; pero es más probable que, durante la adolescencia, estos prejuicios inconscientes surjan con más facilidad que durante la infancia. Es difícil erradicar los prejuicios arraigados en las expectativas, las esperanzas y los miedos. Sin embargo, si estamos dispuestos a identificarlos, tendremos muchas más posibilidades de proteger a nuestros adolescentes de dichos prejuicios.

El primer paso es admitir que tú, como todas las personas, albergas algún prejuicio. El siguiente paso es explicar a tu hijo adolescente que quieres contrarrestar tus prejuicios. Para ello, podrías buscar su ayuda. ¿Creen que el lenguaje que utilizas, tu comportamiento o las normas que estableces revelan prejuicios? ¿Creen que las tareas y los roles de la familia están distribuidos de forma justa, o reflejan prejuicios? ¿Cómo cambiarían tu comportamiento o tu lenguaje para hacerlo más neutral? Mira películas o programas de televisión con tu hijo adolescente y, juntos, señalad los estereotipos o las suposiciones sesgadas sobre cómo se comportarán las chicas, cómo se comportarán los chicos y quién querrá a quién.

Podrías colaborar con tu adolescente o con tu pareja para hacer un seguimiento del lenguaje que utilizáis a lo largo de unas semanas, como hicimos Paul, Rachel y yo. No se trata de señalar a nadie ni de culparle, sino de ser conscientes de cómo el lenguaje cotidiano refuerza las suposiciones sobre el comportamiento y los logros de los adolescentes varones, frente a los de las adolescentes mujeres. ¿Utilizas palabras potentes para referirte a tu hija adolescente, como «orgullosa», «as», «mejor» y «ganar»? ¿Reconoces el lado emocional de tu hijo adolescente con palabras como «atento», «comprensivo», «considerado», «cariñoso»?

Comparte con tu hijo adolescente historias sobre tus propias experiencias relativas a los prejuicios. En muchas familias, las experiencias relacionadas con los prejuicios forman una parte importante de las historias familiares principales. Tu hijo adolescente puede saber, por ejemplo, que su abuelo fue asesinado por su etnia o por su religión, o que a su abuela no se le permitió ir a la universidad, o quizá ni siquiera terminar los estudios, por ser mujer. Pero es posible que tu hijo adolescente no conozca tus propias experiencias, en las que fuiste tratado como «menos que» por otras personas debido a tu género, tu orientación sexual, tu religión o tu etnia. Cuéntale a tu hijo cómo te sentiste y cómo manejaste los casos de prejuicio que experimentaste. Luego pregúntale si ha sido testigo o conoce casos de injusticia y de prejuicios en la escuela, entre sus amigos o en las familias de sus amigos. Pregúntale cómo podría enfrentarse a los prejuicios, tanto si van dirigidos a él como si van dirigidos a otra persona. Juntos podéis pensar en ejemplos de respuestas eficaces a los prejuicios de los demás y a los propios. Es útil señalar a un adolescente que se trata de un tema enormemente complejo y que tú, como todos los demás, también estás aprendiendo todavía.

Cuidado con aceptar que «los chicos serán chicos» o que «los chicos se portan mal». Si lo haces, renuncias a tu capacidad de controlar su comportamiento. En su lugar, desafía cualquier discurso que degrade a las chicas, ya sea por ser débiles (llamando «chica» a un jugador de fútbol que juega mal) o por ser sexuales (y esto incluye palabras como «zorra» o «guarra»). Pero prepárate para recibir también esas correcciones por parte de tu adolescente. Eliminar los prejuicios arraigados requiere un esfuerzo de colaboración. Una vez que una persona de un grupo está alerta a los prejuicios implícitos, la conciencia y la intolerancia a los prejuicios se extienden por todo el grupo.

Anima a tu hijo y a tu hija adolescente a expresar toda su gama de sentimientos. ¿Recuerdas que, en los capítulos 4 y 5 sobre las amistades de los adolescentes, vimos cómo los adolescentes varones restringían la intimidad en sus amistades porque les preocupaba parecer flojos o poco masculinos? Si aceptas el apego de tu hijo adolescente a un amigo íntimo, y demuestras que lo comprendes, y aceptas las conversaciones sobre la importancia de los amigos, tienes más posibilidades de protegerle contra el código de los chicos.

Si un adolescente habla de cambiar de identidad de género o de orientación sexual, un padre/madre debería sentirse recompensado, en lugar de alarmado. Sentirse capaz de «salir del armario» ante un progenitor marca una gran diferencia en la autocomodidad del adolescente. De hecho, las conversaciones amplias sobre el género invitan a tu hijo adolescente a enseñarte cómo lo ve, y si te considera prejuicioso.

Trabajando junto a tu hijo adolescente, puedes explicarle que comprender y contrarrestar los prejuicios son actividades que duran toda la vida. Si demuestras tu disposición a aprender de los adolescentes, no solo los proteges de tus propios prejuicios, sino que también refuerzas los vínculos entre vosotros.

11

«Ya soy mayor (y da miedo)»

¿CUÁNDO TERMINA REALMENTE LA ADOLESCENCIA?

La gente suele decir: «Los niños crecen muy deprisa hoy en día». ¿Qué quieren decir? Todas las generaciones anteriores han tenido que aceptar las responsabilidades de un adulto a una edad más temprana que los adolescentes de hoy en día, a los que, en muchas culturas, se los anima a seguir estudiando y a seguir formándose hasta bien entrada la veintena. Entonces, ¿por qué oímos tan a menudo que «los niños crecen tan deprisa hoy en día»?

A los once o doce años, los jóvenes adolescentes tienen un aire de «saberlo todo». Se visten y actúan con inteligencia y sofisticación, como si hubieran dejado atrás la infancia. Pero, mientras los niños parecen crecer rápidamente, entrando a toda velocidad en la adolescencia, los adolescentes tardan cada vez más en dejar atrás esta etapa.

Hace treinta años, los progenitores veían los dieciocho años como la edad de la madurez. Cuando iban a la universidad, se casaban o conseguían un trabajo, estos adolescentes cruzaban el umbral de adolescente a adulto. Algunos progenitores estaban encantados al sentirse ya libres de responsabilidades parentales. Otros se lamentaban de la soledad del nido vacío. Pero cualquier padre/madre actual que espere que un adolescente sea indepen-

263

diente a la edad de dieciocho años se va a llevar una sorpresa. Esta es la edad legal de la adultez en muchos países occidentales, pero no es la edad en la que, en el mundo actual, un adolescente puede entrar en el mundo de los adultos.

Hoy en día, dejar el hogar es una fase prolongada, que dura entre cinco y diez años. Cada vez son más los jóvenes que vuelven a casa después de terminar la universidad para vivir de nuevo con sus padres. Cualquier paso fuera del hogar de la infancia es más una puerta giratoria que una salida. Casi el 60 % de los jóvenes de veintidós a veinticuatro años sigue viviendo con sus progenitores. Para entender a nuestros hijos e hijas adolescentes, tenemos que comprender las razones subyacentes de este dramático cambio.

11.1 EL MITO DEL «COPO DE NIEVE»

A muchos padres y madres les preocupa que el ritmo lento hacia la independencia adulta no sea saludable. Estas preocupaciones se ven alimentadas por las afirmaciones de algunos expertos de que los progenitores, al ofrecer a los adolescentes un apoyo y un cuidado continuos, los convierten en «chicos y chicas perdidos que andan por los límites de la edad adulta como una pandilla de Peter Pans»[1]. Se culpa a los padres y madres de ser sobreprotectores, y de debilitar la columna vertebral emocional de una generación que se ha ganado la etiqueta de «copo de nieve». Los adolescentes de hoy, según esta opinión, se derriten en el calor de la vida real[2].

---

1 F. Furedi (2010), *Paranoid parenting: Why ignoring the experts may be best for your child*, Nueva York: Continuum.

2 J. Haidt y G. Lukianoff (2018), *The coddling of the American mind: How good intentions and bad ideas are setting up a generation for failure*, Nueva York: Penguin Random House. Aquí abordo los argumentos de Haidt y Lukianoff sobre el retraso de la edad adulta. Estoy totalmente de acuerdo con otros puntos expuestos en *The coddling of the American mind*, sobre todo en lo que respecta a los mensajes perjudiciales contenidos en la práctica de las advertencias de activación.

En gran parte del mundo, la tardía entrada de los adolescentes en el mundo de los adultos atrae etiquetas peyorativas. En Japón, a los adolescentes mayores que aún viven en el hogar familiar se los llama «solteros parásitos». En Italia, una etiqueta habitual es la de *bamboccioni* o «chicos grandes y tontos», porque existe una tolerancia especialmente baja a la dependencia de los muchachos. En estas etiquetas despectivas subyace la suposición de que la adolescencia termina antes de que comience la treintena, y que la dependencia continuada no es saludable.

Esta perspectiva contiene una serie de mitos peligrosos sobre lo que necesitan los adolescentes para convertirse en adultos. Estos mitos son desmoralizadores tanto para los adolescentes como para sus progenitores. Ignoran los retos a los que se enfrentan los adolescentes mayores en la edad adulta actualmente[3] y desconocen algunos datos básicos sobre el cerebro de los adolescentes.

11.2 ¿CUÁNDO MADURA EL CEREBRO DEL ADOLESCENTE?

A lo largo de este libro, me he referido a los adolescentes como «adolescentes»; pero, como señalé en la introducción, la adolescencia no se circunscribe estrictamente a los años que van de los trece a los diecinueve. La edad de la pubertad, a menudo considerada como el inicio de la adolescencia (e indicada en las niñas por el primer ciclo menstrual), era de diecisiete años a mediados del siglo XIX. A mediados del siglo XX era de trece años y, ahora, en el siglo XXI, es de doce años. La mejora de la dieta y la salud influyen,

---

3 Kim Parker y Ruth Igielnik (2020, 14 de mayo), «On the cusp of adulthood and facing an uncertain future: What we know about Gen Z so far», Pew Research Center, https://www.pewresearch.org/social-trends/2020/05/14/on-the-cusp-of-adulthood-and-facing-an-uncertain-future-what-we-know-about-gen-z-so-far-2/

igual que el estrés[4]. Las fuerzas psicológicas, fisiológicas y sociales activan la pubertad a una edad que antes se consideraba infantil.

El entorno cambiante que pone en marcha la adolescencia a una edad temprana también presenta obstáculos que retrasan la edad adulta. Estos obstáculos incluyen la prolongación de la educación, los trabajos mal pagados y el alto coste de la vida independiente. Pero la historia social no es la historia completa. Los jóvenes de entre ocho y veintiún años suelen parecer más adolescentes que adultos porque, en términos de desarrollo cerebral, siguen siendo adolescentes.

En el capítulo dos describí varias formas de remodelación del cerebro adolescente por parte de las hormonas y los genes, pero sobre todo por las experiencias. Las células cerebrales, o neuronas, se multiplican rápidamente y, cuando los jóvenes comienzan la adolescencia, la materia gris de su cerebro es una maraña densa y voluminosa de neuronas. Este exceso de neuronas reduce la eficacia de los sistemas de señalización del cerebro, pero ofrece una enorme oportunidad. Rica en posibilidades, la masa cerebral puede configurarse de muchas maneras, según lo que haga el cerebro de cada adolescente. Lo que los adolescentes se proponen, los intereses que persiguen y lo que los llena de pasión determina cómo se modela y remodela el cerebro. Cuando los adolescentes hablan con sus amigos, discuten y conversan con sus padres, juegan al *hockey*, escuchan música, leen, hacen los deberes, juegan al ajedrez o programan el ordenador, algunas conexiones neuronales se forman y se refuerzan, mientras que otras, que no se utilizan, se eliminan.

---

4 Julia Graberc, Jeannne Brooks-Gunn y Michelle Warren (1995, abril), «The antecedents of menarcheal age: heredity, family environment and stressful life events», en *Child Development*, *66*(2), pp. 346-359.

Cuando un adolescente llega a los dieciocho años, la masa de neuronas ha sufrido una poda sustancial. Pero las redes neuronales para el control de los impulsos y las emociones aún no han alcanzado la solidez de un adulto. Pasarán seis años —alrededor de los veinticuatro— antes de que el cerebro del adolescente de dieciocho años funcione como un cerebro adulto.

Los adolescentes saben, en su interior, que su cabeza no está preparada para funcionar bien sin el apoyo de sus progenitores. Debido a las expectativas —poco realistas— de que al final de la adolescencia deberían ser completamente adultos, los adolescentes se preocupan al ver que algo no funciona bien en ellos, y no pueden ser igual que un adulto. También los progenitores ven que su hijo de veintiún años sigue siendo realmente un adolescente, y se enfrentan a un complejo familiar de culpa parental («¿Qué he hecho mal?») y a distintos grados de ansiedad («¿Le pasa algo a mi hijo o hija?»).

Cuando necesitamos entender algo, a menudo es útil darle un nombre. Una palabra puede normalizar lo que, de otro modo, podría parecer problemático o insano. Yo utilizo la palabra «umbral» para señalar la fase en la que los adolescentes se encuentran en la puerta de la edad adulta, pero todavía no están preparados para cruzarla[5]. De hecho, en el umbral, el adolescente se encuentra en las últimas etapas del proceso y todavía está inmerso en el duro trabajo de «inventarse a sí mismo»[6].

---

5 La primera vez que utilicé este término fue en Terri Apter (2001), *The Myth of maturity: What teenagers need from parents to become adults,* Nueva York: W. W. Norton.

6 Blakemore (2018).

Este periodo de refinamiento cerebral continuado ofrece características positivas cruciales. Los «Thresholders»[7] disfrutan de una mayor sensibilidad hacia las nuevas personas, los nuevos lugares y las nuevas ideas. Cada nueva persona que conocen, cada nueva tarea a la que se enfrentan, cada habilidad que practican, cada conferencia a la que asisten, cada trabajo que escriben o cada proyecto que completan les proporciona oportunidades de descubrimiento, a veces emocionantes, a veces aterradoras. Sus cerebros aún adolescentes absorben nueva información, exploran nuevos significados en palabras conocidas y le dan mucha importancia a todo lo que aprenden. Este cerebro trabajador que sigue formándolos sigue beneficiándose de la comprensión atenta de los progenitores.

11.3 LA RECAÍDA EN LA ADOLESCENCIA TARDÍA

Muchos progenitores dicen que la irritabilidad acalorada, las críticas interminables, la inquietud y la asunción de riesgos disminuyen a la edad de diecisiete o dieciocho años, pero que luego vuelven a aparecer cuando el adolescente se prepara para irse de casa. Joshri, madre de Nema, de dieciocho años, dice:

—Su último verano en casa [antes de ir a la universidad] fue una alegría. Estaba alegre con ese trabajo de verano, aunque me preocupaba que la aburriera. Venía a casa después del trabajo y, ya sabes, era una auténtica persona en casa. Me ayudaba a preparar la cena. Incluso comía con nosotros y hablaba con nosotros. Era como si todo el ajetreo de la adolescencia hubiese desaparecido sin más. Esta semana se va a la universidad. Pero ¡qué semana! Lo

---

7 N. del T. La palabra «Thresholders» significa umbral, frontera e incluso límite. La autora utiliza este término para referirse a los adolescentes que están en la frontera entre la adolescencia y la joven madurez, que suele coincidir con el momento de empezar la universidad.

hago todo mal, me dice ella. Parece que vuelve a tener catorce años, en lugar de casi diecinueve.

Dieciocho meses antes, cuando Nema tenía diecisiete años, me resultaba fácil hablar con ella. Reflexionaba sobre «las cosas horribles que pasaban entre mamá y yo», como si fuera un capítulo cerrado.

—Mamá entiende que ahora soy una persona totalmente diferente. Sabe que no puede cuestionar lo que pienso, y hace preguntas concretas sobre lo que pienso, y le parece muy bien que tome decisiones sobre la universidad y otras cosas. Estamos en un lugar totalmente diferente al de hace unos años.

Pero hoy, cuando llamo a la puerta de su habitación, pronuncia lo que parece un «¿Qué?» poco acogedor. Espero a que ella misma abra la puerta. Consigue sonreír socialmente, pero su cara sigue enrojecida por la ira, como la de un niño petulante. «Lo siento —empieza. Y luego rompe a llorar—. Odio llorar así», dice.

Tras unas cuantas inspiraciones rápidas, sus lágrimas se calman y podemos hablar.

—Mamá está muy emocionada por esto, ya sabes, por ir a la universidad. Quiero decir que yo también estoy emocionada, pero también es demasiado... Sí, bueno, no puedo esperar a irme... Pero sigue siendo demasiado. Ya sabes, demasiado para asumir.

A medida que se acerca la hora de marcharse de casa, se da cuenta de que la vida independiente es «demasiado para asumir». Se pregunta cómo será vivir separada de su familia. El comportamiento regresivo revela su ansiedad ante la despedida, junto con su creencia de que es un error sentirse así. No quiere necesitar a sus padres, pero la perspectiva de vivir sin ellos es desalentadora. Como ocurre con los adolescentes más jóvenes, su ambivalencia se expresa a través del mal humor y de la irritabilidad. Con su cerebro todavía adolescente, la ambivalencia —junto con la ansiedad— es difícil de gestionar. Así que vuelve la mirada adolescente, al igual que el «pelaje del puercoespín» y el «impulso de los labios de la adolescente», que indican «déjame en paz, pero no me dejes».

Los adolescentes parecen retroceder en el momento de dejarse llevar porque saben que no están preparados para la vida adulta. Valoran la autosuficiencia, la independencia y la autonomía, pero para los jóvenes de hoy en día, estos objetivos se encuentran en la distancia. La creación de un hogar independiente, por ejemplo, antes era alcanzable para los jóvenes con empleo, incluso a los veinte años. La independencia económica que muchos abuelos y padres de adolescentes lograron a esa edad no estará al alcance de la mayoría de los jóvenes de hoy hasta que estos cumplan, por lo menos, treinta años. Su primer buen trabajo no será el de toda la vida, sino uno de los muchos que tendrán entre los veinte y los treinta años. Cuando abandonan el hogar familiar, hay menos redes de apoyo formales o informales a su disposición. Los grupos religiosos, los clubes sociales, los sindicatos, los barrios cerrados con un grupo estable de parientes y amigos (fuera de las redes sociales) son, para muchos adolescentes, mucho menos frecuentes que en la generación de sus abuelos[8].

Aunque los progenitores suelen decir que los adolescentes y los jóvenes tienen una vida mucho más fácil, con fabulosas oportunidades, la mayoría de los adolescentes se enfrentan a una competencia mucho mayor que la competencia a la que se enfrentaron sus progenitores por cada plaza de estudiante, cada trabajo, cada hogar. Cuando los adolescentes se preguntan «¿Estoy en el buen camino?», «¿Estoy donde debería estar a esta edad?», se com-

---

8 R. Putnam (2020), *Bowling alone, revised and updated*, Nueva York: Simon and Schuster.

paran con el campo global del talento. En comparación con las instantáneas idealizadas que ven en las redes sociales, sus propios logros parecen pequeños. La mayor ambición que tienen ahora muchos adolescentes, junto con la expectativa general de que la vida y el trabajo deben ser agradables y satisfactorios, es fomentada por los progenitores, pero es difícil de conseguir.

La madurez durante esta etapa es desigual. A algunos adolescentes mayores se les escapa la gestión de la vida cotidiana. Algunos serán expertos en el manejo de su cuenta bancaria, pero torpes a la hora de concertar una cita con el dentista. Algunos serán expertos en escribir una solicitud para un curso o un trabajo, pero se olvidarán de presentar esa solicitud bien pulida a tiempo. Algunos organizarán una entrevista de trabajo, pero no sabrán cómo planificar el viaje a la entrevista. Algunos pueden regular el dolor de una ruptura sentimental, pero no una mala nota en un examen o una pelea con un amigo.

Los padres y madres pueden sentirse defraudados, incluso traicionados, por la madurez tan desigual de un adolescente mayor. «Tienes casi veinte años. Deberías ser capaz de gestionar estas cosas», insisten. A veces los padres se desesperan por la incapacidad de organización de sus hijos adolescentes. Pero los adolescentes que no consiguen pedir una cita con el dentista o presentar una solicitud de empleo a tiempo no son «totalmente desorganizados» ni «irremediablemente irresponsables». Simplemente encuentran algunas cosas específicas demasiado confusas, o sienten que gestionarlas les provoca ansiedad.

Hasta que llegan a los veinticuatro años, los jóvenes necesitan un refuerzo de sus padres. El refuerzo empieza centrándose en el problema o en el déficit concreto. Los progenitores pueden sugerir cómo podría resolverse el problema y permanecer cerca para seguir dando respuesta mientras el joven trabaja en la solución. Lo que se necesita es *feedback*, específico y orientado al futuro, en lugar de un enfoque de «amor estricto», que transmitiría el mensaje: «Ahora estás completamente solo». Aunque los adolescentes más jóvenes parezcan más robustos, siguen siendo muy sensibles a la buena opinión de sus padres. Desearían, incluso más que sus progenitores, no necesitar su apoyo, pero lo necesitan.

11.4 EL RETORNO DEL ESPEJO FRÁGIL

Los adolescentes, como hemos visto, habitan en una especie de espejo, preocupados por cómo los ven los demás y desconcertados por cómo quieren ser vistos ellos mismos. Sus días están salpicados de preguntas como «¿Quién soy?», «¿Qué le pasa a mi cuerpo?», y «¿Debo estar orgulloso o avergonzado?».

Los adolescentes mayores están más relajados, y están más cómodos con su cuerpo y con su mente. Han elaborado una idea de quiénes son, qué amigos les convienen y qué intereses y objetivos quieren perseguir. Pero, a medida que pasan de casa a la universidad o a un trabajo de adulto, vuelve a aparecer el yo del espejo. «¿Cómo estaré a la altura en el amplio mundo fuera de los límites familiares?», se preguntan. «¿Seré capaz de aprender lo que necesito saber?», y «¿Encontraré amigos que me protejan y me reconforten?».

Llegan a hacerse preguntas aún más profundas: «¿Quién soy yo entre esta nueva gente?», «¿Dónde encajo?», «¿Cómo me comparo?». La cruel autoconciencia que los afligía a los catorce años resurge en las primeras semanas y meses de universidad. De repente, los adolescentes son vistos y evaluados por un grupo de personas totalmente nuevo. Pierden el medidor familiar para saber quién puede ser un amigo comprensivo y quién puede bloquearlos. Pero el aprendizaje social es solo uno de sus muchos nuevos retos.

Los adolescentes que aprenden fácil y rápidamente en el instituto suelen encontrar complicaciones en la universidad. Necesitan más tiempo para asimilar lo que se les enseña y más tiempo para reflexionar sobre sus experiencias. Algunos piensan erróneamente que al ser más lentos son «estúpidos», pero este cambio de ritmo es el resultado de un aprendizaje más profundo, tanto en lo que se les enseña en la universidad en comparación con el instituto, como en lo que aprenden sobre sí mismos. En esta fase de desarrollo más lento y profundo, algunos sujetos ven su anterior autoconfianza como una señal de que han sido engañados, o de que han engañado a los demás en cuanto a sus capacidades. Llegan a la conclusión de que, si parecen inteligentes de cara a los demás, están dando una imagen falsa. Entonces se preocupan de que en cualquier momento sus deficiencias queden al descubierto.

El miedo a que tus capacidades sean insuficientes, a que cualquier éxito aparente sea un espejismo y a que en cualquier momento quedes expuesto como un fraude se conoce como síndrome del impostor. Este síndrome no se limita a los adolescentes. En un nuevo trabajo, con nuevas exigencias y altas expectativas, incluso los adultos generalmente seguros de sí mismos pueden sentirse ansiosos sobre sus capacidades, y temer que hayan sido nombrados porque los demás han sido engañados para creer en ellos. Pero los adultos están mejor equipados para llevar a cabo una comprobación de la realidad, para trabajar con sus puntos fuertes y, mientras tanto, mejorar sus déficits[9]. Durante los años del límite, en los que el cerebro de los adolescentes da mucha importancia a cómo se los ve y a lo que los demás piensan de

9 Para un debate sobre la gestión del síndrome del impostor en adultos, véase T. Apter (2021), «Women at work: Breaking free of the 'unentitled mindset'». Londres: The Female Lead, https://34062f6f-6645-47e1-ada9-901d93ecf266.filesusr.com/ugd/o5606b_2c06ecoob1d84c2da 686cbdc4232b9cd.pdf

ellos, y cuando sus capacidades se ponen a prueba en entornos totalmente nuevos, los adolescentes son especialmente vulnerables al síndrome del impostor y no siempre están equipados para contrarrestarlo con una verificación de la realidad.

Los adolescentes tienen grandes expectativas sobre su nuevo yo emergente, aquel al que aspiran pero que aún no han realizado. Quieren ser más interesantes, divertirse más y contribuir a la sociedad más que sus progenitores. Están ansiosos por prosperar y por brillar. En un nuevo entorno, con nuevos retos y nuevas personas, se abre un espacio vacío entre sus grandes expectativas y dónde se encuentran ahora. Se trata de un abismo en el que se magnifican las dudas sobre sí mismos.

La coincidencia o no entre las expectativas de uno mismo y la realidad es clave para la autoestima. Cuando lo que esperamos de nosotros mismos y lo que (creemos) hemos conseguido están alineados, entonces nos sentimos generalmente cómodos con nosotros mismos. Cuando no alcanzamos lo que esperamos de nosotros mismos, nuestra autoestima es baja. Los jóvenes, que viven en casa, están rodeados de microseñales de amor y apoyo. Puede haber tormentas provocadas por el comportamiento de los adolescentes, miradas cruzadas y frías, posturas de enfado, pero dentro de una familia también hay una miríada de mensajes que señalan: «Eres adorable e importante». La sonrisa automática que ilumina el rostro de un padre/madre al ver por primera vez a su hijo o hija por la mañana, la bienvenida que se le da cuando el adolescente vuelve a casa, el placer al oír hablar de los éxitos ordinarios de un día cualquiera (ya sea llegar a tiempo a una cita, encontrar unas llaves perdidas o hacer bien un examen escolar)... todo ello transmite: «Eres importante y adorable».

Este apoyo se desvanece en el fondo, apenas se nota, hasta que deja de estar ahí. Su ausencia elimina la capa protectora, una segunda piel, entre el portador del trébol y un mundo aparentemente indiferente y competitivo. Las cosas inteligentes que dicen ya no consiguen una risa apreciativa entre sus amigos o un brillo de reconocimiento de un profesor. «No soy la persona inteligente y divertida que mi familia cree que soy. Soy un fraude, que finge que pertenece a este lugar», concluyen algunos adolescentes. Los adolescentes de alto rendimiento corren un riesgo especial de padecer el síndrome del impostor. Esto puede parecer contradictorio. Después de todo, ¿por qué deberían preocuparse más los adolescentes de alto rendimiento? Todo tiene que ver con las expectativas: lo que crees que deberías ser y lo que crees que eres. A los dieciocho años, Christa tiene un expediente brillante en el instituto. Está acostumbrada a estar entre las más inteligentes de su clase. Le han dicho que puede «hacer cualquier cosa» o «ser cualquier cosa» siempre que crea en sí misma. Pero al pasar por su primer año de universidad, su confianza en sí misma se evapora.

Les cuenta a sus padres que está aturdida por «lo inteligentes que son todos los demás chicos de aquí. Hablan de formas que nunca se me ocurrirían a mí. Es decir, son pensadores muy profundos». El padre de Christa le dice: «Eres tan inteligente como cualquiera». Pero ella le responde: «Es solo una prueba del gran fraude que soy, cuando me hago pasar por alguien muy inteligente».

Su padre quiere levantar el ánimo de su hija, pero en cambio ella se siente abrumada. «Por favor —le ruega—, deja de decirme lo estupenda que soy. Siento que estoy mintiendo solo por estar aquí, y que finjo que pertenezco a este lugar»[10]. Christa confunde el reto normal de los cursos universitarios con una señal de que «no es tan inteligente como todo el mundo pensaba». Sigue confundida por el mantra: «Puedes ser cualquier cosa». Al mismo

---

10 También se habla de Christa en Apter (2001), pp. 158-160.

tiempo, le explica a su padre, de forma brusca y torpe, cómo sus elevadas expectativas influyen en sus dudas.

La confusión de Christa surge en parte de las cosas buenas que enseñamos a nuestros adolescentes: que nos importan, que tienen un gran potencial, que en cierto sentido siempre son una «estrella». Surge de los esfuerzos equivocados de los progenitores por ofrecer elogios constantes y proteger a los adolescentes de las experiencias de fracaso. Como vimos en el capítulo anterior, los elogios no siempre elevan la moral. Los elogios por cualidades establecidas, como ser listo o inteligente, suelen sugerir «aprendes rápido» o «entiendes las cosas enseguida» o «siempre lo haces bien». ¿Qué ocurre entonces cuando el aprendizaje no es fácil?

Christa cree que no es «realmente inteligente» porque —así lo cree— una persona inteligente no se esforzaría. Se siente «no inteligente, sino pésima». Su súplica a su padre «Deja de decirme lo estupenda que soy» es una oportunidad para que él capte su propia incomprensión y le haga la importantísima pregunta: «¿¿Qué te preocupa? ¿Qué no veo aquí? Ayúdame, para que pueda entenderlo».

Si los progenitores de Christa comprendieran que se siente desanimada, desconcertada, ansiosa e incluso avergonzada por su lucha académica, podrían ayudarla a descatastrofizar su respuesta («Tengo un cerebro deficiente y no llegaré a nada»). Si el padre de Christa viera que su hija se siente más presionada que orgullosa cuando le dicen que es intrínsecamente «inteligente», podría subirle la moral ofreciéndole la seguridad de que es capaz de aprender y crecer. (Véase en el capítulo 10 un debate sobre las formas de elogio contraproducentes). Su padre cierra la conversación, utilizando los elogios para silenciarla cuando ella dice: «Me siento como una impostora». En lugar de ofrecerle consuelo, le indica involuntariamente que la duda sobre sí misma no es aceptable.

Se suele decir que el síndrome del impostor afecta más a las chicas y a las mujeres jóvenes que a los chicos y a los hombres. Pero entre los adolescentes mayores que participaron en mi investigación, no encontré ninguna diferencia al respecto entre los chicos y las chicas adolescentes. Sin embargo, había diferencias en la forma en que los adolescentes varones y las adolescentes mujeres se enfrentaban al síndrome del impostor. Mientras que las chicas son más propensas a creer que la confianza de los demás es genuina y merecida, Nick, de diecinueve años, cree que todo el mundo presenta una fachada.

—Estos otros chicos, sé que también están fingiendo. Puedes sentir cómo se retuercen por dentro cuando hablan en clase. Como si estuvieran montando el espectáculo y esperando lo mejor. Esperan que se les aplauda por su discurso de fanfarronería, y ni siquiera ven lo cutres que son.

Nick lucha con su propia sensación de «ser irreal» y de «pretender ser alguien que no es». Como Holden Caulfield, concluye: «Todo el mundo es un farsante».

Los progenitores se apresuran a aplaudir y a animar la confianza de sus hijos adolescentes, pero a medida que conocemos mejor la experiencia de los adolescentes, vemos la importancia de captar las señales de una duda profunda. Cuando los adolescentes señalan sus luchas con el síndrome del impostor, los progenitores deben atender a los significados que hay detrás de «me siento como un farsante», «todo es una farsa» o «no soy lo que vosotros en casa creéis que soy». En lugar de insistir: «Eso no es cierto», «Eso es una tontería» o «Deja de dudar de ti mismo», podemos aprovechar la oportunidad para reconocer el motivo de la autoduda.

Luego podemos ayudar a ampliar la perspectiva, pidiendo: «Ayúdame a entender qué es lo que te genera dudas». A veces, el mero hecho de hablar en voz alta de la duda («Tengo problemas en este curso» o «No soy tan rápido como se supone») reduce su magnitud. A veces, el descubrimiento («No puedo ser nada. Hay límites en lo que puedo hacer») abre preguntas más profundas, como «¿Qué quieres ser? ¿Qué valoras? Pensemos en formas de llegar a ello, porque hay muchos caminos diferentes para llegar a lo que quieres ser».

Como hemos visto, los adolescentes necesitan que sus progenitores les marquen el camino hacia la edad adulta, y los padres y madres pueden hacerlo sugiriendo: «Vamos a buscar diferentes formas de adquirir habilidades que aún no tienes». Tanto si tú y tu hijo adolescente encontráis una solución como si no, puedes asegurarle que sigues ahí, interesado, comprometido y dispuesto a flexibilizar tus puntos de vista ante sus realidades.

11.5 NUEVOS RETOS PARA LA GESTIÓN DE LAS EMOCIONES

Sea cual sea nuestra edad, la presencia de los demás nos ayuda a gestionar nuestras emociones. Nuestra respiración se sincroniza con la de los demás, al igual que nuestra postura, nuestros gestos e incluso los latidos de nuestro corazón. A través de las muchas formas en que las emociones afectan al funcionamiento de nuestro cuerpo, compartimos sentimientos con los demás, y otras personas nos ayudan a gestionar nuestros sentimientos. Los adolescentes, cuando se van de casa, pierden el termostato emocional que proporcionan las familias y los amigos cercanos. Vuelven a luchar contra los picos y los descensos emocionales.

Al principio del verano, Peggy me dijo que quería «liberarse» de tener que «decirle a mamá a dónde voy y cuándo volveré». Esperaba «no tener que preocuparse por mí, lo que ellos llaman "liarla", y luego echarme toda la bronca cuando vuelvo a casa, porque cuando la lían me echan la culpa a mí». Imita a su madre:

«Me tienes tan preocupada. No podía dormir... Ya sabes, ese tipo de cosas». Pero descubre que la «libertad» es «como si caminara en el vacío». Los padres, el hermano y los amigos de toda la vida que le daban oxígeno se han ido. En su ausencia, la energía mental y la confianza se agotan. La ansiedad y la desconfianza en sí misma le agotan el cerebro y reducen su capacidad de aprendizaje. Peggy explica:

—Se supone que la universidad es un reto, pero yo no me siento desafiada. Me siento totalmente perdida. Me siento a leer un capítulo durante una hora, y no podría decir un minuto después lo que he leído. Mi mente está más vacía que la de los demás... No creo que sea estúpida, pero tengo la cabeza vacía[11].

Peggy llena su vacío comiendo. Admite haber engordado «unos quince kilos» y lleva «esta ropa holgada porque nada más me queda bien. Pero es muy cómoda». Tira de su forro polar demasiado grande. Las mangas le cuelgan por debajo de las muñecas, pero de vez en cuando veo la piel en carne viva alrededor de sus uñas descuidadas. Su pelo castaño rojizo, que era largo cuando se fue a la universidad, ahora es corto y tiene un corte desigual. «Me lo he cortado. Lo hice yo misma. No me sentía auténtica. No parecía que lo estuviera haciendo de verdad. No es que me importe».

Comer, que se asocia al amor, al cuidado y a la indulgencia, proporciona consuelo. Pero también es un recordatorio para Peggy de que nadie está ahí pendiente de su dieta. No hay nadie que la ayude a autocontrolarse. Come para sentirse reconfortada, pero al comer en exceso ve la prueba de que nadie se preocupa lo suficiente como para detenerla.

La mezcla de infelicidad y ansiedad absorbe sus energías mentales. Ya no es curiosa, ni capaz de asimilar nueva información.

---

11 De Peggy también se habla en Apter (2001), pp. 44-48.

Conocer a gente nueva —algo que tanto esperaba— resulta aterrador. A lo largo de su primer año, Peggy se vuelve cada vez más retraída. Suspende los exámenes de fin de curso.

La madre de Peggy, Ruth, no puede entender lo que ha pasado. Culpa a la enseñanza, tanto en la universidad como en el instituto. Culpa a la falta de apoyo de la universidad. Y a veces culpa a Peggy de ser «todavía demasiado niña, cuando debería estar preparada para valerse por sí misma». Su padrastro dice: «Hace diez meses pensamos que nos despedíamos de nuestra chica. Creíamos que había volado del nido. Ahora Ruth, por la noche, se levanta por ella más veces que cuando era un bebé, simplemente para sostenerla, para tratar de mantenerla tranquila».

Estos contratiempos son habituales. Los *thresholders* (jóvenes adultos de entre dieciocho y veinticuatro años) tienen la mayor prevalencia (casi el 30 %) de enfermedades mentales[12]. El 35 % de los estudiantes universitarios de primer año tienen algún nivel de depresión o ansiedad[13]. El desajuste de las expectativas que superan sus realidades deja tanto a los adolescentes como a los progenitores sin preparación para la lenta transición a la edad adulta. Como resultado, los progenitores pierden oportunidades de proporcionar el apoyo necesario[14].

Sin el compromiso continuado de los progenitores, la transición del adolescente a la edad adulta es más difícil de lo necesario. Sin su apoyo, la confianza de los hijos puede decaer, junto con sus

---

12 National Institute of Mental Health (2021), Statistics: Mental illness, https://www.nimh.nih.gov/health/statistics/mental-illness

13 R. Auerbach, C. Benjet, J. Cuipers, K. Demyttenaere, D. Ebert et al. (2018), WHO world mental surveys international college student project: Prevalence and distribution of mental disorders, *Journal of Abnormal Psychology, 127*(7), pp. 623-638.

14 Apter (2001); Liza Catan, (1998-2003), «Becoming adult: changinging youth transitions in the 21st century: A synthesis of findings from the ESRC research program, Youth, Citizenship and Social Change, Trust for the Study of Adolescence».

ambiciones y sus objetivos. Un estudio de cinco años, en el que se hizo un seguimiento de seiscientos jóvenes de entre dieciocho y veinticuatro años, descubrió que el 28 % de los *thresholders* reduce sus planes profesionales; desanimados y descorazonados, el 50 % no cree que vaya a alcanzar nunca sus objetivos[15]. Más de uno de cada tres juzgaba que sus capacidades eran significativamente inferiores a los veintiún años que a los diecisiete.

Los jóvenes que sí prosperaron tenían una explicación sencilla: describían a sus progenitores como personas que estaban ahí para ellos[16]. «Estar ahí» incluye el consuelo, el consejo y el apoyo, pero sobre todo significa «saber que me escucharán», «ser pacientes», «no sermonearme ni juzgarme, sino ayudarme a pensar las cosas».

No es una tarea fácil para los progenitores. Los *thresholders* no siempre expresan su necesidad de amor de la forma más positiva. Peggy insiste en responder a la pregunta «¿Cómo estás?» con un brusco «Bien». Me dice: «No tiene sentido decir más. Me siento tan mal ahora... Todo depende de mí. ¿Qué pueden hacer ellos?». Las largas llamadas telefónicas a casa que hizo durante sus primeros meses en la universidad pronto se agotaron. «Les cuento cosas, y espero que vean lo que realmente estoy diciendo, pero no recibo más que un insulso "¡Suena genial!", cuando no es eso lo que estoy diciendo en absoluto. ¿No me conocen realmente, después de todo este tiempo?».

Peggy ha intentado comunicar sus pensamientos, pero sus progenitores no la escuchan. «Les digo que esto es muy complicado, y me dicen: "Parece que lo estás haciendo muy bien". ¿Qué clase de sordera es esa?». La «sordera» de los padres y madres es el resultado de la esperanza y las altas expectativas que no se

---

15 Catan (1998-2003).

16 Catan (1998-2003).

corresponden con la realidad de los alumnos. Nuevas exigencias, nuevas ansiedades, nuevas incertidumbres envuelven a la joven de diecinueve años que parecía tan segura de sí misma a los diecisiete. Incluso a los veinte, Peggy sigue siendo una adolescente, intimidada por la edad adulta que se precipita sobre ella. Sigue dependiendo del enfoque receptivo de sus padres, que la ayuda a organizar su propia mente.

La comprensión de nuestro adolescente durante los años del umbral se enfrenta a muchas expectativas sobre quiénes son los jóvenes y qué deberían ser. El autocontrol que una persona del umbral ha aprendido en este momento es a veces suficiente para ocultar su necesidad, su miedo y su ansiedad, pero no para reducirlos. Y para que los progenitores respondan adecuadamente, tienen que ajustar sus sensores. Comprobar el estado de un adolescente no es un simple proceso de escuchar su voz o conocer los titulares del día, sino que requiere ejercer una curiosidad cálida y respetuosa y una voluntad de corregir los malentendidos.

«Me parece que las cosas van bien. ¿Es así para ti?» es una posible señal de voluntad de escucha. O «Me parece que te sientes un poco decaído. ¿Es así? ¿Puedes contarme algo?».

A veces, solo después de terminar la conversación, un padre/madre reflexiona sobre un tono de voz o una vacilación que no captó en ese momento. Si es así, se puede volver a esa cuestión en la próxima conversación. «¿Puedes decirnos cómo te enfrentas a las cosas difíciles?» es otra posible apertura que indica el conocimiento de que el adolescente tiene problemas.

Recuerda que los malentendidos ofrecen oportunidades para mostrar al adolescente que quieres comprender. Podrías decir: «A veces me pierdo cuando se trata de cómo te sientes. Así que quiero estar en contacto contigo. Sé que eres capaz de lidiar con muchas cosas por ti mismo. Pero no quiero perderme cosas. Es fácil perderse cosas cuando creces tan rápido y no estás en casa».

Como cualquier planteamiento, esto podría no ser adecuado para este adolescente en este momento. Interpretar a un adolescente suele requerir ensayo y error. Equivocarse, a veces, y luego comprender cómo nos hemos equivocado, forma parte del proceso positivo por el que un adolescente moldea y perfecciona la forma de ver de un padre/madre.

Los retos de cruzar el umbral de la adolescencia a la edad adulta no son nuevos. Pero esta transición es cada vez más imprevisible y tiene menos apoyo. El futuro de los adolescentes aparece ante ellos como un laberinto más que como un camino, y quienes lo transitan bien cuentan con el compromiso continuo de los padres.

CONCLUSIÓN

Muchas teorías sobre la maternidad/paternidad sugieren que el apego en la infancia es la clave mágica para obtener resultados satisfactorios. El mensaje familiar es que mientras un padre/madre «tenga en mente al bebé» y esté en sintonía con él, el futuro del niño está en buenas manos. En este libro he argumentado que la infancia es solo una fase durante la cual los jóvenes hacen crecer sus cerebros, mentes y emociones con la ayuda de progenitores atentos, interesados y comprometidos.

A medida que el cerebro adolescente presenta nuevos retos tanto para el joven como para el progenitor, existen oportunidades para establecer un vínculo más profundo. El aprendizaje básico temprano, cuando los niños llegan a comprenderse a sí mismos y a los demás como seres que piensan, creen, desean y anhelan, es el comienzo de un proceso prolongado que continúa durante la adolescencia.

Los adolescentes necesitan el reflejo continuo de los padres, no para que les digan quiénes son ni para que les instruyan sobre quiénes deben ser. Buscan al progenitor como colaborador para organizar sus mentes y emociones. Aunque no siempre contribuyen positivamente por sí mismos, los adolescentes demuestran su necesidad, su aprecio y su voluntad de ofrecer orientación a sus progenitores, siempre que estos muestren su disposición a interpretar las señales. Estas señales incluyen recordatorios de identidad, que alertan a esos padres que dejan de seguir sus intereses, creencias, emociones y objetivos cambiantes. Incluyen críticas frecuentes sobre lo que dice o hace un progenitor. Estas críticas son esfuerzos por corregir al padre/madre con la esperanza de obtener, esta vez, la respuesta que necesitan.

Los adolescentes tienen grandes expectativas respecto a la sintonía con sus progenitores. Quieren que estos entren en resonancia con su vida interior. Estas altas expectativas se basan en experiencias pasadas, como la cálida curiosidad que estos mostraron durante la infancia y la niñez. Pero, como adolescentes, saben mucho más sobre sí mismos, y sobre lo que sienten y piensan, que en la infancia. Ahora quieren tomar la iniciativa. Insisten en que su padre/madre los entienda, y en que corrija los malentendidos que surjan en su relación. Al mismo tiempo, quieren que se les muestre respeto, y que se les dé algo de espacio y privacidad, mientras elaboran la identidad que intentan alcanzar.

La nueva complejidad de las necesidades de los adolescentes puede dificultar las cosas a los progenitores. Los problemas habituales pueden intensificarse, y a veces la vida mental de un adolescente revela fragilidades inesperadas. Sin embargo, incluso en tiempos de aparente caos, nunca debe subestimarse la capacidad de los adolescentes para enmendarse y crecer. Se trata de una edad de enorme potencial, en la que los cerebros de los adolescentes están ansiosos por aprender y explorar, por pensar de forma creativa y por tener un impacto positivo en el mundo. A lo largo de esta fase larga, los adolescentes —desde el inicio de la adolescencia hasta el umbral— desean a veces la orientación de los progenitores, a veces su apoyo y siempre su comprensión apreciativa. Este difícil equilibrio entre conexión e independencia, compromiso y privacidad no se mantendrá en todos los intercambios, pero funcionará lo suficientemente bien siempre que los padres sean capaces de interpretar a su hijo adolescente de forma tan positiva y cálida como lo hicieron como cuando era un niño.

AGRADECIMIENTOS

Este libro sobre adolescentes y progenitores solo podría haberse escrito con las aportaciones de personas dispuestas a revelar su amor, su confusión y su frustración. Muchos de los progenitores participantes empezaron a colaborar en esta investigación cuando ellos mismos eran adolescentes, pero todos los participantes se convirtieron en colaboradores comprometidos en los estudios en los que se basa este libro. Mi enorme deuda con ellos debería ser de dominio público. El Leverhulme Trust apoyó mi investigación sobre el compromiso de los adolescentes con las redes sociales. Edwina Dunn, fundadora y directora ejecutiva de The Female Lead, defendió mi propuesta de ensayar una intervención para mejorar la salud de los adolescentes en las redes sociales y proporcionó la infraestructura para hacerlo posible. Fue un placer trabajar con el equipo de The Female Lead, y hay que agradecer especialmente a Veryan Dexter, estratega de investigación, y a Becky Small su aportación, organización y análisis. El Newnham College, con su generoso apoyo a la investigación para los Miembros Senior, proporcionó un apoyo personal y financiero esencial que cubrió el viaje al Foro Económico Mundial de Davos, así como a los hogares y escuelas de muchos adolescentes y familias que participaron en mi investigación.

Las conversaciones con Carol Gilligan me han servido de inspiración y de apoyo para este proyecto. Ruthellen Josselson ha ofrecido a lo largo de los años orientación, profundidad y matices a las metodologías cualitativas, y el trabajo sobre las amistades de las niñas que tuve la suerte de realizar junto a ella sigue siendo una rica fuente de datos. Melissa Hines, Michelle Spring y Maria Tippett me dieron ánimos y fueron una útil caja de resonancia. Julia Newbery, psicóloga pediátrica del Hospital St George de Londres, me explicó los complejos problemas de los síntomas médicamente inexplicables en los jóvenes. Las conversaciones clínicas organizadas por PESI UK proporcionaron acceso a expertos en desarrollo infantil y adolescente, dinámica familiar y las crisis a las que se enfrentan los jóvenes hoy en día. La serie de conferencias del Club Zangwill en Cambridge, con su apertura y amplitud, proporcionó oportunidades para mantenerse al día en el campo rápidamente cambiante de la neurobiología de los adolescentes.

A lo largo de muchos años he tenido la suerte de ser publicada por W. W. Norton, con Jill Bialosky como editora. Su compromiso permanente con mi trabajo ha sido de enorme valor. En *La intérprete de los adolescentes* tuve la ventaja de contar con la aportación adicional de Drew Weitman, cuyo entusiasmo, orientación y atención al detalle desempeñaron un papel crucial en la configuración de este libro.

ÍNDICE ONOMÁSTICO